U0566622

福 利

ON WELFARE JUSTICE

正义论

杨 朝 著

社会科学文献出版社
SOCIAL SCIENCES ACADEMIC PRESS (CHINA)

内容提要

在严格的意义上，"正义"与"福利"分属不同的研究领域——前者偏重政治学或政治哲学；后者偏重社会保障、社会政策研究。但是，二者显然不可割裂，因为"正义"尤其是社会分配的正义之实现必然涉及福利，而社会保障及其政策、制度基础如果脱离深层次的价值意旨或将迷失方向。福利的正义性研究将成为联结二者的桥梁。但是，这种正义性有着哪些具体的意涵，其价值实现的社会机制是什么，这些问题值得研究。

对这些问题的探索与思考需要一种综合的视野，需要一种将政治哲学、社会学乃至伦理学、经济学等视角有机融合的尝试和努力。

就方法论而言，本书可视为"假设检验"研究：先提出政治哲学命题，再以福利的实证研究将其验证、拓展，最后回到理论升华。

本书大体的理论框架是：正义理念遵循着两条逻辑，其一即历史逻辑；其二即结构逻辑。就历史逻辑而言，有着美德正义、神性正义、契约正义、功利正义、分配正义的历史衍变过程。当然这只是一种类型学意义的归理，并不意味着一个时代只存在一种正义理念——时代愈往后，多种正义理念相互交织，共同成为社会生活的意义旨归。但是这种多样性并未失去其递延发展的历史质性。而现代社会的正义指涉尤以分配正义为表征。依照不同的社会领域，分配正义大体可划为三个领域：交互正义、权职正义和福利正义。福利正义是本书关注的焦点。

福利正义作为现代社会分配的核心领域，有赖于前两者的社会与制度基础，并且一起共有着社会分配"应然"的价值要素：需要、应得与平等。需要是最基础的福利价值，体现着人性诉求与人本主义的社会实质；应得作为现代社会运转之"得其应得"的秩序基础也必然蕴含在福利过程之中；而平等，不仅有着自身的价值特性，还承担着对前两者的调节和平衡之责。如果对这些价值要素的实现作质性提炼，可以概括为再分配和承认两种基本途径——前者兼有宏观的资源配置与微观的福利保障、调节与平衡之分野；后者由蕴含于亲缘、地缘或某种其他共同体之中的主体间性，延续至社会团结意义的群体性承认。再分配和承认相得益彰、互为补足，共同成为福利正义实现的必由之路。二者的背后有着深层次的合法性因素——公民权利——在现代社会概化为生存权与发展权，为之提供坚实的法理基础和保障。而此机制又与契约正义、权职正义等理念有着深刻的衍通。

看待我国的福利情势，既需要一种历史的眼光，也需要一种结构的视角，更要以理论观照现实。在不同的历史时期、不同的社会领域，福利价值有着不同的侧重，有着迥然相异的实现方式，因而也有着独特的复杂性和复合气质。由于地域辽阔以及经济社会发展的不均衡，当前福利尚且存在区域、城乡、个体等层面的不平衡因素。这些问题的解决，既要宏观的资源引导与布局，也要社会关系的调节与平衡。再分配和承认要与具体社会情境相结合，在制度、规范、价值、伦理和社会的关系与结构之间找出资源流转的契合点，方能发挥应有的福利实现功能。

福利的意义并不仅限于个体层面的价值实现，它还有一个更广泛的社会意义——之于良序社会的可能。社会的运行和发展既有赖于生产方式以及价值、观念、文化等构成的所有物质和意识条件；福利本身的完善及其带来的社会关系的调适与平衡又将进一步夯实这些社会基础。正义与道德之间，既有一定的张力，也有深刻的互构；这种紧张与调适，同一定的社会实践、社会情境的结合，共同成为社会进步乃至文明的基础。

目　录

第一章　绪论

第一节　福利：在政治哲学与社会学之间

民众生活的困顿与艰辛，以及可能引发的社会震荡，一直是古今社会思想关注的焦点。中国古典思想源远流长，民众生活的富足与安定，一直是社会治理的要义。譬如《尚书·舜典》中有"黎民阻饥，汝后稷，播时百穀"的记载。① 孔子的儒家学说较重视民众的道德教化，孟子对生民生息之于社稷安宁的重要性有更深的阐述。在《孟子·梁惠王上》中，他说："五亩之宅，树之以桑，五十者可以衣帛矣。鸡豚狗彘之畜，无失其时，七十可以食肉矣。百亩之田，勿夺其时，数口之家可以无饥矣。谨庠序之教，申之以孝悌之义，颁白者不负戴于道路矣。"② 墨子的兼爱、非攻思想也以民众生息为基础："凡五谷者民之所仰也，君之所以为养也。"③ 荀子提倡开源节流的经济政策以充实国本："故明主必谨养其和，节其流，开其源，而时斟酌焉，潢然使天下必有馀，而上不忧不足。如是，则上下俱富，交无所藏之，是知国计之极也。"④

社会学界对此有两种经典理解，一是社会唯实论；二是社会唯名论。前者以孔德（Comte）、斯宾塞（Spencer）、涂尔干（Durkheim）、帕森斯（Parsons）等人为代表，认为社会优先于个人，社会有着自身的逻辑、规律，对社会的改良应着眼于社会本身的结构、文化和道德体系；后者以马克斯·韦伯（Max Weber）、尼采（Nietzsche）、乔治·米德（Gorge Herbert

---

① 《四书五经》，陈戍国点校，岳麓出版社，1991，第 217 页。
② 《四书五经》，陈戍国点校，岳麓出版社，1991，第 64 页。
③ 《墨子》，山西古籍出版社，2002，第 1 页。
④ 《荀子》，山西古籍出版社，2002，第 182 页。

Mead)、戈夫曼（Goffman）、布鲁默（Blumer）、霍曼斯（Homans）、彼得·布劳（Peter M. Blau）等人为代表，他们秉持个体主义视角，认为社会是由具体的、鲜活的行动者之间的互动、交往组成，离开社会个体的情感、价值和欲望，将无法对社会进行有效的理解。因此，社会问题的解决应着眼于社会个体。

在政治哲学界，自柏拉图（Plato）、亚里士多德（Aristotle）的城邦社会观出现以来，经由中世纪的神学诠释、近代社会契约论的阐发，一直到以约翰·罗尔斯（John Rawls）为代表的道德主义（或亦可称其为"新契约主义"）制度观，这些政治思想与社会唯实论较为接近，主张从宏观的制度层面对社会进行塑造和改良，以形成一种正义的良善秩序。但是近代以来，福利思想家如马歇尔（Marshall）、蒂特马斯（Titmuss）、吉登斯（Giddens）、高夫（Gough）等人的理念与此有所不同。他们也有制度改良的要求，但他们的着眼点在于民众的福利改善，制度的设计最终是为个体获得"幸福"服务的。这两者之间有着某种程度的关联。但总体而言，尚缺一种将政治哲学与社会学结合的视角，既能使我们对福利有一种"正义"的透视，又能使哲学的表达有切实的表征。

当前我国正处于社会转型期。我们国家在政治、经济、社会、文化、道德等各方面正发生全面而深刻的变化。改革开放四十多年来，我国取得了举世瞩目的成就，但也尚存一些社会不和谐因素。例如，分配领域尚且存在一定的贫富悬殊；福利在区域、城乡、身份之间存在一些不平衡因素；不同要素制约的社会所得不尽合理；以及由此导致的冲突、矛盾乃至失范现象。如何剖析、解决这些问题和挑战？这些问题有无某种内在关联？是否可以找出某些根本性的因素？以及如何进入一种社会良性运行的状态？对这些问题的探索可谓我们必然面临的历史使命。

如果从此视角延展到世界历史，可以看到，利益失衡引起的"失序"并非中国所独有。实际上，社会的每一次重大变迁都会带来严峻的社会解序乃至解构。比如在西方，工业革命和圈地运动一方面导致农业社会向工业社会转变，"资产阶级在它的不到一百年的阶级统治中所创造的生产力，比过去一切世代创造的全部生产力还要多，还要大"；① 另一方面，大量农民失去土地和家园，他们涌入城市，要么接受工业资本的盘剥，要么流离失所生活无着，由此形成严重的社会不平等。社会学家涂尔干从道德社会学视野分析了"社会失范"的原因，他认为社会变迁导致集体意识的紊乱，必须重建职业伦理和公民道德。② 而社会政策领域的解决方案是以《济贫法》、社会保险、医疗救助、住房补贴等法律和制度设计，给予社会底层基本的生活支持，"福利国家"由此产生。

进入现代社会以来，人们的生活境况获得了极大改善，物质条件渐趋宽裕，福利的功能不再仅限于保障人们的最低生活水平，而是成为社会资源重组和再分配的一个重要手段。人们对福利价值的评判，不再仅限于其维持生存的意义，而是延展到社会财富的公平分配、公民权利的实现，甚至是自由的基础。学界对以福利为重心的分配理念做了深入思考，多方位地辨析了所有权、资格、能力、机会、声望等要素在社会分配中的体现，探寻蕴含平等、需要、应得等要素的正义价值在社会分配中的意涵。

这些对于我们观察、分析我国当前面临的分配不公和失衡具有哪些可贵的借鉴意义？我们身处激烈的社会转型期，在某些方面，不仅有着与早期工业社会相似的生存境遇，也有着现代社会的分配困境。我们有着初成体系、异于西方的福利制度，需要不断完善、不断革新以实现社会的公平正义。我们该如何从正义视角检视我国当前的福利状况，并以此为切入点，探寻我国良序社会实现的可能？本书将从政治哲学出发，结合社会学等学科的研究方法，对上述福利问题进行一些可行的探索和思考。

本篇的理论目的有以下几个方面。其一，对以往的正义研究进行尽可能系统的整理，以期梳理出一个较为清晰的正义架构。正义向来是政治学、政治哲学关注的核心议题。但是何谓"正义"？它的特质是什么？不同时代、不同学者的理解颇有不同。这些源流不同、侧重各异的观点、看

① 《马克思恩格斯文集》第 2 卷，人民出版社，2009，第 36 页。
② 〔法〕埃米尔·涂尔干：《社会分工论》，渠东译，生活·读书·新知三联书店，2000，第 14 页；参见〔法〕埃米尔·涂尔干《职业伦理与公民道德》，渠东、付德根译，上海人民出版社，2001。

法是否有可能予以系统化？是否可以勾勒一个大致清晰的正义脉络？这是本书的理论初衷。其二，尝试提出"福利正义"概念，找出一条切实可行的研究路径。或谓之，"正义"对于解决上述社会问题将起到何种作用？其中，"福利"何为？可以说，自工业革命以来，福利日渐成为社会的重要关注点。但是，人们大多把福利作为社会分配的一个后果来衡量，缺乏深入探明其内涵价值之实现路径的理论视野，尤为缺少一种较系统、完整地理解福利的正义架构。本书愿就此做一些尝试和努力，从梳理正义与福利的关系入手，阐明福利正义的理念并探寻其内在机理。

本篇的现实意义主要有以下几个方面。其一，为我国构建一个更加完善的福利体系提供一些切实可行的思路。当前的福利思考较注重社会保障与政策研究，侧重公平性或公平原则在社会体系的制度体现；也有论及社会分配的应然价值或性质。而这两者似有较大的理论差距——前者侧重制度的实证性；后者注重分配的意义探讨。如何为福利政策赋予更为多元的价值意义？为正义探寻切实的实现机制？这两者的契合点何在？或者说，如何将福利政策、制度的价值元素做进一步的浓缩和提炼，将哲学思辨渗入政策领域，以反观正义要素的社会路径？福利将有着怎样的政治、社会、伦理基础？这些问题既关涉理论的探索，也含有现实的回应。本书将尝试以此观省我国福利情势，以期发掘福利的"正义性"及其可能的实现路径，助力我国建设一个更加合理、完善的福利体系。其二，为把我国建成一个更加良善、更具有道德感、更加公平正义的良序社会进行一些反思和前瞻。一般而言，人们对"福利"的理解大都注重其个体生存、生命价值的意义，而较少对福利改善与宏观社会发展的融通进行深入思考。这两者之间有着怎样的关系？有着怎样的社会机制将之联结？福利完善对于社会整合与团结有着怎样的功能和意义？社会发展的基础何在？本书将尝试在阐明福利的个体价值的基础上，着重讨究社会发展的道义基础；由此衍及福利的发展意涵，探寻社会改良的可能性与路径；继而探寻一个充溢着正义和道德的良序社会的可能性。

第二节　何谓正义？

一　正义观的多种层次

（一）伦理学角度的正义观

何怀宏、万俊人、高力克、廖申白等学者详细地考察了社会伦理的正义意涵、西方古典正义观的梳理及其与中国传统文化（孔子、孟子、荀子、道家等）内含的正义思想之间的张力与调适。比如，何怀宏将柏拉图、康德、卢梭以及罗尔斯的伦理思想与儒家、道家等中国传统文化的伦理观念相结合，提出了"底线伦理"概念，以此考察正义在中国的历史与现实。他认为，"底线伦理"其实是指社会必须遵循的"道德底线"，是一种与目的论或后果论相对照的"义务论"，与一个特定时期尤其是社会变迁密切相关。① 万俊人着眼于美德伦理的角度理解正义，他分析了中西伦理思想的现代意义，从政治、经济、社会等多重视角论述了美德的重要性，提出了"普世伦理"的设想。他同样从道义论和目的论两种伦理取向出发，论证了伦理正义之于功利价值的优先地位；而"普世伦理"即一种低度可行的"弱伦理"模式，在文化多元、多种价值冲突的背景下可能是唯一可被接受的方案。② 高力克从思想启蒙的视角探讨了近代西方正义伦理学的缘起。他指出在苏格兰启蒙运动看来，"善"与"正义"是两种不同的道德层次，善是美德而正义是规则，是"底线伦理"。苏格兰启蒙运动的重要成果，象征着以正义为基础的普遍主义规则伦理的兴起。③ 廖申白基于德性伦理对中、西古典伦理思想的正义性做了比较，他提出"德性

---

① 何怀宏：《底线伦理的概念、含义与方法》，《道德与文明》2010 年第 1 期；何怀宏：《正义在中国：历史与现实——一个初步的思路》，《公共行政评论》2011 年第 1 期；参见何怀宏《契约伦理与社会正义》，中国人民大学出版社，1993。

② 万俊人：《从政治正义到社会和谐——以罗尔斯为中心的当代政治哲学反思》，《哲学动态》2005 年第 6 期；万俊人：《儒家伦理：一种普世伦理资源的意义》，《社会科学论坛》1999 年第 1 期；万俊人：《普世伦理的正义及其对功利价值的优先性》，《湘潭师范学院学报》（社会科学版）1999 年第 4 期。

③ 高力克：《正义伦理学的兴起与古今伦理转型——以休谟、斯密的正义论为视角》，《学术月刊》2012 年第 7 期。

具有今天哲学家们所称的普遍性，但它是一种基于实践的可能、基于德性的心灵展开的可能的普遍性"，因而向"善"的德性生活在实践上无疑是可能的。①

一般而言，正义与伦理有着不同的外延，分属不同的价值类别。在不同文化之间，"正义"有可能有一些共性因素；在一定的时代，可能具有一定共识的价值指代。"伦理"则有着强烈的文化或文明异质性，不同文化、文明有着截然不同的伦理特质。伦理构成文化的重要内涵，由具有特定质性的社会关系所形塑。可以说，伦理是具体的；而正义是抽象的，具有一定的跨文化质性。但是在特定的时空场域，在一个文化共同体内，两者之间却有可能形成出人意料的价值共振。在现代社会，正义有着怎样的伦理价值？两者的融汇点在哪里？如就福利而言，古典伦理有着怎样的现代延续？两者之间是否存有张力？是怎样的张力？这些都是本书接下来的理论关切。

（二）政治哲学的思辨

我国政治哲学领域的正义研究重心主要是对"分配正义"的探讨。譬如，姚大志在对罗尔斯等正义理论的梳理基础上，提出正义的四重含义：个人正义、共同体正义、社会正义、全球正义，其中社会正义又分为政治正义与分配正义，着重讨论了分配正义的理念。② 段忠桥基于姚大志的观点，阐述了他对分配正义、平等、应得等概念的内涵和外延的不同看法。③ 张国清对当代中西政治哲学的分配正义思想尤其是对罗尔斯正义论做了系统整理，他从初始权益、社会应得等多个角度深入剖析分配正义的要素，提出以"公民身份"作为社会分配的应得依据，分析了中国当今的分配正

---

① 廖申白：《德性伦理学：内在的观点与外在的观点——一份临时提纲》，《道德与文明》2010 年第 6 期；廖申白：《德性的"主体性"与"普遍性"——基于孔子和亚里士多德的观点的一种探讨》，《中国人民大学学报》2011 年第 6 期。

② 姚大志：《社会正义论纲》，《学术月刊》2013 年第 11 期；姚大志：《论分配正义——从政治哲学的观点看》，《社会科学》2015 年第 5 期。

③ 段忠桥：《关于分配正义的三个问题——与姚大志教授商榷》，《中国人民大学学报》2012年第 1 期；段忠桥：《也谈分配正义、平等和应得——答姚大志教授》，《吉林大学社会科学学报》2013 年第 4 期。

义问题。① 包利民着重从古典正义思想入手，将社会契约论的权利思想引入正义观的思考，提出分配正义的两种平等——礼义差等与契约平等的思想源流，即前者为儒家伦理的原则，是古典的；后者的代表人物罗尔斯在社会契约思想基础上的新的阐发，是现代分配原则的精髓。② 文长春指明了当前分配正义研究领域多种分配观之间的冲突与张力，提出我国当前的制度设计应以一种分配观为主体，多种分配观为补充；③ 等等。

与政治哲学的研究领域相接近的其他学者从多个角度对分配正义内含的原则进行了深入思考。向玉乔认为，为了实现分配正义，社会制度应体现机会平等、利益与责任同等分配、分配标准与程序合理、纠正不公等四项原则；④ 易小明指出分配正义思想同时体现了差异性正义原则以及同一性正义原则（这两项原则实际上是对平等原则的不同理解——笔者）；⑤ 黄有璋提出我国当代分配正义应体现按贡献分配原则、合理差别原则、补偿性原则；⑥ 谢宝贵对平等原则的几个重要流派作了细致的梳理；⑦ 等等。这些视角或多或少体现了罗尔斯、沃尔泽（Walser）、米勒（Miller）、桑德尔（Sandel）、诺齐克（Nozick）、麦金太尔（MacIntyre）等学者的正义思想，结合我国当前的社会实际所做的理论阐发和再思考，对于理解我国当前的分配正义甚有助益。比如，在这些论著中，我们明显可以感觉到正义的多重维度，以及中国分配正义的多重面相。如何在现代性情境下，对这些维度作尽可能全面的概览，又如何针对某种特定情境如福利，作尽可能清晰的界定，这些都将是本书力图阐释的理论要素。

---

① 张国清：《初始权益与分配正义》，《浙江社会科学》2015 年第 6 期；张国清：《分配正义与社会应得》，《中国社会科学》2015 年第 5 期；张国清：《分配正义在中国：问题与解决》，《国际社会科学杂志》（中文版）2015 年第 1 期。

② 包利民：《"内化正义"是何种正义？——试析柏拉图的政治方案》，《河北学刊》2009 年第 5 期；包利民等：《近代社会契约论的权利/权力观的三种维度》，《浙江学刊》2003 年第 1 期；包利民等：《礼义差等与契约平等——有关分配正义的政治伦理思想比较》，《社会科学战线》2001 年第 3 期。

③ 文长春：《分配正义及其局限》，《马克思主义与现实》2007 年第 3 期。

④ 向玉乔：《社会制度实现分配正义的基本原则及价值维度》，《中国社会科学》2013 年第 3 期。

⑤ 易小明：《分配正义的两个基本原则》，《中国社会科学》2015 年第 3 期。

⑥ 参见黄有璋《论当代中国分配正义》，博士学位论文，中共中央党校，2010。

⑦ 参见谢宝贵《平等主义视野下的分配正义》，博士学位论文，华东师范大学，2012。

（三）综合性的正义研究

比如对马克思主义正义观（尤其是马克思主义分配观）的解读；正义在社会诸领域的表现及其存在的问题，大致可归为正义的类型学研究，涉及法律正义、经济正义、环境正义、城镇化中的正义、全球正义，等等。马克思主义经典著作虽然没有正式提出正义命题，但是马克思主义分配观与正义命题是充分相洽的。因为马克思主义经典著作明确提出了按劳与按需的分配理念，由此构成未来社会的秩序基础，并且隐含了对社会契约、功利主义分配秩序的回应。但是，这种价值的交融，既有理念的沿承也有内在的张力与冲突，其间显然蕴含历史逻辑的变迁理性。马克思主义分配观的需要指向是福利价值的重要基础；其他诸领域的正义研究与福利研究在共享着一些基本理念和价值基础的同时，由于各自表征的社会关系及其不同的社会结构，又有着具体的不同内涵。那么，福利作为社会日趋重要的领域，与相关领域共享哪些"基因"？它又有哪些独特的品质？

质言之，这些研究对我们有着可贵的借鉴和启示：政治哲学的正义思辨是本书的理论出发点，上述研究将有助于更深入地透析经典正义思想尤其是分配正义的渊源；而伦理学传统的正义观除了赋予本书之福利正义的道德特性以可贵的参照之外，还提示着社会变迁的"意识结构"动力；马克思主义分配观、需要观更是对现代福利之正义性讨论的重要引擎；其他领域的正义探索与福利领域之间可谓"和而不同"——毕竟社会要素共存于一个相同的"语境"或"场域"。那么，如何将诸多头绪予以可行、必要的整合，梳理出具有逻辑互通的脉络？理论的考察与整合之于福利的实证研究将有哪些现实的启迪？这些都是本书要回答的理论与现实问题。

二 福利层次的正义关涉

国外福利研究的"正义"主要是基于福利的"外部正当"。[①] 不同于罗尔斯、诺齐克、德沃金、沃尔泽、米勒等政治哲学家从分配正义的整体视角给予福利的观省，即基于社会分配的正当性从而涉入福利关系的

---

① 有关福利"外部正当"这一概念，详见后续有关章节（如第三章第二节）。

内部有效性，关注福利分配中体现在社会成员之间的公平和正当；西方当代社会思潮还有另一种取向，他们从福利的外部有效性来关注福利之正当——从福利国家面临的危机和困境出发，论述福利体制能否在现代社会继续存立，需要对此做怎样的应对和革新。秉持这一取向的学者主要有克劳斯·奥菲（CLaus Offe）、柯文·M．布朗（Kevin M. Brown）、苏珊·珂尼（Susan Kenney）、布雷恩·特纳（Bryan S. Turner）、约翰·K．普林斯（John K. Prince）、吉登斯、弗兰茨－克萨韦尔·考夫曼（Franz－Xaver Kaufmann）等人。

西方学界的福利正当性思考最早可溯源到马歇尔和蒂特马斯。马歇尔对公民权利三个要素的阐释为现代福利国家奠定了坚实的法理基础；[①]蒂特马斯从社会政策的角度将福利体制划分为三种模式，以此对应三种不同的正当性基础："剩余模式"对应着自由价值；"工业成就模式"对应着工作努力价值；"再分配模式"对应着平等价值。[②] 这两种关于福利正当性的阐述共同构成现代福利国家的思想基础。20 世纪 70 年代末以来，由于石油危机的爆发，西方主要发达国家的原有福利模式受到极大挑战，出现诸如政府不堪重负、经济衰退、民众生活水平下降等后果。考夫曼指出，基于工业生产的重要性降低以及服务业生产的重要性提高、国际联系日益紧密、性别角色的转变以及"沉默的后备军"解体等原因，福利国家面临人口、经济、社会、国际以及文化等多方面的挑战。[③]奥菲认为福利国家的危机来自"左"、右两种思潮对福利制度的质疑：右派认为福利国家既抑制了投资也抑制了工作动机；"左派"认为福利国家是无效力且无效率的，并且是压制性的，使得工人阶级对社会政治现实的理解处于虚假状态。[④] 吉登斯基本延续了奥菲的判断，他提出超越

---

① T. H. Marshall, *Citizenship and Social Class and Other Essays*, (Cambridge: The University Press, 1950).

② 参见〔英〕理查德·蒂特马斯《蒂特马斯社会政策十讲》，江绍康译，吉林出版集团有限责任公司，2011。

③ 参见〔德〕弗兰茨－克萨韦尔·考夫曼《社会福利国家面临的挑战》，王学东译，商务印书馆，2004。

④ 〔德〕克劳斯·奥菲：《福利国家的矛盾》，郭忠华等译，吉林人民出版社，2006，第 3～8 页。

"左"与右，实行"中间性"的社会改革道路，使福利国家向福利社会过渡。① 这一思想得到诸多回应，如柯文·M.布朗等人主张通过志愿结社来迈向一种积极的公民权，激活公共领域和社会资本，以此实行福利国家的转型。②

福利的正义性与福利正当性有着怎样的关系？本书虽然主要延续政治哲学的福利视角，关注福利的内部有效性——"内部正当"，即探讨福利本身内蕴的价值要素之质性，以及它在我国当代社会分配的实现机制与过程，但是上述福利思辨仍然有着可贵的提示意义。一方面，福利的正当性基础无法脱离具体的社会存在，而且福利益品的供给与各项社会关系的调适紧密相连；另一方面，福利的"外部正当"与福利"权利"有着深刻的衔接。这种衔接如何在"契约"思想中续延？作为宏观层面的正义价值，于此又有哪些启示？这是本书必需的理论回应。

我国当前的福利研究着重于阐明福利的"公平"问题。比如景天魁等提出福利制度的"底线公平"问题，即福利安排最起码要确保贫弱阶层的最低生活水准。③ 郑功成认为，社会公平是一种价值判断，建立在权益平等的基础之上，他主张通过制度的改良和安排，消除歧视、援助弱势群体，以此实现社会公平。④ 关信平从宏观层面对我国当前社会保障制度的公平性做了制度分析。⑤ 王思斌等学者提出建立适度普惠型福利体制来实现福利公平。⑥ 林卡等学者认为，普惠型的社会政策与社会服务体系有助于培育人们的团结理念，淡化阶层差异。⑦ 王小章不仅指出现代福利供给主体中社团和社区因素日趋重要的影响，同时也关注农民工等弱势群体公

---

① 参见〔英〕安东尼·吉登斯《超越左与右：激进政治的未来》，李惠斌、杨雪冬译，社会科学文献出版社，2000。

② 参见〔澳〕柯文·布朗等《福利的措辞》，王小章、范晓光译，浙江大学出版社，2010。

③ 参见景天魁等《普遍整合的福利体系》，中国社会科学出版社，2014。

④ 郑功成：《中国社会公平状况分析——价值判断、权益失衡与制度保障》，《中国人民大学学报》2009 年第 2 期。

⑤ 关信平：《当前我国社会保障制度公平性分析》，《苏州大学学报》（哲学社会科学版）2013 年第 3 期。

⑥ 王思斌：《我国适度普惠型社会福利制度的建构》，《北京大学学报》（哲学社会科学版）2009 年第 3 期。

⑦ 林卡、张佳华：《社会政策与社会建设：北欧经验》，中国人民大学出版社，2014，第 226 页。

民身份的承认诉求。① 杨思斌从制度与法制设计的层面探讨了我国社会保障制度的公平原则及其实现途径。② 刘同芎、郭继美对我国社会保障价值理念的演进历程做了回顾。③ 余益伟、刘渝琳、陈玲等学者分析了福利制度对收入分配的影响，④ 等等。

　　社会保障的公平原则及其制度安排，必然是福利分配的"应然"宗旨，也是福利价值的衡量标准。如何将这一原则进行细化，以呼应更为多元的社会诉求？上述多角度、多层次的阐述，无疑提供了现实的启示和线索。或言之，在制度和价值之间，在福利与正义之间，"公平"是一座桥梁，它将表明，社会安排如何体现一种合理与平衡？其缘由何在？将由何者承载？福利的公平性研究对本书运用正义架构分析我国福利情势，既有实证资料的支持，也兼具理论的启发意义。就福利而言，"正义"与"公平"有着哪些关联与区别？将正义元素容纳、包容进福利研究，探究福利的质性，要实行理论与实证相结合的考察，进一步对我国教育、医疗、住房、就业、养老、居民收入、生活服务等社会领域做出详细、具体的探究。

第三节　如何判明福利的正义性？

一　正义与福利的接通

（一）正义之理念

1. 正义理念的衍变是否有脉络可循？

何谓"正义"？正义与公平、公正、正当等概念有着密切的络连，其

---

① 参见王小章《走向承认——浙江省城市农民工公民权发展的社会学研究》，浙江大学出版社，2010。
② 杨思斌：《我国社会保障制度的公平原则及其实现途径》，《当代世界与社会主义》2007年第 5 期。
③ 刘同芎、郭继美：《我国社会保障价值理念的演进及制约因素分析》，《改革与开放》2009年第 8 期。
④ 参见余益伟《社会保障制度的收入分配调节功能——基于日本快速现代化时期（1955～1985 的研究），硕士学位论文，南京大学，2014；刘渝琳、陈玲《教育投入与社会保障对城乡收入差距的联合影响》，《人口学刊》2012 年第 2 期。

理念有着源远流长的演进史。而且，不同学者对此的理解也迥然相异，不同学科也有着不同的关注和侧重点。正义理念往往反映了不同时代社会生活的特质，有着明显的历史异质性。从这些纷繁复杂的理念中梳理出一条较为清晰可辨的脉络，将成为进一步研究和探索的关键。

2. 正义理念是否内循着某些共性的原则或要素？

不同的正义理解取决于不同的视角。有从伦理学角度探讨社会行为、伦理关系的道德基础，比如我国古代思想家很早就有"义利之辨"；[①] 也有从政治学角度探讨社会治理的正当性；有从哲学层面分析正义的学理意涵；也有从社会学角度分析蕴含在法律、经济、社会分层、职业分工、社会关系中正义的价值特性。是否可以在这些不同层面、不同角度的正义理念中，提炼出一些共性的原则和要素，以此概括"正义"的本质内涵？

3. 福利正义内含哪些特质？

本书的研究旨趣并非仅仅对一般的正义理念进行总括性、概览性的梳理，还将着力于探讨福利的正义性——福利领域蕴含的正当与平衡，或者也可称其为福利领域体现的适当、公正、恰如其分的特性。上述不同层面、不同历史指代的正义理念对于福利之正义有何启示？福利正义的内涵究竟是什么？福利正义将从中获得哪些理论素养，是否可以辨析出较为清晰的理论渊源？福利正义本身又具备哪些特质，它于正义理念的衍变有着哪些继承和发展？

4. 福利正义与分配正义

福利正义作为社会分配最重要的现实表征，有着绵延的理论渊源。在马克思主义的科学社会主义理论体系中，按劳分配和按需分配是社会分配的核心宗旨。后世诸多学者的分配理念可谓对其做了多角度的回应和延展。如何分出不同的缘由而直击正义的实质？福利正义与分配正义之间有着怎样的关系？福利正义与分配正义共享哪些特质，自身又有哪些特色？当前的正义研究主要关注正义应当遵循的价值原则或要素；而对正义性或正义价值的社会实现并无深涉。如何理解福利正义的实现机制？可以从既往研究中汲取哪些理论素养？

---

① 诸如荀子、孔子之"君子喻于义，小人喻于利"之谓。

按照本书构思，福利正义的理论架构大体应包括理论渊源、独具理念、价值体系及其实现机制这几个方面。因此，结合上述正义理念的梳理，尽可能地细化和完善这一架构，将成为下一步实证研究的基础。

（二）福利不平衡的实质是什么？

福利正义的理论架构，还有着现实的社会实践指向，即以此路径观省中国福利现实，判明福利的本质内涵。世界各国福利体系有着不同的福利模式。如果以"正义"视角来看，这些福利模式有着怎样的异质性与同一性？在这一视角的观照下，我国的福利体系有着怎样的正义呈现？如何更深刻地理解我国福利事业的历史进程与前景？

改革开放以来，我国经济社会发展获得举世瞩目的成就，同时我国福利事业也取得长足进步。具体表现为——社会保障的覆盖面持续扩大；待遇水平持续提高；国家在教育、医疗、住房、养老、社会救助、社会服务等领域的投入不断增长；社会慈善事业显著发展；等等。基于历史缘由以及社会转型尚未完成，我国福利事业尚存一些不平衡。例如，福利的区域差异、城乡差异以及身份差异。区域差异是指由于各地经济社会发展水平的不同使得不同地域的民众获得的福利有所不同；福利的城乡差异表现为由于城乡福利资源分布不均等因素而致使城乡居民的福利受得显然有别；福利的身份差异表现为由于户口或其他身份标识的不同（如农民工），使得不同公民有着不同的福利待遇。这些不平衡的实质是什么？如何从正义视角分析、研判这些成就与不足，进而为我国福利事业更为全面、协调、可持续、更平衡、更充分的发展提供一个切实可行的思路，是本书的现实关切。

福利正义的社会意义具有两个层面。

其一，微观个体层面。简而言之，福利的意义首先在于能否给予社会个体基本的生存保障，满足其基本的生存需要，为社会个体的发展和自我实现提供必需的社会支持。福利正义将通过"公正""适当""合理""平衡"之福利益品的分配来实现上述目标。这是福利正义之基础旨归，也是本书的现实初衷。

其二，宏观社会层面。福利正义的社会意义并不仅限于个体从福利分配中获得的正义诸原则和诸要素之实现。因为还有一个更为广泛的意义——对于宏观社会而言，还应有利于道德、规范和伦理之价值的良序社会的形成，而福利将通过一系列社会过程与其他社会机制一道实现社会重塑。个体、组织、机制之间的互动与互构将共同成为社会层面的正义完善之必需。

将福利正义的理论架构运用于现实层面，将使我们获得一个更深刻、更全面的福利认知；福利实践的考证也应有助于福利正义理念本身的完善，使理论架构有着更为深厚的现实基础。同时，福利实践必将涉及更广泛的社会领域及其基础，如经济、政治、伦理、道德等体系。这些领域的深入必将进一步为福利正义乃至其他正义理念开阔视野。

（三）正义与福利的融合、理论与实证的贯通

正义研究与福利研究两大领域的贯通可以体现在以下四个方面。其一，正义诸原则、诸理念、诸要素应能体现于福利分析。其二，福利的正当性与福利公平，应能基于正义理念有所细化。其三，福利价值的实现不应仅指涉政策、制度的实施，还应有更深层的哲学透视；正义将不仅赋予社会、经济政策以深层的价值凝练，还应能揭示民众"需要"与社会"资源"之机制的特有质性。其四，正义作为现代社会的基础性秩序价值，不仅有待于经由福利、社会保障等公共举措来体现，后者的彰显过程也将反过来带来更为深层的秩序改良，从而促进更全面的社会公平与正义。这些方面的有机结合，要求"正义"与"福利"多层次、多角度、广泛而深刻地熔于一炉。

概而言之，在实践意义上，本书致力于探明福利正义及其内涵价值在我国社会有着怎样的现实呈现，并进一步探明福利正义对于我国成为一个充溢着良善和道德的良序社会有着怎样切实的现实导向。为贯彻这一宗旨，本书大体分为理论研究和实证研究两部分。理论研究在于梳理正义的基本架构；提出福利正义的理念及其分析框架；福利的价值要素及其实现机制的内涵与意指；等等。上述架构是本书的基础。原因有以下几点。首先，本书对福利正义的探讨是建立在对正义理念的总体理解之上，尤其是建立在对"分配正义"的研究之上的；其次"美德正义""契约正义""功

利正义"乃至"神性正义"的回溯也将在福利的实证省察中得以延展和体现。

实证研究建立在理论研究的基础之上，既是对理论架构的运用，也为其理论延伸与检验，概要描述我国福利现状，以正义理念观省其成绩、进步与不足，勾勒出过去、现在、未来的发展脉络。应着重指出的是，理论研究与实证研究绝不是截然分开的两个过程，而是相互交织、融合在一起的。尤其是对于社会事实的经验考察，更要紧合理论之论思；既做出事实判断也做出质性延伸，在以经验印证理论的同时也尽可能地进行自身的理论升华。

二　方法论概要

在方法论上，本书将采取政治哲学与社会学相结合的构思，同时也将借助经济学、伦理学等相关视角。大致的构想是，先提出正义命题，再以社会研究方法将其检验和拓展；在这一过程中应尽可能给予社会事实以必要的质性提炼，以及在此基础上的理论延展；其后，再回应现实问题的价值关怀。为此本书将理论研究与实证研究相结合——先从理论出发，再深入实证考察，最后回到理论升华。

在研究层次上，本书大体属于宏观研究。本书的研究对象是福利正义以及由此延伸的实现机制和途径。研究内容包含正义理念及其衍变；福利正义理念及其渊源；福利正义内涵诸要素；福利正义的实现机制；等等。这些都属于宏观社会现象。在有些研究资料的获取上，笔者也采取个案访谈、田野调查等微观研究方法，但这些资料终究要用来说明宏观社会结构及其运转。本书的实践目的是将福利正义的理论架构运用于现实社会，考察正义诸原则和要素的现实呈现，并由此探讨福利正义之于个体完善以及良序社会的机制和意义。

在研究性质上，就理论在社会情境的延展而论，本书属于探索性的定性研究；当然并不排除一些统计数据的应用，但是本书将不采用 SPSS 等统计技术做数据分析。社会科学大致可分为定性研究与定量研究，前者主要在于判明社会现象、结构与关系的性质及其内在联系；后者着重于就上述关系或现象的整体或局部的内在联系程度、是否具有相关性乃至因果关系及其程度做出数据的说明。本书大体属于前者,着重于指明正义理念的本质内涵;福利正义内涵诸要素及其实现机制;上述正义理念尤其是福利正义之于我国社会现实的质性判明等。当前从正义视角分析、研判福利现象的研究尚不多见。本书提出的福利正义理念及其诸要素之间的内在联系、实现机理均属探索性的尝试,尚待更严密的逻辑结构、更广远的理论延伸、更充分的经验数据予以检验和完善。

在研究逻辑上,本书可以视为假设检验研究。通过理论梳理,本书先提出正义架构以及福利正义的概念及其内涵,然后将其应用于我国的福利现实,并进一步考察其对于社会发展的意义,最后再作理论归纳。具体研究逻辑如下。其一,正义诸理念有着明显的历史衍变性,不同时期及其相应不同的历史情境赋予社会相应不同的正义质性,也因之形成不同的正义理念。其二,分配正义是现代正义理念的显质,而福利正义是其核心组成部分。其三,福利正义有着绵延的理念渊源,正义理念的历史衍变路径给予福利正义不同的理论渊数。其四,福利正义有着完备的价值体系及其实现路径,由此形成内在自洽的理念机理。其五,我们可以在中国的福利现实中将上述正义诸理念和架构予以印证和检验。

在研究设计上,本书将采取描述性研究与解释性研究相结合、横剖研究与纵贯研究相结合、实地研究与文献研究相结合,以期得出客观、切实的研究结论。正义诸理念的梳理、研究架构的形塑、理论框架的建构均属解释性研究的范畴。我国福利现实的实证考察首先属于描述性研究,但其后运用正义理念对之进行剖析研判,则属于解释性研究。现实考证在研究时序上以横剖研究为主,即以我国当代的福利现实及其呈现为主要研究对象;但也有纵贯研究的成分,因此必然涉及社会、经济等因素的历史变迁。正义理念的历史衍变及其时代背景属于纵贯研究。在正义理念的梳理、理论架构的形塑过程中,文献研究起着至关重要的作用。研究资料的获取既有田野调查、社会调研等实地研究方式,也有通过文献资料获得有关数据和经验材料的文献研究方式。对此下文将进一步说明。在具体研究进程中,本书将努力实现上述研究方式的有机结合。

三 研究资料

在研究资料的获取上，本书将采取文献法与实地调查相结合。理论研究主要采取文献法；实证研究既有文献资料，也有实地调查资料，如通过访谈、田野调查获取的资料。

（一）理论研究的资料

（1）马克思主义有关社会分配和社会发展的理论。

（2）有关正义研究的文献。古典正义思想包括柏拉图、亚里士多德、西塞罗（Cicero）、奥古斯丁（Augustinus）、阿奎那（Aquinas）等；近代思想家有社会契约论者如霍布斯（Hobbes）、洛克（Locke）、卢梭（Rousseau）等，康德（Kant）以及苏格兰启蒙思想家如休谟（Hume）、斯密（Smith）等，功利主义者如边沁（Bentham）、密尔（Mill）等，早期社会主义思想者或秉持这一倾向的思想家如葛德文（Godwin）、圣西门（Saint - Simon）、傅立叶（Fourier）、欧文（Owen）；近现代思想家有斯宾塞、霍布豪斯（Hobhouse）、柏林（Berlin）、哈耶克（Hayek）、诺齐克、罗尔斯、德沃金（Dworkin）、阿马蒂亚·森（Amartya Sen）、沃尔泽、米勒、桑德尔、麦金泰尔等；以及我国学者从政治哲学、伦理学角度的正义解读。

（3）有关福利研究的文献。从社会政策角度之福利的奠基性研究，如波兰尼（Polanyi）、T. H. 马歇尔、蒂特马斯、埃斯平－安德森、安东尼·哈尔（Anthony Hall）、詹姆斯·梅志里（James Midgley）等；中外学者从社会保障角度对福利公平的论思；多亚尔（Doyal）、高夫等人的需要理论。

（4）批判理论尤其是法兰克福学派的现代正义辨析，如霍耐特（Honneth）、弗雷泽（Fraser），乃至往前溯及黑格尔（Hegel）等。

（5）从政治社会学、伦理社会学、道德社会学角度述及的社会变迁、社会发展与现代化理论，包括韦伯、涂尔干、帕森斯、梁漱溟、费孝通等学者。

（二）实证研究的资料获取

本书对于宏观的福利情势与体系、基本社情的描述和分析，主要基于三种资料来源：一是以往学习、工作的经验与积累；二是已经出版的各类统计数据、研究报告、成果、书籍；三是网络、电视、报刊等媒体的报道等。这些或直接或经由书面、媒体形式介绍的资料与数据，为本书研究我国福利情势及其历史、社会渊源提供了基础性、概览性的依据，也为进一步了解、分析可能的福利欠缺与问题提供了较为可靠、轮廓性的信息。

就实地调查方面，已经获取的资料有：作为较发达地域的浙江湖州埭溪的农村福利访谈资料（2016 年 3 月调研）；杭州近郊农民福利访谈（2018 年 5 月）；作为较不发达地域的江西永新的有关福利资料（2016 年 8 月底至 9 月初实地调查了两个村庄以及县财政局、统计局等单位，获得了较翔实的资料和数据）；已经获得的 10 余位江苏、河南、江西、安徽等地农民工的医疗、养老、劳动就业、收入、住房等生存状况的第一手个案访谈资料，也已经获得了浙江富阳、诸暨、江山等地相关村庄的农民收入、养老、医疗等福利情况的访谈反馈。

在本书看来，实证研究的目的一则为检验、印证理论的架构与思路；二则还应有助于社会事实与经验的淬炼，给予理性思辨有益的启发、补充与促动，使得理论升华有着更为可靠的现实基础。福利作为复合性的社会过程，既有事实判断，也有价值指涉；既有宏观的结构因素，也有微观的互动、关系乃至心理的建构性因素。本书的研究逻辑大致是"事实－问题－假设－分析－判断－验证－再判断－结论"的过程，理论与实证必然也必须交相呼应、互为延递。在本书的论述与展开中，将尽可能予以二者有机结合，使理论阐述更有依据，事实的解析更有层次。

第二章 正义与分配

正义一直是社会科学尤其是政治学领域广受关注的核心议题。何为正义？不同的时代、不同的社会有着不同的解读。以今天的眼光，对于主权者的统治，正义意味着权力的合法性；对于社会的财富和资源，正义意味着公平的获得与分配；对于不同的族群，正义意味着身份认同和承认；对于社会的价值与规范，正义意味着文化多元性的赞许；对于不同的社会成员，正义意味着权利与义务之间的平衡。可以说，正义对于社会生活的各方面都有着不同角度的诠释，因而显得众彩纷呈。如果从福利角度，正义何涉？它又如何实现？

第一节 美德正义与神性正义

一 美德正义：福利正义的德性之源

从政治学角度而言，正义大致可视为一种良善统治，一种良善社会秩序的指涉。在古希腊时期，柏拉图、亚里士多德代表着一种美德正义，即完美城邦的生活浸染着美德的光辉，城邦公民基于自然理性的、合乎城邦职守的阶次美德为城邦的有序生活提供了保障，一个完美的城邦也由于公民坚守其合乎身份地位的阶次美德而得以延续。

正义是《理想国》[①] 的核心主题，整部《理想国》就是围绕正义这一话题展开的哲学思辨。柏拉图以苏格拉底与其他人对话的形式，探讨了何谓正义。第一个解释：正义是强者的利益，被归谬法否定了；第二个解释：正义是给每个人恰如其分的报答，没有被否定，但被悬置起来，马上

---

① 参见〔古希腊〕柏拉图《理想国》，郭斌、张竹明译，商务印书馆，1986。

被另一衍生话题取代：正义对人有利，还是不义对人有利？对这一问题，柏拉图认为，可以先弄明白何谓"城邦的正义"。城邦的正义明了以后，就可以大见小，个人的正义以及究竟正义有利还是不义有利就迎刃而解了。由此进入何谓"理想的城邦"（正义的城邦），以及理想的城邦如何成为可能的探讨。柏拉图认为，维系一个城邦的最基本要素是必要的社会分工，决定一个城邦善的品质的灵魂则是城邦的护卫者。柏拉图将对正义的思考融入城邦生活的考辨。他认为按照城邦的作用和功能，城邦的成员依其品性可分为金银铜铁四类，最高贵者为城邦的统治者（护卫者）。正义在于城邦或灵魂的每一部分都"做其天性最适合的工作"。也就是说，柏拉图认为正义之要在于做其所应做，为其所应为。考虑到城邦的安全和秩序，城邦的护卫者必须具有智慧、勇敢、节制、正义四种美德，正义建立在前三种美德之上，是完美城邦的必需。在柏拉图所处的时代，希腊城邦林立，各城邦之间的争斗非常频繁。保证城邦的安全和存在是柏拉图构思理想国的最基本出发点，而确保一个善的城邦则是柏拉图的价值关怀。这两点都着落在城邦的护卫者（统治者）身上。因此如何培育城邦的护卫者以及选择一个什么样的人担任城邦的最高护卫者就是构建柏拉图理想国的关键。柏拉图的方法是以音乐陶冶心灵、以体操训练身体。为了培育出护卫者智慧、勇敢、节制、正义的品行，柏拉图设计出一种夫妻关系、子女关系、财产关系的共有制。因此，柏拉图的正义观是对公民优良素质、城邦优良生活的一种极优化的追求，正义唯有体现在完美城邦的道德品性之中才有可能。由此可知，柏拉图正义观的本体是城邦，个人的正义只是城邦正义的衍生品。

亚里士多德沿袭了柏拉图的城邦正义观。然而，不同于柏拉图从城邦安全的角度推导出正义意涵，他直接对人的美德进行解析，并以之推演出正义之于城邦的要义。亚里士多德认为，正如人的灵魂被区分为理性要素和能够服从理性的要素，美德或优秀品格也是双重的。属于灵魂的理性部分是理智的美德，它们主要是实现和教导所需；属于非理性的部分——灵魂中激情或感情所在之处，是道德或伦理的美德，即与品格相联系的美德。[①] 正如从个

---

① 参见〔古希腊〕亚里士多德《尼各马可伦理学》，廖申白译注，商务印书馆，2003。

人角度来看，构成个人美德的顶峰是灵魂的高尚，从城邦的立场来看，构成城邦美德的顶峰是正义。

亚里士多德的正义观不仅具有形而上的美德渊源，他还是首位将分配视为正义核心指涉的思想家。亚氏从政治学宗旨的角度分析了公民政治权利的分配。他认为，世上一切学问和技术，其终极目的各有一善；政治学本来是一切学术中最重要的学术，其终极目的正是为大家所重视的善德，也就是人间的善德。政治学上的善就是"正义"，正义以公共利益为依归。按照一般的认识，正义是某些事物的"平等"（均等）观念。简而言之，正义包含两个因素——事物和应该接受事物的人；大家认为相等的人就该被分配相等的事物。① 政治权利的分配也应如此。关键在于衡量相等的标准是什么？亚里士多德认为，如果城邦只是以本身的存在为目的，那么衡量的标准仅仅包括财富、声望、自由以及勇武等因素就够了；然而，城邦还有一个更高尚的目的，即保障人们优良的生活。这就要求大家具有文化和善德，这两者才是最正当的依据。② 所谓公正，它的真实意义，主要在于平等。如果要说平等的公正，这就得以城邦整个利益以及全体公民的共同善业为依据。

亚里士多德认为，社会（团体）幸福的由来固然应该与个人幸福的由来相似，那么，凡能成善而邀福的城邦必然是在道德上最优良的城邦。人如无善行（义行）终将不能获得善果（达成善业）；人如无善德而欠明哲，终将不能行善（行义）；城邦亦然。一个城邦必须具有人们称为义士、为达者、为哲人的诸品德，唯有勇毅、正义和明哲诸善性，才能达成善业（而产生幸福）。③ 亚里士多德指出，一个追求幸福和善业的城邦，必须具备智慧、节制和正义三种品德。④ 因此，在亚里士多德的美德正义观中，承袭着柏拉图的理论精髓，正义既是从公民个人的善德中生发出来的，也与城邦的公共生活紧密相连。在柏拉图的基础上，亚里士多德更强调了正义在公民政治权利参与和分配中的体现。亚里士多德的公民平等享有政治

---

① 〔古希腊〕亚里士多德：《政治学》，吴寿彭译，商务印书馆，1965，第151页。
② 〔古希腊〕亚里士多德：《政治学》，吴寿彭译，商务印书馆，1965，第154页。
③ 〔古希腊〕亚里士多德：《政治学》，吴寿彭译，商务印书馆，1965，第342页。
④ 〔古希腊〕亚里士多德：《政治学》，吴寿彭译，商务印书馆，1965，第393～394页。

权利的主张深刻地影响了后世的政治哲学思想，尤其是以洛克为代表的近代社会契约论者的权利学说以及以马歇尔为代表的现代公民身份理论，对此，本书后面再加以述及。

上述美德正义理念具有两种美德恰适性：①柏拉图之人的禀赋"金银铜铁"的区分以及与此关联的城邦职守的分工；②亚里士多德主张的同等的人（即同等的美德、能力、对城邦的意义等）享有同等的事物（包含政治权利、社会地位、财富等要素）的分配原则。后世福利分配的平等思想以及基于贡献、荣誉、能力和禀赋的应得观最早可溯源到这一美德恰适性。

二 神性正义：福利伦理的神性依归

亚里士多德之后，除了罗马时代，有大约长达 2000 年的时间，公民权利的理论和实践归于沉寂，直到近代社会契约理论的出现。在此之前，西方社会还有一个神性正义时代。奥古斯丁将亚里士多德的德性正义思想与基督教终极信仰相结合，提出了他的神性正义观，深远地影响了后世的宗教、政治和社会秩序。他认为，最高意义的正义根据理性规定所有事物的正当秩序，这一秩序要求低级服从高级，而且这种服从是普遍的、完全的，在人类社会如此，人之外亦然。这一秩序存在的保证是灵魂统治肉体，理性统治欲望，而上帝统治理性。在人类社会，等级秩序的保证是善良的臣民服从于智慧的统治者，后者的精神服从于神律。因为人世间充满着欲望和邪念导致的各种恶的可能，人类社会必须有各种相应的法来遏制各种邪恶，虽然这种遏制和惩罚本身并不完美。唯一尽善尽美的是上帝的法，它是评判一切善恶的终极标准。①

另一位将亚里士多德的美德正义观赋予神性意义的神学家是托马斯·阿奎那。13 世纪后半叶的意大利仍然是小国林立的分裂状态，阿奎那的正义观同样立足于城邦的生活秩序。沿袭着柏拉图和亚里士多德，他认为城邦生活必须具备智慧、勇敢、节制、正义这四种美德，由于与城邦安全的紧密相关，正义是其中最高的一种。② 但他认为人的优秀是统治者的必备基

---

① Augustine, *The City of God against the Pagans* (Cambridge: the University Press, 1998).

② 〔意〕托马斯·阿奎那：《神学大全》，转引自〔美〕列奥·施特劳斯、约瑟夫·克罗波西主编《政治哲学史》，李洪润译，法律出版社，2009，第 251 页。

因，并不能仅仅由城邦生存的功能来衡量，而应由神的正义来判定；公民社会作为道德全体的唯一负责者，它本身也须由人类行为必须遵循的一个更高标准——上帝的意志来评判。

奥古斯丁和阿奎那的神性正义思想通过将基督信仰融入世俗哲学，为中世纪的意识形态和政治秩序注入了强大的甚至是终极的价值关怀。在中世纪基督教时代，神性的力量渗入欧洲社会生活的每个层面，上帝的指示通过弥赛亚的布道、圣经的传播深入每个基督徒的内心世界，无论是世俗君主、贵族庄园主还是农奴，由各种封建义务构筑的政治和社会秩序必然洗染着神性的光辉。上帝的蒙召和恩典，对世俗生活的指引，必然成为那个时代人们唯一、终极的精神力量，也是正义、良善生活的最终诠释。近代思想启蒙以来，尤其是霍布斯、洛克、卢梭等社会契约学说的出现，基于君权神授观念的王权秩序受到极大挑战，统治的合法性逐渐转向人民的合意和让渡，正义的神性色彩逐渐褪去，理性权衡、民众决议等深具人民主权色彩的合法性正义逐渐成为人们的共识。

奥古斯丁和阿奎那的神性正义思想除了赋予世俗生活以价值的意义，也为宗教、慈善组织、社会团体的福利伦理赋予了神性依归；后世新教徒的节俭、勤奋，荣耀上帝的财富观、救济观、慈善观也深受其影响。[①]

美德正义对社会分配的影响，尤其是亚里士多德的公民观，对于后世的权利思想影响甚巨，无论是对社会契约论的公民权利思想，还是马歇尔的现代公民身份理论；这些都是福利之正义性的一个至关重要的实现要素——"权利"的学理基础。

第二节　社会契约与苏格兰启蒙

一　契约正义：福利正义的法理之基

"社会契约"思想是在英国封建制度逐渐解体、新兴的工商业阶层要

---

① 马克斯·韦伯认为，新教徒的经济理性美德来源于路德宗的天职观以及加尔文教的命定论。其神性指向最早可溯源到奥古斯丁和阿奎那的神性正义——〔德〕马克斯·韦伯：《新教伦理与资本主义精神》，于晓、陈维纲等译，生活·读书·新知三联书店，1987。

求摆脱各种束缚、英国王权受到极大挑战的背景下首先由霍布斯提出来的一种权力假说。在英国，由于革命的爆发，国王被处死，人们的思想和社会秩序处于极大的混乱之中。在这一背景之下，"君权神授"思想受到广泛质疑，社会秩序的可能性以及主权的合法性等问题引起了人们的广泛思考。霍布斯从人类的激情心理学出发，构想了一个人人自危的自然状态，并由此论证了主权的合法性和必要性。但这种合法性仍然没有完全摆脱基督教神权的影子。①

霍布斯首先从激情心理学和自然法的角度论证主权存在的合理性和必要性，然后从主权者治理这一视角论证国家的组织原理和运行原则。这些理论旨在论证主权的应然。他的思路是，人类都具有一种天生的激情；出于这种激情，每个人都有权力的欲望或掠夺他人财富的欲望；与此相对应，人与人之间的关系建立在侵犯或防范、报复的自然法基础之上；这种自然状态使得人人自危；于是人们寻求一种社会契约，将主权赋予一个共同的主体（主权者），以此获得自身安全的保护，国家便由此形成。

洛克的契约思想可以说是对霍布斯的回应和发展。如果说霍布斯的主权理论仍然保有基督教神权的深刻印迹，在洛克这里，这一印迹就得到更彻底的清除。在《政府论》上篇，洛克从父权制、神授说、亚当被赋权等多个角度，对君权神授观予以驳斥。② 在《政府论》下篇，与霍布斯一样，洛克也假定了一种自然状态，但这种自然状态是自由的、平等的，人们由于交换和合作自觉遵守自然法则。世界为人类所共有，人们在其中充分享有劳动权和财产权，财产的占有以劳动和需要为限。然而，在这种和平的自然状态中，由于人的贪欲等各种因素，也存在对个人权利的侵犯。按照自然法的原则，被侵犯者有权对侵权行为进行惩罚和报复；但由于个人的能力差异以及有可能导致的社会失序，这种惩罚将不可行。于是人们就将这种惩罚和防范的权力让渡给一个公权力，政府便由此产生。③

由此可见，洛克理论中的主权远远比霍布斯的小，它的目的主要限于保卫个人的财产权，它的法律也不是限制自由而是带来了自由。洛克的主权是

---

① 参见〔英〕霍布斯《利维坦》，黎思复、黎廷弼译，商务印书馆，1985。
② 参见〔英〕约翰·洛克《政府论》上篇，瞿菊农、叶启芳译，商务印书馆，1982。
③ 参见〔英〕约翰·洛克《政府论》下篇，瞿菊农、叶启芳译，商务印书馆，1964。

从家庭的权力原则推导出来的，他所谓的"政治社会"是向社会成员提供法律保护的社会，君王也是政治社会中的一员，因此也应受到法律的制约。霍布斯的主权是个体将其让渡给主权者，洛克则将其赋予国家（议会）。权力主要是针对犯罪或外来的侵犯，即一种自然法的执行权，而且应该体现一种多数决定原则。洛克认为，如果政府一旦形成了自身的利益，或无法履行对人民的保护职责，人民就有权废止契约，寻找新的主权者。洛克还认为，占有土地即被视为默认并同意政府的权力，这隐含对王权的限制以及对资产阶级、土地贵族权力要求的接纳，体现着对资产者权利的保障，同时体现着对政府权力合法性的支持以及对政府暴政的防范。

如果说霍布斯的主权观体现着一种无限性、绝对性，那么洛克的主权观则体现着一种有限性、相对性。霍布斯重论证，洛克重设计。洛克的权力观处处体现着对主权无限扩张的防范。这表现在，第一，洛克的权力体系主张将主权分置于不同的机构以形成各种权力之间的制衡；第二，洛克认为，如果主权一旦形成自身的利益或被滥用而导致对立约人的侵犯，立约人有权要求重新立约以寻找新的主权者。

卢梭继承了霍布斯和洛克的社会契约思想，但其权力的合法性有着与前两者完全不同的含义，他指向了人民的完全、绝对的自由。也可以这么说，霍布斯、洛克都是为主权及其统治寻找世俗的合法性依据，而卢梭的目的则是要为人民的自由寻找合法的实现途径。在霍布斯的社会契约论中，人们让渡主权是为了生命的安全；洛克则增加并强调了财产的因素；到卢梭这里，公民的自由则是最终的目的。换言之，主权的合法性在卢梭这里唯有体现为公民自由的实现才有正当的依据。

按照卢梭的设计，立约者把所有的权利奉献出来组成一个联合体，联合体也由此体现出尽可能的完美。人们在联合体内获得了同等的权利以及更高等的自由。人们的这种自由和权利通过"公意"，即人人平等参与、共同决定的公共意志，得以实现。在共同体中，道德来源于公共生活中的"正义"———一种政治的"切当"性，财产为国家所有，法律和道德的平等代替了自然的不平等，公意体现了共同的利益。① 与洛克一样，卢梭强

---

① 参见〔法〕卢梭《社会契约论》，何兆武译，商务印书馆，2003。

调法律和宪法，但比洛克更详细和具体。卢梭的社会契约思想试图以"公意"为纽带来实现洛克提出的自由原则，他认为整体优于个体，赞赏团结和合作。由于当时法国王权的势力远远大于英国，封建制度的根基也远甚于英国，因此卢梭的自由观意在全面摆脱封建的依附，平等主要是指身份和法律的平等。卢梭区分了立法者与政府的角色，指出国王或统治者并非主权者。相对于洛克的政府解体说意在对即将建立的理想的议会制政府的警告和制衡，卢梭提出的人民具有反抗、剥夺和废除违背民意的政府的设想则是直接针对当时法国的专制政体。

卢梭的社会契约思想综合了霍布斯、洛克以及柏拉图、亚里士多德、孟德斯鸠等人的思想，也借鉴了罗马共和国和斯巴达的经验，提出了不受限制的人民共同体设想，以"公意"和公共决定来代替代议制政府。这些思想直接启发了法国大革命并被广泛应用，却随着法国大革命的结束而没落，虽然其中有些成分，如共同体的自由、财产的共有等，被后世的马克思主义和巴黎公社所吸收。

社会契约论指明了政府具有保障公民合法权利的责任；在现代社会，这一契约合法性延伸为政府的福利供给义务；公民享有自由、生存、安全的权利也因此成为福利正义的重要法理之基，并在马歇尔等公民身份理论中获得了深入的拓展。对此后文再予述及。

二　苏格兰启蒙：自由主义福利观之渊薮

相对于卢梭建立在"公意"基础上的自由观在实践上受到的沉痛打击，另一种对主权合法性的论证，即苏格兰启蒙运动的自由理念却获得了深远的发展。这首先体现在休谟的有关思想中。休谟的《人性论》可以视为对霍布斯、洛克的社会契约思想的回应，也隐含了对柏拉图正义观的再思考，他试图从经过提纯的人的心灵机制出发，去探求人对社会的认知。休谟首先将人的社会属性剥离，分析人作为类的存在物的心灵机制：知性和情感。从这些分析中，休谟提出了远比霍布斯激情心理学更为复杂和深刻的情感和理性理论，然后再将其应用于对社会政治的论证和思考。休谟认为，基于人的自然秉性和生存条件，人们会自发地形成某种社会团结——各种社会组合形式。他认为，人只有依赖社会，才能弥补他的缺陷，才可以和其他动物势均力敌，甚至对其他动物取得优势。^① 但人的偏私和贪欲，使人与人之间存在某种潜在的冲突；如要达到社会稳定，只有通过社会全体成员缔结一些协议，使得对那些外物的占有得到稳定，从而每个人安享他凭幸运和勤劳所获得的财物。^②

休谟认为，"存在着三条基本的自然法则（正义原则）确保人们之间的和平共处：稳定财物占有的法则；根据同意转移所有物的法则，履行许诺的法则"。^③ 但由于情感的偏差及其非理性，以及缺乏远见的思维特性，人们往往会违背这些正义法则而对社会秩序造成损害。在这种情况下，就需要一个外在的机构来保障正义的履行和社会秩序的稳定，于是政府（主权者）就产生了。主权者产生以后，休谟认为人们有义务维持对主权者的忠顺，除非人民不再能够从其中享受到那种安全感和保障。^④

从以上论述可以看出，休谟认为，政府权力的合法性存在于对正义原则的支持，对公民安全和财产权的保障，对社会秩序的维护。休谟的理论从霍布斯那里继承了激情假设和最初的社会契约观念；从洛克那里继承了对财产权的关注；但又对此做了不同程度的修正。首先他的激情理论和知性分析远比霍布斯的激情心理学深刻、全面；他对人类最初社会的描述也远比霍布斯的自然状态更贴近现实；他的社会契约存在于两个层面：人类之间的自发的社会团结（正义原则）以及政府与人民之间的合约（忠顺和安全保障）。休谟虽然继承了洛克对财产权的关注和强调，但由于那时的英国政治统治体系已初步成型，所以他不再像洛克那样关注对公权力的设计和制衡，转而关注政府对社会秩序的保障。这对斯密的自由秩序理论以及密尔乃至现代的哈耶克、柏林等人的自由主义思想影响深远。

在休谟完成了权力合法性的论证之后，斯密以后的思想家将思考的重心转向在权力统治之下，个人如何获得更大的自由，社会如何在个人自由地追逐自身利益的驱动下形成一种良善的秩序，而政府的合法性也唯有体现在对这种自由秩序的形成和保障功能上。斯密指出，在人们追逐自身利

① 〔英〕大卫·休谟：《人性论》，关文运译，商务印书馆，1980，第 525 页。
② 〔英〕大卫·休谟：《人性论》，关文运译，商务印书馆，1980，第 530 页。
③ 〔英〕大卫·休谟：《人性论》，关文运译，商务印书馆，1980，第 566 页。
④ 〔英〕大卫·休谟：《人性论》，关文运译，商务印书馆，1980，第 591 页。

益的过程中，存在"一只看不见的手"，这往往比真正出于本意的情况更有效地促进了社会的利益。[①] 不仅是对财富的获得欲，社会法规也是那只"看不见的手"的具体表现，这使有着不同利益的人得以和平共处，从而达到社会政治生活的平衡。[②] 约翰·密尔对公民自由的论证也体现了斯密的这一自由观；哈耶克的针对计划体制和集权模式的自由自发的秩序思考更是继承了斯密的这些思想；柏林的积极和消极的自由观更在价值层面对自由做了系统的阐述。简而言之，自由主义思潮将权力的合法性与对自由秩序的追求紧密结合，这是人民主权思想在英国思想启蒙以后的显著特色。

苏格兰启蒙思想是后世自由主义政治哲学家如诺齐克、哈耶克等人（某种程度上也包括罗尔斯与德沃金）的国家观与福利观的渊薮。他们从不同层面延续了苏格兰启蒙思想的自由基因。

社会契约论以及苏格兰启蒙这些思想体系明确提出了公民权利的观念，成为现代权利理论的学理来源；马歇尔的公民权利理论就是在这些思想的基础上予以阐发和再造。不仅如此，他们明确了主权合法性的基础在于保障社会成员的基本权利：人身、财产和自由；现代社会可以将其概化为生存权和发展权。这是现代福利国家的法理基础。

第三节　何谓幸福的社会？

一　由契约到功利的转向：边沁

社会契约以及苏格兰启蒙运动的延续在西方政治思想史可称得上划时代的一环。同时，它们引发的争议也是巨大的，质疑声主要在于：人类历史上，在既往的社会进程中，是否真的存在社会契约？作为一种理想的设计，社会契约又将赋予秩序怎样的规定性？

功利主义的兴起，尤其边沁提出的功利原则可以说是这些质疑声中最

---

① 〔英〕亚当·斯密：《国民财富的性质和原因的研究》，郭大力、王亚南译，商务印书馆，1972，第 27 页。

② 〔英〕亚当·斯密：《道德情操论》，蒋自强等译，商务印书馆，1997，第 19 页（译者序）。

具承前启后意义的，并且深远启发了后世对社会契约的认知和界定。边沁认为，原始的社会契约具有一定的虚构性；[①] 但是现代社会契约的价值来源于主权可以供予人民幸福的保障，这才是现代社会的立法原则。[②] 这一原则即"功利"原则——也就是"大多数人的最大幸福"。[③]

无论远古时代是否存在社会契约，近代以来社会治理的契约性却是无可争辩的事实。即便边沁提出的功利原则，也不甘是就治理形式、各方权利与义务的边界以及社会运行的目的进行某种道德义务的探讨。也就是说，主权不仅有确保公民的安全与自由的保障责任，还有更高尚的道义目的——导向民众的幸福。

但是，何谓幸福？

边沁的幸福观可以说是一种生活的"快乐"指数；而且，他尝试以某种量化来求得社会总的幸福指数。这必然隐含某种缺陷：一是幸福的内涵太过狭隘；二是这种量化忽视了个体的差异而失之简单。边沁功利原则的提出却预示着主权原则的重大转向，即由一种消极的"保护"意涵转向对公共利益的探索和追寻。

二　基于理性的道德功利主义：葛德文

与边沁一样，葛德文同样认为道德或政治的目的在于人类的"幸福"或"快乐"，他所指的幸福含义却远比边沁要广。葛德文认为，人类除了感官的快乐，还有精神的快乐、同情的快乐和自我赞赏的快乐。人类最理想的境界是：他们能够接近所有这些快乐的来源，并且享有多种多样而永不间断的幸福。[④] 道德或政治的社会基础则在于正义，也就是在同每个人的幸福有关的事情上，公平地对待他；衡量这种对待的唯一标准即考虑受者的特性和施者的能力。[⑤] 在葛德文看来，正义与公平较为接近，意味着"一视同仁"。虽然葛德文并不否认由于社会关系的存在，个人具有某种特

---

① 〔英〕杰里米·边沁：《政府片论》，沈叔平等译，商务印书馆，1995，第149页。
② 〔英〕杰里米·边沁：《政府片论》，沈叔平等译，商务印书馆，1995，第152～153页。
③ 〔英〕杰里米·边沁：《政府片论》，沈叔平等译，商务印书馆，1995，第91页。
④ 〔英〕威廉·葛德文：《政治正义论》第1卷，何慕李译，商务印书馆，1980，（序言）第10页。
⑤ 〔英〕威廉·葛德文：《政治正义论》第1卷，何慕李译，商务印书馆，1980，第84页。

殊的道德义务；但是就正义而言，要求每个人增进社会整体福利的道义责任。①

由此不难看出，葛德文的正义观与道德是高度一致的，正义的恰当性在于一个人的道德价值及其与一般福利（社会利益）的相照应。与边沁一样，他并未将契约视为社会秩序的基础，而视正义为道德义务与政治义务的总和。② 那么，如何才能形成正义的秩序？或者说，如何才能达致社会幸福？

葛德文认为，"理性"（理智）而非情感才是社会行为合理性的关键；但是，他同样质疑社会契约在现代社会的合法性。与其说"约定"赋予道德某种基础，不如说这一基础在于能否经受增进人类幸福这一终极结果的检验。葛德文在根本上虽然也可谓一名功利主义者，可谓边沁功利原则结合具体社会情境的再解释与深化——一种理性主义的阐释。然而他们的区别也是明显的——边沁认可政权的合法性，只不过赋予这一合法性以功利导向；葛德文则将增进人类的最大利益寄望于自由的社会交往。③ 那么社会联合的基础是什么呢？什么是社会交往的基质？葛德文指出至少有三个元素：真理、德行与真诚。这些元素与功利的相照应，既赋予道德以功利的性质，也使得社会行为产生一系列的因果反应。而区别于野蛮状态的理想社会，将为无尽的科学宝藏所充实，也为最纯洁的仁爱之怀所浸透。④

总的说来，葛德文的思想虽然不乏某些"唯智论"甚至"唯心论"色彩，但它有着一定的社会主义成分，是其后空想社会主义思想的前奏——或者说，是由幸福的功利原则到空想社会主义思想的过渡。除了较为深入地探索了幸福的道德基础，葛德文还探讨了实现这一原则的正义可能性。譬如他认为，平等是正义的内在要求；"平等的条件……取得进步和快乐的平等机会，乃是正义对人类的严格指示"；平等制度有益于社会，促进公正和公民的智识水平，可以促进道德的发展，增进公共福利。而教育——尤其社会成员"内心悟识"的提高，可以实现平等的愿景。⑤

---

① 〔英〕威廉·葛德文：《政治正义论》第 1 卷，何慕李译，商务印书馆，1980，第 90 页。
② 〔英〕威廉·葛德文：《政治正义论》第 1 卷，何慕李译，商务印书馆，1980，第 133 页。
③ 〔英〕威廉·葛德文：《政治正义论》第 1 卷，何慕李译，商务印书馆，1980，第 198 页。
④ 〔英〕威廉·葛德文：《政治正义论》第 1 卷，何慕李译，商务印书馆，1980，第 301 页。
⑤ 〔英〕威廉·葛德文：《政治正义论》第 2 卷，何慕李译，商务印书馆，1980，第 620 ~ 622 页。

三　将社会组织起来：空想社会主义的方略

由边沁功利主义的转向，再到葛德文幸福原则的道德深化，均尚未深涉实现社会幸福的具体举措。18 世纪末期至 19 世纪早期的空想社会主义思想对此做了深入而广泛的研究，尤以傅立叶、圣西门、欧文等为代表。

社会主义思想源远流长，早在柏拉图的"理想国"中已寓含社会组织方式的优化设计。中世纪晚期，随着地理大发现、历史逐渐成为世界历史，人们的视野也大为拓展。而莫尔、康帕内拉等空想社会主义思想的先驱，在神权与世俗政权的联结虽已有所触动、封建体制仍然较为稳固的时代，就已提出带有公有制分配性质、社会有序分工协作的朦胧构想。18 世纪与 19 世纪之交，契约论思想获得不同程度的实践，尤其法国大革命前后社会变革的诉求愈加紧迫；卢梭等社会契约思想的"人民主权"观、功利主义的社会幸福指向等理念则带来新的权利觉醒。一方面，社会政治环境的变化带来重大冲击，另一方面，各种思潮竞相迸发，这些都促使人们思考何为理想的社会秩序，何为理想的社会形态。

（一）傅立叶：欲望作为社会运转的基础

三大空想社会主义者的社会观均不同程度地受到科学文明的进步，尤其天体物理、牛顿力学等知识体系的影响。譬如傅立叶受着万有引力定理的启发，将欲望——所谓"情欲引力"视为理想社会运转的动力基础。他归理了 12 种不同的"情欲"，大致囊括了人对外在世界的欲求和心理反应，甚至将一些理性活动也囊括其中。[1] 而理想社会——或者说幸福社会，就是通过有序的社会协作，使得每个人的社会欲求得到充分的实现和满足。[2]

在这里我们可以感觉到边沁功利原则的深刻影响——这可能也是傅立叶对于"启蒙"理性的唯一继认。因为他对"文明制度"——近代资本主

---

[1]　12 种"情欲"动力包括：味觉、触觉、视觉、听觉、嗅觉；友爱、雄心、爱情、父子关系；计谋情欲、轻浮情欲、组合情欲。参见《傅立叶选集》第 1 卷，赵俊欣等译，商务印书馆，1979，第 138～139 页。

[2]　《傅立叶选集》第 2 卷，赵俊欣等译，商务印书馆，1981，第 225 页。

义工商业体系的鞭挞，既不承认洛克之以权利为社会秩序的基础，也否认康德的道德秩序合法性，当然也有异于休谟之人性"知性""情感"的二维论。姑且不论傅立叶所论的社会动力基础是否过于偏狭；他对未来社会的设计却不乏一种天才的设想。

傅立叶指出，"文明制度"的重大缺陷即社会无序——生产与消费脱节造成的虚假的"生产过剩"、市场混乱等经济危机以及贫富悬殊等。要解决这些问题，必须通过"情欲谢立叶"——一种协作组织，进而组成社区性的"法郎吉"来进行全面的生产、生活的社会调谐与合作。在这些组织中，每个人按照不同的秉性、天赋、情趣分工协作，并且注重培育每个人不同的才干和技能。至于社会产品的分配，傅立叶提出三种分配依据：资本、劳动和才能，其中劳动大约占到一半份额。他强调了社会分配的两种动力：一是合理的经济财富心理；二是发扬高尚的慷慨大度。[①] 劳动是首要的分配依据；而"慷慨"能形成更和谐的社会关系。两种动力都可以通过"情欲谢立叶""法郎吉"的协作、合作获得培育。傅立叶将劳动分为必需类、有益类与愉快类，劳动不再仅属于谋生手段；而协作制度不但使生产更有效率而且使生活更加便捷、舒适，人与人的关系也更加和谐。

（二）圣西门：以实证理性来发展社会

如果说傅立叶以一种全新的社会设计来回绝"启蒙"以来的理性基础，而同为其时著名的空想社会主义者——圣西门的社会观，可谓对理性的"回归"。在那个时代，圣西门同样深受牛顿力学的影响，同时也深受洛克社会学的浸染。他认为人的理性发展能力是无穷的，而社会秩序应该按照理性原则来构建——这个原则即"实证主义"。[②] 幸福社会既是物质幸福的社会——比如，衣食住行获得改善，可以四处旅游等；还包括精神的

---

① 《傅立叶选集》第2卷，赵俊欣等译，商务印书馆，1981，第124页。
② "实证主义"应为人类依据可观察的事实与现象进行逻辑推演、判断、检验的理性原则。大约是圣西门首先提出了这一理念的雏形（如实证道德与实证政治等概念）；作为他的合作者（秘书）与信徒，奥古斯特·孔德将这一原则进行了全面、细致的阐释，作为社会研究的基本原则，并由此创立了实证主义社会学。《圣西门选集》第2卷，董果良译，商务印书馆，1982，第126～229页；参见〔法〕奥古斯特·孔德《论实证精神》，黄建华译，商务印书馆，1996。

幸福——"人们的智力得到广泛的发展，以致他们能够欣赏艺术、知道支配自然现象的规律和掌握改造自然的方法，而且他们在精神方面受到关怀"，等等。① 这既是道德的目的，也是政治的目的。因为，道德的目的在于将人类组成社会，使每个人最大可能地将自己的精神力量和物质力量贡献给社会和大多数同胞；而政治只应当是道德在公共事务管理方面的应用。②

圣西门提出，在道德能够成为实证科学以前，在政治能够受到道德指导以前，在人类能够得到直接为大多数人造福而建立的社会组织以前，必须具备两个条件：一是尽量发展实证知识，让理性获得足够的力量，以使人们依靠科学知识和实业活动改善自己的命运；二是要使居民群众，即大多数的实业经营者具有独立管理自己事务的能力。③ 为形成新的幸福社会，必须依靠三种社会中坚力量：艺术家、学者与实业家；前两者有助于实现精神幸福，后者有助于实现物质幸福。④

与傅立叶将批判锋芒对准近代资本主义制度不同，圣西门针对的是法国大革命前后的社会无序。他主张建立实证的社会体系，即有利于道德、科学、艺术、农业、工业、商业全面发展的社会秩序，发扬社会的自治精神——圣西门并不反对契约学说，只是提出社会契约必须具备一定的社会基础和条件。他在某种程度上续延了孟德斯鸠乃至葛德文的历史政治学范式——以史发论，因而其观点更具切实的现实支撑。不仅如此，圣西门对人类理性能力非常确信，主张以科学与实证知识来重塑社会的政治与道德秩序，以实证主义延伸了近代启蒙思想，即由权利的立法性法理基础延伸至实质性社会进步的具体举措。圣西门提出的一系列有利于社会进步的政治与道德方略，主张对旧制度进行全面的改制与革新，虽然并没有在其时的法国社会获得充分的实践，但是对于人类的文明进程有着深远而重大的启示价值。

---

① 《圣西门选集》第 2 卷，董果良译，商务印书馆，1982，第 14～45 页。
② 《圣西门选集》第 2 卷，董果良译，商务印书馆，1982，第 11 页。
③ 《圣西门选集》第 2 卷，董果良译，商务印书馆，1982，第 39～40 页。
④ 《圣西门选集》第 2 卷，董果良译，商务印书馆，1982，第 14～17 页。

（三）欧文：温和的社会改革

对未来社会的构想，在含有富裕、和谐憧憬的未来社会的富于想象的设计中，如果说傅立叶更注重一种协作精神，那么圣西门则强调基于理性的公民自治；而欧文兼有两者的特点，但是其间的区别也是显而易见的。欧文首先是一名实业家。早年的工商从业经历使他深切地看到了劳工阶层的苦难，也察悟到了早期资本主义的剥削和掠夺性，从而产生了改良社会的强烈愿望。

欧文指出了资本主义初创时期生产方式的明显不合理性：比如雇用童工；生产、劳作条件恶劣，劳作时间过长；劳工阶级终日劳作尚且不得温饱，难以养家糊口；这导致国民素质低下、金钱关系在社会的主宰性；等等。他提出要对社会进行彻底的改造，以此建立合乎理性的理想社会：在那里，生活中没有罪恶与贫困，痛苦如果有的话也将大大减少；智慧与幸福将成倍地增长，社会将彻底消除愚昧。[①]

欧文提出采用公众募资或政府赞助的方式，逐步建设基层社区性的具备工作、生活、教育功能的公社共同体——"公社新村"。他本人率先出资进行了成功的实践。在按照宜居原则设计的新村中，成员组成委员会自我管理，通过有序分工合理安排生产经营活动。每个协作小组既可按照出资原则组建，也可按照协作原则自愿组成管理团队。新村生活用品以及生产所得的分配，实行劳动与投资并重的原则，而成员的需要将成为最高的调节参照。对所有居民实行良好的教育。在按照这些原则建设的拉纳克新村的实践中，欧文获得了极大成功，社员素质大大提高，新村风貌焕然一新。[②]

欧文的社会实践充实了他的理想社会观。他提出，未来社会应按照新的"自然法"实行"人与人的联合"。在科学基础上组织起来的大规模的"社会大家庭"性质的协作共同体中，一方面将按照劳动量交换劳动产品，

---

① 《欧文选集》第 1 卷，柯象峰等译，商务印书馆，1979，第 117 页。

② 《欧文选集》第 1 卷，柯象峰等译，商务印书馆，1979，第 276~279 页；《欧文选集》第 2 卷，柯象峰等译，商务印书馆，1981，第 80~106 页。

"公道与正义""坦率与公平"将支配这些社会组织的全部活动。① 欧文主张在条件成熟以后，按需分配社会产品，而劳动将成为社会交换的参照。理想社会将贯彻这样的原则：按照各人的年龄以及能力等个体异质性，平等享有社会权利，给予一切人平等的优待、善行。在教育方面实行机会均等原则，使每个人最大限度地得到较高的素养以及其他的一些利益。正义，即意味着每个人都获得美好的生活，并且充分实现自身潜能。

欧文的社会思想处处充溢着一种实践精神，他力图通过理性的实践重建社会的道德与立法原则——革除社会弊病，增进民众幸福感，实现社会有序。这一理性原则本质上是一种功利主义的实践理性。虽然同样崇尚科学，但是相较于圣西门的实证理性，欧文更加趋近功利原则。在欧文看来，幸福的条件即生产财富并且培养一切人合乎理性的性格。人们为获得幸福，除了必需的、适宜的生活品的满足，还须使自己的才能、力量、志趣按照自身本性获得良好发展。在合理的社会制度下，通过科学组织社会以及适当地管理社会，可以使人人都生活愉快；随着人口增长，可以着手把地球变成永远充满和平与幸福的人间天堂。② 可以这么认为，欧文在道德上是传统主义者；在生产组织形式上是协作主义者；在阶级对立上是调和主义者；在社会分配上是共有主义者。他虽然反对私有制，认为私有制是贫困的根源，但是他并不主张社会革命的激烈方式。他力图寻求各种社会力量的支持——当然也包括资产者和政界，来实现他的社会革新。

客观地看，空想社会主义者的社会思想反映着那个时代社会矛盾激烈冲突、各种思潮竞相迸发的社会情势。在他们的社会观及其关于未来理想社会的设想和设计中，既有可贵的天才预言，也有些已变成现实；不可否认的是，他们的思想中也有种种缺陷与不足。他们看到了现实生活的苦难，尝试探索通向幸福社会的道路，他们有着深切的社会关怀。但是，无论是对现实矛盾的归因，还是对解决路径的探索，都有着一定的局限与偏移。从边沁提出的社会幸福的功利原则，到葛德文之基于历史的道德解读，再到空想社会主义者提出的实现社会幸福的种种方略，这些社会思想的发展标志着启蒙理

---

① 《欧文选集》第 1 卷，柯象峰等译，商务印书馆，1979，第 355 页。
② 《欧文选集》第 2 卷，柯象峰等译，商务印书馆，1981，第 23 ~ 25 页。

性由权利的形式正义到社会分配的实质正义的过渡。经过这种过渡，启蒙思想家提出的社会组织原则由社会契约赋予主权与治权的合法性支撑逐渐发生目标的转向——这一合法性将带给民众何种具体的社会内容，将为民众实现何种生活情境？进而，以此获得怎样优良的生活？

四 幸福的道德基础：密尔

在正义的秩序意涵由契约向分配的过渡进程中，在含有协作、共有精神的路径之外，还有另一条探索社会幸福、优化社会秩序的道路。那就是试图不对既有的社会生产方式作根本性的改革，而是对之作一定程度的修补和完善；或者说，在保有自由竞争经济体系的前提下，对其中的利益关系、分配关系作某种程度的改良和调整。

约翰·斯图亚特·密尔（亦译作穆勒）可谓 19 世纪这一范式的代表。作为边沁的忠实信徒，密尔主张传统的功利主义幸福应被赋予更深刻的道德内涵，更高尚的情操。[①] 这种道德可能更趋近斯密主义的道德情操，而有别于康德的先验理性。与休谟的认同相似，密尔认为道德感的驱动力在于主观的情感体验，因而是后天培育的自然情志，[②] 是在与他人的社会交往中形成的人与人的关联。那么，共同的利益（集体的幸福）何以在现代社会成为理性人的道德目标？首先，情感的联结本身寓含社会状态的自然天性；其次，合作也会带来联合的意识。[③]

就此而论，功利性道德天然地含有正义的性质——一种将人与人关系合适划定与甄别的取舍。在密尔看来，社会正义从来没有也不应当脱离功利原则。作为社会秩序的紧密关联，正义应当具有这些内涵：自由、合法的权利、对获得物的应得权衡、信守诺言、无所偏倚以及之于平等的要求。因此，正义有着两个相互关联的内容：行为的准则以及支持该准则的情感。[④] 正义感源于人类本具的道德情感，如同情，对美德、良知的渴望等；由于人

---

① 〔英〕约翰·斯图亚特·穆勒：《功利主义》，叶建新译，九州出版社，2007，第 35～41 页。
② 〔英〕约翰·斯图亚特·穆勒：《功利主义》，叶建新译，九州出版社，2007，第 69～73 页。
③ 〔英〕约翰·斯图亚特·穆勒：《功利主义》，叶建新译，九州出版社，2007，第 75 页。
④ 〔英〕约翰·斯图亚特·穆勒：《功利主义》，叶建新译，九州出版社，2007，第 102～105、121 页。

际的共处会涉及共同的利益及其分配，正义作为行为的准则也因此天然含有道德要求——也就是功利性原则——能够增进全体的福祉。密尔以正义为功利原则的重要道德指向，并以此解决社会关系的调适乃至社会分配。譬如，正义作为道德准则具有这些约束性：不得对他人侵袭和伤害；对恩惠的报偿；忠诚的义务等。① 密尔指出，正义内涵诸要素之间存在一定的张力，尤其是"应得"的权衡存在多种冲突因素。他并未深究这些冲突的解决；但是基于其功利立场，我们可以设想这些冲突应然相合于整体利益的最大原则。

正是源于正义作为功利性道德有着诸因素的权衡与取舍的张力，密尔也有功利主义者常常面临的道德困境，即如何对待贫穷和贫困人群。密尔一方面有着乐观的预测，他认为贫穷、疾病等人类的苦难可以通过教育、科学等人类自身的关注和努力予以战胜，同时又主张发扬利他主义以给予他人必需的帮助。② 密尔指出，教育可以"对人们进行一切智力训练，增加常识以及对环境做出理性的判断。"③ 这与上述空想社会主义者的看法是一致的；除此之外，他们对社会救济的看法也不无类似。

1834 年《济贫法》（修正案）对斯皮汉姆兰法案（Speenhamland Law）进行修正以前，英国的济贫制度向来饱受诟病。批评声主要集中于指责其削弱了劳动积极性以及贫弱者的社会自主能力。在社会主义者看来，旧体系的济贫制度确实存在某种缺陷，但是应该通过社会协作和有序分工将生产方式彻底革新以获得社会财富新的增长、分配关系新的调适予以纠正。密尔同样质疑济贫制度的低效，但他提出的矫正方案截然不同。密尔认为，劳动、土地和资本构成社会生产三大要素，但他更强调资本因素。④ 工资、生活水平与人口增长之间的相互影响受到市场的自发调节；改善劳动者的处境一方面要对人口给予必要的限制，另外还必须尊重市场自身的规律。⑤

---

① 〔英〕约翰·斯图亚特·穆勒：《功利主义》，叶建新译，九州出版社，2007，第 137 页。
② 〔英〕约翰·斯图亚特·穆勒：《功利主义》，叶建新译，九州出版社，2007，第 37～39 页。
③ 〔英〕约翰·斯图亚特·穆勒：《政治经济学原理》上卷，赵荣潜等译，商务印书馆，1991，第 425 页。
④ 〔英〕约翰·斯图亚特·穆勒：《政治经济学原理》上卷，赵荣潜等译，商务印书馆，1991，第 265 页。
⑤ 〔英〕约翰·斯图亚特·穆勒：《政治经济学原理》上卷，赵荣潜等译，商务印书馆，1991，第 383～385 页。

　　密尔的提高劳工待遇的观念一方面受着马尔萨斯与斯密的双重影响，另一方面，他对劳工阶层未来的思考又深受社会主义思想的启发。文明程度的提高——尤其是教育可以培育他们的理性能力和社会自主性。社会条件成熟以后，雇佣关系可能会向劳资联合或劳动者之间的合伙经营转变，在这个意义上，社会生产方式以及分配关系将有实质性的改变。① 至于政府的一般职能，密尔指出这些是不可或缺的：维护正当的社会秩序、保护个体人身财产不受侵犯、必需的公共事务等。② 质言之，主权的契约义务就内部而言在于确保有利于自由竞争、经济增长的一切法律与制度基础，以及承担必需的公共责任。

　　至于慈善与社会救济，密尔有着明显的矛盾心理——他一方面主张给予贫弱者必需的生活支持以维持最基本的社会公道；同时对其他公民的社会责任又缺乏充分的赞誉，尤其质疑政府的福利义务。③ 这一立场可谓深受斯密主义市场秩序的影响，即慈善与救济也应有助于受救济者改善自身处境的能力而不应妨碍经济增长的效力。这一基于传统自由主义的"消极"立场不仅与社会主义者改良社会的方略有着本质的不同，与现代自由主义也有不少的距离。

　　密尔的福利思想在受到功利主义的影响之后已有所调整。但是总体而言，他仍然对国家的福利责任、社会成员的救助义务秉持着某种回避的态度。他赞赏功利主义将社会幸福视为秩序的终极指归，并且强调把道德作为社会关系的最高准则。但是，贫弱者的困境及其有可能带来的一系列社会问题，比如人口素质的恶化以及社会关系的紧张等，或许只是涉及其中少数人群；但是这些漠视和淡化，已成为那个时代秉持自由立场的思想家一个颇有共性的特征。那么，社会的发展和进步是否真的可以忽视这些问题？在自由竞争体系下，对贫穷、疾病以及其他困境等问题的冷淡，社会

---

① 〔英〕约翰·斯图亚特·穆勒：《政治经济学原理》下卷，胡企林、朱泱译，商务印书馆，1991，第329、322～361页。

② 〔英〕约翰·斯图亚特·穆勒：《政治经济学原理》下卷，胡企林、朱泱译，商务印书馆，1991，第465页。

③ 〔英〕约翰·斯图亚特·穆勒：《政治经济学原理》上卷，赵荣潜等译，商务印书馆，1991，第405～406页；〔英〕约翰·斯图亚特·穆勒：《政治经济学原理》下卷，胡企林、朱泱译，商务印书馆，1991，第558～560页。

如何可能做到自身的完善和调适？

五 社会竞争：斯宾塞

斯宾塞的《社会静力学》（1850 年初版，1890 年修订）早于密尔的《功利主义》（1860），也早于达尔文的《物种的起源》（1859），与密尔的《政治经济学原理》（1848）大致同期，代表了那个时代最为激进的自由竞争立场。其理论基础有两个：一个是社会进化论；另一个是社会有机体论。二者大体都源于那时已逐渐揭示的生物学知识。

按照有机体论，人作为有机的生命体，身体各个部分和器官有着不同的性质和功能，它们相互协调配合维系着人的机能运转。社会也是如此，构成社会的各个部分发挥各自功能而运转，使社会成为一个有机运行的体系。对于个人来说，幸福意味着人体各种机能按比例运转而获得的合理满足，既是身体的也是心智的；对于社会而言，社会的幸福即组成部分合理运转，使得社会达到协调的合理状态。因此，功利主义的"最大多数人的最大幸福"原则，在斯宾塞看来需要面对一种矛盾性：如何解决不同社会个体之间的利益冲突？

斯宾塞提出了一种与密尔乃至传统功利主义道德完全不同的道德原则——消极善行与积极善行的原则。前者即每个人在追求自身幸福时不得损害他人同等的幸福；后者即每个人在追求自身幸福的同时还能增进他人的幸福。① 前者是最为基本的道德原则，并且由此引发了关于自由的"第一原理"② ——每个人都有做一切他愿做的事的自由，只要他不侵犯他人的同等自由。③ 同等的自由必然要求同等的权利。我们自然也可以这样推断——"每个人在行使自身权利的同时也不应妨碍他人同等的权利"。这可以说是康德道德的"他者推定"原则的翻版——可以通过某项行为在他人身上应验的可行性来推断它的道德合法性。

---

① 〔英〕赫伯特·斯宾塞：《社会静力学》，张雄武译，商务印书馆，1996，第 32~33 页。这一"积极""消极"幸福原则有着深远的理论意义，可以说启发了霍布豪斯、柏林的积极、消极自由观；但是，作为权利而言，可上溯至葛德文之积极与消极权利之分。

② 所谓"第一原理"，大致是模拟天体物理等学说的科学规则性。因为在斯宾塞看来，社会犹如自然世界一样有着隐藏着有待发现的客观规律，他正是致力于这种尝试。

③ 〔英〕赫伯特·斯宾塞：《社会静力学》，张雄武译，商务印书馆，1996，第 54 页。

就此而论，功利主义的道德原则有着深刻的权利悖性——每个人作为理性行动者在追求自身利益的同时必然隐含与他人的冲突；"第一原理"虽然规定了对于这种冲突的解决原则，但是怎样才能保障它在现实社会的实施？斯宾塞虽然指出了政府的秩序义务，但是主张将其限制在合法的功能范围之内以免损伤社会其他机体的功能。相形之下，斯宾塞更为注重社会秩序的自发调节——作为社会有机体，社会各部分将按照自身逻辑有序运行。与行动者的主观能动性不一样——无论是情感还是理性，斯宾塞更强调人对社会的适应性，即"物竞天择，适者生存"的法则。在他看来，这可能是现代社会竞争的必然真义。在这一竞争法则中，社会成员面临双重处境：一方面，在行使自身权益时不得妨碍他人同等的自由；另一方面，在"合法"的竞争环境中，弱者面临被社会淘汰的境地。这种残酷的处境尤其表现在斯宾塞对待济贫措施的态度上，他认为贫弱者应该接受近似残忍的命运。

我们不难看出斯宾塞理论的偏颇之处。斯宾塞社会观本质上是一种借鉴生物学原理的假说，在道德上可谓一种历史的倒退。他把人类社会降格为类似"强者法则"的自然生物社会，抹去了人类历史进程中已经层层积淀的文化和道德素质；正是基于这种素质，人的情感和道德本能使得社会的团结与合作成为可能，而不是一种纯粹的自利；此外，斯宾塞又降低了公共干预的必要性。其实在后来的社会发展中，都有着对自由竞争体系的调节，如凯恩斯主义的干预政策、罗斯福新政，还有现代的福利国家。即便是与其同时期的密尔，也主张政府对市场秩序维持必要的平衡。

纵然有着种种缺陷，斯宾塞的社会思想仍然有着重大的理论和现实启示。譬如，他的社会有机构成论可谓结构功能主义的先驱，深远启发了后世如帕森斯、默顿、科塞等社会构型理念；他较为清晰地阐明了现代社会的自由、权利内涵，赋予契约秩序一种现实的辩证性。斯宾塞忽视了他自己提出的"积极善行"在现实社会的践行可能；这种可能不必等到久远的未来，而是可以在坚实的社会实践中获得逐步的积累。他强调的社会自由自发的秩序原则，反映了当时自由主义的一种激进立场，在某种程度上揭示了自由竞争的残酷性。不仅其后的现代自由主义就此作了深切的道德反思，自由竞争体系也不得不正视本身内蕴的消极后果，而从诸多层面如正义诸要素等角度顾及劳工阶层、贫弱者的利益。

19世纪社会思潮的迸发，反映着那个时代多种价值理念的冲突；20世纪世界历史的进程，又昭示了一种融合的必要与可能。在蕴含时代反思的必然要求之中，在人类通向幸福社会的道路上，如何形成合理的社会秩序？在含有诸多因素的社会分配之中，在经济增长与社会的公平、正义之间，将有着怎样的张力与调适？

第四节　社会分配：马克思主义的观点以及现代自由主义

在19世纪诸多分配理念中，有些共性因素已然逐渐显现。譬如，如何看待社会生产中的劳动因素？如何评价土地、资本、财富的适当地位？如何对待社会个体的才能、禀性等异质性？如何看待人的需要？如何对待贫穷、疾苦等人类苦难？进而，如何实现社会协作？其中有些因素是为社会生产所必需；有些是有待努力的社会目标；有些则兼有多种不同的性质。这些问题的解答要求对权利、福利与自由等理念有更为清晰的定义，也必然涉及对作为秩序基础的正义考量，尤其关涉社会救济、国民教育、卫生体制乃至有利于人的发展的一切社会基础。它们在现代社会的合法性在哪里？这些都是随着社会的进步逐渐被人们更深切地认知和了解。

一　马克思主义分配观及其启示

随着资本主义生产方式在欧洲大部分民族国家的确立，建立在私有财产、自由竞争基础上的统治秩序暴露了越来越多的弊病。一些低层民众在脱离封建桎梏的同时，也失去了原有的封建荫蔽。他们要么贫病无依，要么涌入城市接受产业资本的无情盘剥，生活境遇极其悲惨。马克思主义的经典作家看到了资本主义秩序的这种合法性危机，他们提出废除财产私有制，建立共有制基础上的自由人的联合体，按需分配社会财富，由此实现共产主义正义。①

---

① 《马克思恩格斯选集》第1卷，人民出版社，2012，第422页。

马克思指出了资本主义生产的劳动双重性：交换价值与使用价值——前者有着商品的性质，后者除了劳动力价值之外还产生剩余价值。在未来自由人的联合体中，劳动产品将按照本身价值以及社会再生产的需要进行合理、按比例的分配与积累；而在资本性生产中则难以避免剩余价值的剥削性。① 恩格斯同样指出资本增殖的秘密在于劳动创造的剩余价值。② 马克思还看到了当时的资本主义生产已经具有一定的协作生产性质，③ 但是这种生产方式难以抵消因分配关系的不合理所带来的劳动者被剥削而产生的贫困，以及因生产与消费的脱节而导致的经济危机。他们指出，在一切旧的生产关系所内含的生产力全部释放出来之前，新的生产方式绝不会出现，无论是资本主义生产还是之前所有的占有形制；但是在某些特定的环境中，在新的所有制形式的萌芽已经具备一定成熟的社会条件下，社会有可能会跨越资本主义的"卡夫丁"峡谷。④

劳动带来了价值的增值，同时也生产了劳动者自身的贫困。这不仅是由于剩余价值被剥夺，无产者队伍的不断扩大也降低了劳动者的报酬。这是自由竞争体系必然面临的困境。如何对其进行必要的纠正？自由竞争如何在资本、土地等因素之外，构建某种更为多元的分配体系，以将劳动、努力、才能乃至禀赋、机会等因素容纳进来？如何界定分配的权利？

分配成为现代正义理念的核心话语始于马克思。资本主义生产方式一百年来创造的生产力在超过过去所有世纪的总和的同时，也将失地农民、产业工人等底层民众置于饱受盘剥、辛勤劳作尚且不能养家糊口的悲惨境地。马克思、恩格斯的科学社会主义理论提出要对资本主义的占有制度以及相应的生产关系进行彻底的改造，以生产资料的公有制取代资本主义的私有制；以社会化大生产取代资本主义的无序竞争；在社会财富充分涌流之后实行按需分配；在共产主义初级阶段实行按劳分配。⑤ 马克思指出，"在共产主义社会高级阶段，在迫使个人奴隶般地服从分工的情形已经消

---

① 《马克思恩格斯选集》第 2 卷，人民出版社，2012，第 126、185～188 页。
② 《马克思恩格斯选集》第 1 卷，人民出版社，2012，第 71～74 页。
③ 《马克思恩格斯选集》第 2 卷，人民出版社，2012，第 206～210 页。
④ 《马克思恩格斯选集》第 3 卷，人民出版社，2012，第 820～840 页。
⑤ 《马克思恩格斯选集》第 1 卷，人民出版社，2012，第 302～303、306～307 页。

失，从而脑力劳动和体力劳动的对立也随之消失之后；在劳动已经不仅仅是谋生的手段，而且本身成了生活的第一需要之后；在随着个人的全面发展，他们的生产力也增长起来，而集体财富的一切源泉都充分涌流之后，——只有在那个时候，才能完全超出资产阶级权利的狭隘眼界，社会才能在自己的旗帜上写上：各尽所能，按需分配！"①

马克思主义分配正义既是对以往社会主义思想批判的继承，也以更深刻的价值反思呼应着时代的秩序要求，至今仍有深远的启示意义。譬如，他们指出了人的需要作为未来社会分配的首要性，强调劳动价值的社会应得，以及人作为"类的存在"的本质。这些分配要素的调适，最终体现为自由人的联合——每个人自由的实现成为社会全面发展的条件。马克思主义按需分配社会财富的理想是现代福利思想最坚实的基础和学理来源，现代福利思想在不同的层面或多或少是对马克思主义分配思想的回应和再解释。福利的本质就是超出西方启蒙以来形塑而成的个人财产权利的局限，对于困境或弱势中的人们的基本需求予以顾全，现代福利理念更是将人的发展也列为社会政策的重要目标。这些理念与马克思主义分配思想是高度一致的，也与马克思指出的未来社会的最终形态，自由人联合体的价值诉求——人的全面而自由的实现是一致的。②

在马克思主义分配观中，应得、需要、平等这些正义要素已然显露。按照马克思、恩格斯的设计，在共产主义的初级阶段，社会成员之间实行按劳分配原则，这是一种基于劳动的"应得"，即按照自己的社会劳动时间及其在社会总产品中体现的社会价值，以此获取生活资料。这是社会生产力尚未获得充分发展之前的一种分配设计。社会生产力获得充分发展以后，即社会的财富充分涌现以后，社会成员就可以按照自己的需要获取生活资料，而不再局限于各自的劳动时间和劳动产品；同时，劳动也成为人的第一需要。至于平等原则，在马克思主义中更是得到最了本质的体现：首先，财产（生产资料）占有体现为共有制之下的平等；其次，生活资料的分配，无论是按劳分配还是按需分配，都体现着一种更为积极的平

① 《马克思恩格斯文集》第 3 卷，人民出版社，2009，第 435～436 页。
② 《马克思恩格斯选集》第 1 卷，人民出版社，2012，第 422 页。

等——基于社会劳动以及人的需要的承认，一种摆脱了"异化"劳动的对于人的本质的平等承认。① 马克思主义分配思想激发了后世思想家的一系列深入思考和广泛回应。

虽然财产公有、按需分配等未来社会的设想并非始自马克思主义，比如在莫尔的《乌托邦》② 等著作中就有相关的构想；但是科学社会主义将这种对未来社会的更为深远的透视与工人阶级的解放运动结合起来，给予资本主义秩序巨大的冲击。这种冲击随着苏联、东欧、中国等的计划经济、公有制生产方式的确立，带给西方思想界的震撼无与伦比。西方的反应首先是在实践的层面。随着第二次世界大战结束后《贝弗里奇报告——社会保险和相关服务》（以下简称为《贝弗里奇报告》)③ 在英国的成功推行并逐渐在欧美大陆推广，"福利国家"作为分配正义的一种尝试在西方世界被广泛采用。在理论层面，思想界不仅回应着马克思主义，而且对福利国家本身进行反思。

作为一种回应——既回应着马克思主义，也呼应着功利主义等道德体系，现代自由主义思潮的一些思想家如霍布豪斯、罗尔斯等，也开始反思资本主义秩序的弊病，然而他们拒绝改变财产的占有方式，希望在维持资本主义私有制的基础上，调整分配秩序、缓和阶级矛盾，改善底层民众的处境，以此实现一种社会分配的正义。在经验上，随着两次世界大战的开始和结束以及社会主义不但作为一种意识形态而且作为一种崭新的社会制度在全球占据半壁江山，"福利国家"不仅在诸多层面实践着分配的正义原则，并且以一种新型的社会政策与保障理念检验着权利、福利、自由等观念的内涵。当然，这绝不仅仅是"自由主义"所能涵盖的。

福利国家——以福利为施政方向的国家治理形式，始于 20 世纪 50 ~ 60 年代，在 70 ~ 80 年代由于石油危机而受到极大挑战。但是，福利所实践的社会分配的正义至今仍然是社会秩序的重要合法性基石。与此同时，随着社群主义、女性主义、文化多元主义等后现代思潮的崛起，以霍耐特

---

① 《马克思恩格斯选集》第 1 卷，人民出版社，2012，第 56 ~ 58 页。
② 〔英〕托马斯·莫尔：《乌托邦》，戴镏龄译，商务印书馆，1982。
③ 〔英〕《贝弗里奇报告》，劳动与社会保障部社会保险研究所组织翻译，中国劳动社会保障出版社，2008。

为代表的法兰克福学派发掘了正义在当代社会的另一个内涵——承认。他从黑格尔的"主体间性"理论出发，创设了一套现代社会的承认概念体系，认为现代社会的正义诉求已经由分配向承认过渡。另一位批判理论家南茜·弗雷泽并不同意霍耐特的这一判断，她认为应将再分配和承认同时纳入一个二元的视野，以此重新对现代正义的范域进行界定。① 二者的争论引起了学界的广泛关注，也引起了人们对现代正义的思考。

20 世纪的福利实践一直伴随着现代权利理念的崛起与转型。从早期的权利论者如洛克阐明的基本自由、人身、财产的保障，经由功利主义的道德与立法诠释，再到人们对幸福命题的探索，对合理的生产与分配秩序的深切思索，对贫弱者命运的社会责任担负，乃至对社会教育与公共服务体系的塑形——在这一系列思想进程中，权利实现了由初期的契约性向实质性的社会权利的过渡，同时也赋予社会分配的正义性更为丰富的内涵。与传统权利倚重财产权及其实现自由不同，现代权利更注重社会大众的利益，要求社会进步的成果更加普遍地惠及全体社会成员。

在权利由基本秩序的维护向更为积极的社会领域迈进的过程中，社会发展的内涵也大大扩展。例如，公共责任越来越趋向促进经济增长，更合理的生产与分配的调适，公共服务体系的设立，等等。这些都要求道德与社会发展更为紧密的契合性，无论是功利主义的幸福命题，还是社会主义思想给予社会进步更为深刻的反思与远瞻。当然，在所有这些对社会秩序的探索中，我们也不应该忽视一种与自由竞争紧密相连的思潮——所谓"自由主义"，它赞同自由的经济秩序，在某种意义上，可称得上"斯密主义"。但是在面对贫困、社会救济等问题时，其有着模棱两可的态度，尤其在早期自由主义者中较为突出。那么，对于 19 世纪末期以来的福利实践，他们有着怎样的反应和深思？

二　现代自由主义分配理念

在洛克等古典契约原则中，政府有维护公民合法权利的绝对义务。随

---

① 参见〔美〕南茜·弗雷泽、〔德〕阿克塞尔·霍耐特《再分配，还是承认？——一个政治哲学对话》，周穗明译，上海人民出版社，2009。

着近代自由竞争体系的确立，人们对权利的理解逐渐分化，对伴随其而产生的贫困、疾苦以及社会救济有着极为矛盾的态度，在反思社会的道义责任的同时，也质疑政府的公共救济义务。随着 19 世纪末期以来的福利实践，人们对生产与分配的调适，以及其中内蕴的权利之界定、福利的法理基础大致有两种分野。较为极端的自由主义立场反对政府乃至社会公众深入介入社会救济等福利行为；持温和态度的自由主义者对于这些社会问题则要宽容得多，对社会分配秩序的正义解读也更为多元化。

霍布豪斯是一名有着社会主义倾向的自由主义者，无论是对自由理念的界定还是对社会分配中权利与义务等法理基础的辨析，都达到了以往自由主义者所没有的高度。他所理解的自由有两种：道德自由以及社会与政治自由，后者可视为前者在社会关系中的表达。[①] 而社会的分配关系涉及多种主体，如劳动报酬、财产权益以及共同体（社会）的秩序协调。[②] 霍布豪斯理解的福利已然超出以往社会思想较为狭隘的眼界，不仅包括传统的对于贫弱者的救济义务，也包括合理的养老金制度，以及公共慈善等内涵。[③]

自由的本质即权利的实现。在社会分配以及福利关系中隐含不同个体权利的潜在冲突——如何界定个体所得的正当性？霍布豪斯认为，与其说社会的道德目的在于实现"最大多数人的最大幸福"，不如说它能够调适不同利益诉求的"共同善"——也就是说，社会发展要达成这样一个状态：在一个协调运转的体系中，不是部分人而是所有人的根本需要都有适当的表达，也就是社会的和谐状态。[④] 然而，如何达到这种状态？如何协调不同的诉求？

在这里，霍布豪斯首次明确提出了社会（分配）正义的三个原则：平等、应得与需要。首先，平等意味着权利的平等；其次，应得意味着按照"人们的一些品质、品格或成就的比例"来分配；最后，还应能体现"各取所需"，比如就食品而言，"一种合理制度应顾及重工、轻工、男人、女

---

① 〔英〕伦纳德·霍布豪斯：《社会正义要素》，孔兆政译，吉林人民出版社，2006，第 32 页；参见〔英〕伦纳德·霍布豪斯《自由主义》，朱曾汶译，商务印书馆，1996。

② 〔英〕伦纳德·霍布豪斯：《社会正义要素》，孔兆政译，吉林人民出版社，2006，第 112、121、129 页。

③ 〔英〕伦纳德·霍布豪斯：《自由主义》，朱曾汶译，商务印书馆，1996，第 90、93 页。

④ 〔英〕伦纳德·霍布豪斯：《社会正义要素》，孔兆政译，吉林人民出版社，2006，第 9 页。

人或小孩所需要的食物数量的不同"。① 这三个原则虽然其内涵可能有一定的模糊之处，譬如他将应得、需要从属于平等、平等与权利之间有待更为清晰的界定等。但是，霍布斯奠定了分配正义的价值基础，后世有关社会分配的正义性分析几乎都没有脱离这些内涵。当然，我们自然可以从中发现对前述社会思想的继承——如果说马克思更为注重基于人的本质之实现的需要、基于劳动的应得，亚里士多德更为强调基于美德的"应得"，那么霍布豪斯着重的则是"平等"——一种权利的平等。

霍布豪斯是与韦伯、涂尔干、滕尼斯（Tonnies）等经典社会学家同时代的学者，他的社会哲学思想有着一种综合的气质，譬如对权利、自由、理性、共同体等理念的一种融合的尝试，也呼应着 20 世纪初期福利实践所引发的社会发展的价值思辨。他在社会价值上可谓"宽容主义"者，对权利的理解也超出了传统的纯粹意义的个体本位，而将社会本身的协调运行作为统合不同诉求的价值基础。此后，无论是世界历史的进程还是福利本身的实践，尤其是第二次世界大战以来更具整全性的福利体系，引发了人们对福利的法理基础进行新的思考。

欧克肖特（Oakeshott）基于理性反思探讨了正义秩序的可能，他的理论基石是"理性怀疑主义"以及基于保守立场的自由主义。他认为人类的认知效力并不完全在于理性的能力，从实践中获得的知识更为重要。政治的天职并不在于规定人类前进的方向，而在于维系社会秩序的基本机能。因此，他不仅反对计划经济，也反对福利国家；他的社会治理方案只能依靠传统的道德，企图以一种对过去的缅怀替代未来的规划。② 哈耶克也是著名的自由主义者，他强调在自发交往中形成的政治秩序。他认为，从传统小型社会团结中留下来的人们之间强烈的相互涉入的关注未必适合现代的巨型社会，其中能够充分有效调动生活资源的规则只能经由自发、自愿的协商才能形成。在巨型社会中，任何试图对社会生产和交换进行尽善尽美安排的努力都是徒劳的。不同于欧克肖特对理性的全面怀疑，哈耶克并不否认理性的效力，他承认经由自发的人类交往也会产生某种符合理性的

---

① 〔英〕伦纳德·霍布豪斯：《社会正义要素》，孔兆政译，吉林人民出版社，2006，第 72 ~ 77 页。
② 参见〔英〕迈克尔·欧克肖特《政治中的理性主义》，张汝伦译，上海译文出版社，2004。

结果。对于福利国家，哈耶克的态度远比欧克肖特开明。他承认福利国家对改善贫困人群的功能，但他反对福利事务由国家或任何权威机构垄断，社会组织和其他团体也应有介入福利事务的机会。① 这是两种较为保守的自由主义观点，其偏颇之处显而易见。其后欧美国家的社会政策，也并没有拒绝福利可能带来的社会利益，而思想界也尝试容纳更为积极的社会调节因素。

美国著名政治哲学家罗尔斯提出了他的正义二原则并对其做了深入论证。

第 1 条原则：对于和相类似的人人自由相容的一整套最广泛的基本自由，每个人都享有平等的权利。第 2 条原则：对社会和经济不平等要做出这样的安排：（a）使之符合处境最差者的最大利益；（b）并且让官职和位置向一切没有公平机会和平等条件的人开放。②

罗尔斯认为，第一条原则内含的基本自由相对于第二条原则的基本利益之所以具有优先性，是因为在已经取得一定物质进步、普遍地享有这些权利成为可能的社会里，在其他基本利益（如财富）上的获得，并不能补偿这些基本自由的缺失；没有任何理性而自利的立约者会接受这种交换。与第二条原则不同，第一条原则内含的基本自由必须是社会成员平等地享有，因为不可能存在基本自由的不平等享有增进了所有人的基本自由的情形。这里，我们可以看到，相较于欧克肖特的作为一种价值立场的自由主义以及哈耶克的建立在自由交换基础上的自由秩序，罗尔斯的自由观具有更明确的内涵，也更具操作性。在罗尔斯看来，他所列出的那些基本自由不仅是社会成员的基本需求，而且是现代社会的基本属性。

罗尔斯进一步认为，在实现了相对繁荣富裕的前提下，第二条原则适用于社会结构的另一个层面，即有关财富和权力分配的组织设计。罗尔斯认为，在这样的社会里，公平的机会平等原则要优先于财富分配原则，然

---

① 〔英〕弗雷德里希·奥古斯特·冯·哈耶克：《自由宪章》，杨玉生、冯兴元等译，中国社会科学出版社，1999，第 403 ~ 406 页。

② 〔美〕约翰·罗尔斯：《正义论》（修订版），何怀宏等译，中国社会科学出版社，2009，第 47 页。本书对第一条原则的引用参考张国清教授的相关论文作了修正。张国清：《罗尔斯难题：正义原则的误读与批评》，《中国社会科学》2013 年第 10 期。

而只有在保证基本自由和公平的机会平等的情形下，增加最贫穷阶层的财富的要求才能成立。罗尔斯对此做了细致的论证。他承认，把基本自由的优先性限制在相对富足的社会，可能存在某种局限性。但他坚持认为，立约人必须相对富裕才能实际享有这些基本自由。在基本物质需求得到满足后，财富的进一步增加虽然是可取的，但其迫切性已没有那么强了。就能够实际追求自己的目标、过自己喜欢的生活而言，基本自由就变得尤其重要。罗尔斯认为，这并不是一个伦理学意义上的价值判断，而是理性人的必然选择。[①]

相较于前两位自由主义学者，罗尔斯的正义学说要包容得多。分配正义是罗尔斯学说的核心内容。罗尔斯试图以一种新的基于理性选择的社会契约论，构筑一种综合性的宏大理论来回应自由主义、功利主义、康德主义乃至马克思主义与福利国家等多种关切。他从无知之幕的假设出发，立足于康德的道德感前提，论证了两条正义原则（人们共享基本的自由、社会资源的分配向弱势群体倾斜）的合法性。由此罗尔斯创造性地将自由主义的理念与福利国家巧妙地结合起来，成功地解决了二者之间长期存在的张力。

罗尔斯正义思想具有一种综合性，也因为如此，获得的理论回应也是多方面的：诸如德沃金从"资源平等"的角度；沃尔泽从"复合平等"的视角；阿马蒂亚·森从"可行能力"——人的实践能力的角度；等等。这些视角都重在阐释社会分配的应然"原则"，如此形成后世政治哲学的不同色彩。

综上，马克思主义分配观深刻启发了后世的福利思想，也赋予社会分配多重的价值维度。社会分配的价值指向——需要、应得、平等，在马克思主义分配观中已有丰富的内涵。在某种程度上，后世分配观的诸多要素可视为对马克思主义分配观的延伸与细化，而福利的价值正是其中的具体呈现。譬如，马克思主义分配观提出的"需要"原则，体现着秩序的人性诉求以及社会的本质。劳动者一方面按照自己的秉性、能力和兴趣参与社

---

① 参见〔英〕迈克尔·H.莱斯诺夫《二十世纪的政治哲学家》，冯克利译，商务印书馆，2001。

会大生产；另一方面根据精神和物质需要获取社会产品，这是福利最基础、最根本的价值来源。在社会生产力尚未充分发展、社会财富尚未充分涌流的情形下，须依据劳动者的社会劳动时间来衡量所得——这是基于劳动的"应得"。但是，自由人的联合体——秩序的最终目标是"每个人全面而自由的实现"，这是最高意义的平等，是每个人自我充分实现的平等，也是社会所能实现的积极意义的平等。社会分配的"正义"性界定，其实就是在回答这些命题：在权利与价值之间，在个人与社会之间，在个体与其他个体之间，如何获得一种分配恰当性？社会分配应遵循的价值元素，在特定的社会情境中，有着怎样具体的延伸和内涵？就福利而言，也就是如何体现一种合理性？又如何实现一种价值的综合与平衡？

第三章　福利正义的理念

自柏拉图提出"正义之问"以来，如果我们借助"理想类型"的分析工具，[①] 正义理念大致有着这样的历史沿袭：在古希腊时代美德正义是秩序基础；在中世纪基督信仰广泛渗入世俗生活并成为社会价值指引之后，神性主义成为其时秩序基础。近代以来，以霍布斯、洛克、卢梭等人为代表的社会契约论者提出了契约正义并在欧美国家获得实践和推行；边沁之后，社会思潮的正义诉求具有显然的"幸福"指向——功利正义。马克思主义诞生以来，各种思想交替呈现，但是无碍于正义的核心诉求在实质上已转向社会分配。应该指出，这样一种粗线条的勾勒，只是表明在不同时代之正义理念的实践以及与之相关联的意识形态中有着一种主导性的理念，并不意味着一个时代只存在一种正义类型。恰恰相反，几种不同的正义理念总是在同一个时代并存着，它们相互交织共同影响着当时的政治生活。但是，如果不对一个时代社会秩序中的正义理念进行一种"理想型"的提炼，我们就无法概括那个时代的社会实践尤其是政治生活的显著的、典型的特色。

第一节　分配正义的三个范域

在上述几种正义理念中，美德正义、神性正义、契约正义甚至功利正义都属于主权正义——正义理念旨在回答正义如何为主权者的政治统治提供合法性支持；或者说，主权者的合法统治应该体现一种什么样的正义性质。分配正义的理念有所不同。分配正义不仅意味着主权者或其他公共权

---

① 〔德〕马克斯·韦伯：《社会科学方法论》，杨富斌译，华夏出版社，1999，第59~74页。

力将统治的合法性建立在以合乎正义的方式将共有性资源在社会成员之间进行公平、合理的供给和配置之上；它还意味着社会成员之间建立起一种合意的利益协调机制，使得社会益品得以在社会成员之间以合乎正义的原则进行流转。如果说前几项正义模式调节的是主权者与社会个体的关系，为这种关系赋予一种合法性支持；分配正义则更着重调节社会成员之间的关系，这种关系通过社会益品使他们彼此紧密相连。大致来说，美德正义、神性正义、契约正义、功利正义着力于阐明主权统治的合法性基础；这些合法性基础到了现代社会，已不能完全涵盖治权的正当性。因为，近代契约体系给予民众自由、安全、政治参与等权利的同时，自身并不能纠正自由交换秩序带来的利益分化和悬殊。马克思主义的社会必要劳动以及人作为"类的存在"的物质和精神需要的分配指向，加之现代社会的深刻变迁，均引发学界重新思考何为正义的秩序，平等、需要等价值的历史和现实指代是什么。

什么是分配？以马克思主义的观点，社会活动（社会行为）大致分为生产、分配、流通、消费等四个部分；分配是与其余部分并列的重要社会行为。一般而言，社会分配是指社会益品的分配。那么，何谓社会益品？即有益于人们生活的社会公共资源，或者说，一切物质的和非物质的有益于人们生活的公共领域的事物。分配正义即社会分配的正义性，大致可划为以下三个范域。①交互正义，即体现着对等原则的经济生活的自由交换、社会生活的互惠以及对不当行为的相应惩罚；②公民依法享有的一系列政治权利和自由以及享有获得相应的公共职位：我愿将其称为权职正义；③教育、医疗、住房、养老、就业、社会救助与服务、慈善事业等领域中相关社会益品的分配：我愿将其中运行的正义称为福利正义。三个范域的划分是否已包括所有社会分配的意涵？大体而言，可以这么说。第一部分指代着交换性的公共领域；第二部分指代着权利、自由与公共职位等与政体有关的社会益品；第三部分指代着民生领域的社会益品。三者大致涵盖了所有的社会益品。

一 交互正义

交互正义的概念由来已久，最早可见于亚里士多德对正义概念的界定。^① 他认为有四种正义形态：分配正义，即荣誉、钱物或其他共同财富的分配，必须贯彻成比例对等原则；矫正正义，即社会交往中人们在善与恶、得与失之间的平衡；互惠正义（回报的公正），即社会交换中的互惠；政治正义，即统治秩序——治理者与被治者之间的公正。^②

矫正正义和互惠正义都体现着社会生活的衡等原则——对等、平衡和补偿。矫正正义着重于对利益受损方的弥补，使受到侵犯的合法权利得以伸张；^③ 互惠正义着眼于从社会交换的角度对付出的回报。^④ 二者都强调衡等与平衡。基于这种共性，可以将二者合并为一个统一称谓：交互正义。

对于交互正义，后世学者从不同角度进行了深刻的阐释。比如匈牙利学者阿格妮丝·赫勒（Agnes Heller）对于社会生活中的惩罚原则作了明确的界定。借助于马克斯·韦伯的理想类型的分析工具，她提出了静态正义和动态正义等正义的理想型，以及伦理政治的正义和社会政治的正义等人类的正义实践过程的回溯。当社会规范和规则受到侵犯，惩罚就是根据这些规范和规则来实施的社会制裁。制裁所带来的痛苦促使违法者偿还其"债"，反过来又强化了规范和规则的有效性，社会正义得以恢复。^⑤

对于社会交换中的互惠，社会学家彼得·布劳、科尔曼（James S. Coleman），政治哲学家大卫·高瑟（David Gauthier）等学者作了深刻细致的阐

① 〔古希腊〕亚里士多德：《尼各马可伦理学》，廖申白译注，商务印书馆，2003，第141、147页。廖申白先生将其译为公正，希腊原文是 justice〔见该书《序》（周辅成），第 ix 页〕，现在通行的译法是"正义"。
② 〔古希腊〕亚里士多德：《尼各马可伦理学》，廖申白译注，商务印书馆，2003，第134~149页。
③ 〔匈牙利〕阿格妮丝·赫勒：《超越正义》，文长春译，黑龙江大学出版社，2011，第165页。
④ 〔美〕彼得·M.布劳：《社会生活中的交换与权力》，李国武译，商务印书馆，2012，第152页。
⑤ 〔匈牙利〕阿格妮丝·赫勒：《超越正义》，文长春译，黑龙江大学出版社，2011，第165页。

释。布劳认为，在社会交换和经济交换之间存在大量的相似之处，但是两者也有明显的区别。在经济交易中，一种明确的或隐含的正式契约事先规定了双方所要承担的准确义务，而社会交换对此未做明确规定，而只是隐含对恩惠回报的期望。① 詹姆斯·科尔曼更是将义务和期望构成的社会关系视为社会信任的基础。② 从理性选择的角度对互惠的社会后果进行详尽分析的是大卫·高瑟。他认为一个能够顾及对方利益的理性行动者（CM）的长期获益将超过只顾自身利益最大化的行动者（SM），由此合作带来的互益使社会正义得以实现。③

交互正义有着这些特性。其一，衡等性，即强调双方关系的对等与平衡。其二，交换的合意性，即行动者显然知晓自身行为将会获得怎样的报偿，是一种事先的预知。其三，由于这种预期，交互正义能够形成一种基础的社会秩序价值。因为它强调报偿与回馈，既有善的一面也有"恶"的一面，由此形成某种明确的期待或预期而构成社会交换的基础。其四，历史恒定与时代弥新的双重性。交互性秩序是一种古老的价值秩序，与社会交换、互惠规范一样久远。但是在不同的时代，交互的内涵与衡量的标准是不同的，受社会整体性的伦理、习俗、惯例等规则的制约。比如"礼物"的流动，马林诺夫斯基的"库拉"行为与阎云翔描绘的"人情"行为就有着质的不同。同一种行为有着时空异质性的意义建构。

交互正义既受制度、规范的制约和保障，它本身也构成秩序的基础，是存在于社会交往和交换中的对等、平衡和互惠。作为一种价值秩序，它决定了某些规则与规范的质性，其保证和实施基于两个层面：在正式制度的层面，社会生活中的善与恶、得与失之间的平衡，由获得共同认可的公权力来保障和矫正；对于行动者之间的自由交换，无论是经济交换还是社会交换，都受制于被共同认可的互惠、规范、惯例和习俗，由非正式的制

---

① 〔美〕彼得·M. 布劳：《社会生活中的交换与权力》，李国武译，商务印书馆，2012，第 446~447 页。

② 〔美〕詹姆斯·S. 科尔曼：《社会理论的基础》，邓方译，社会科学文献出版社，1992，第 122 页。

③ David Gauthier, *Morals by Agreement* (Oxford: Clarendon Press, 1986), p. 150.

度来调节和保障。

交互正义可归属于分配正义。有些学者主张将其与分配正义并列，共同作为社会生活中资源配置的解释，这可能是对分配正义的狭义理解。笔者认为，如果从广义的角度，分配正义可以将交互正义包含进来。这是因为：第一，基于现代社会生活的高度通约，脱离经济交换、社会交换的原因，我们无法对福利益品以及公共职位等其他社会益品的分配进行详尽有效的解释；第二，自由交换实际上是由市场主导的资源分配；惩罚则是由公权力或某个被共同认可的机构将社会生活的恶的元素按照应得原则分配给相应的受体。由此，笔者认为将这些正义形式纳入分配正义的范域是恰当的。

二　权职正义

权职正义是指人们在公共政治领域中公正、合理地享有权利、自由以及公共职位。对于这一领域中所适正义原则的性质，不同时代、不同学者有着不同的理解。柏拉图将人的禀性分为"金、银、铜、铁"四类，最高贵者——"金"享有治理城邦的权利。亚里士多德认为，相等的人就该被分配相等的事物。[①] 政治权利的分配也应如此。亚里士多德认为，如果城邦只是以本身的存在为目的，那么衡量"相等"的标准仅仅包括财富、声望、自由以及勇武等因素就够了；然而，城邦还有一个更高尚的目的，即保障人们优良的生活。这就要求大家具有文化和善德，这二者才是最正当的依据。[②]

中世纪以来，建立在"君权神授"观念之上的王权与教权彼此结合，政治权利分配的基础是基于贵族血统与领主分封制之上的身份荣誉。近代以来，思想启蒙者基于天赋人权的观念，主张人人平等享有政治权利，政权应按代议制原则组织起来。比如洛克认为平等即每个人对其天然的自由所享有的平等权利；卢梭认为每个人都生而自由、平等；孟德斯鸠把平等视为共和政体的灵魂；[③] 葛德文提出了基于功利主义立场的政治正义观，

---

① 〔古希腊〕亚里士多德：《政治学》，吴寿彭译，商务印书馆，1965，第 151 页。
② 〔古希腊〕亚里士多德：《政治学》，吴寿彭译，商务印书馆，1965，第 154 页。
③ 程燎原、王人博：《权利论》，广西师范大学出版社，2014，第 152 页；参见〔法〕孟德斯鸠《论法的精神》，严复译，上海三联书店，2009。

他提倡以共同审议的方式来处理公共事务;① 约翰·穆勒认为最好的政府形式是代议制政府。②

在现代政治哲学家中,罗尔斯提出了正义二原则并且对权职正义做了明确的分析,其对社会不平等的矫正是基于权利与自由的平等分配,因此兼容了平等原则和差别原则两种要素。他主张在基本自由得到满足的前提下,公共职位与经济利益一样,优先向处境最差者倾斜。其他政治哲学家如哈耶克、德沃金、以赛亚·柏林、阿马蒂亚·森等学者,他们的正义观纵然侧重点不同,却都有着一些共同的特色:承认公民享有国家治权的平等权利,但是这种平等必须建立在自由之上。比如哈耶克认为政权、法律、命令和秩序的建立不仅不应该妨碍自由,而且应该贯彻着自由的原则;③ 德沃金的资源平等观念与自由的市场秩序是交相辉映的;④ 以赛亚·柏林的消极、积极自由的两分宣示着公民不仅享有免于束缚的权利,还有自主选择权利实现路径的自由;⑤ 阿马蒂亚·森认为社会资源的分配应有助于实现社会成员"可行能力"的平等,这需要民主制作保证。⑥

权职正义是分配正义的重要范域,也是福利正义的制度基础,它关涉权利、自由与公共职位,即如何将权利、职位等公共益品以及获得这种益品的机会和自由按照正义原则分配给社会成员。权职正义有着以下四种特性。①政治性。即作为分配正义的支脉,其标的是自由、权利、职位等公共益品及其实现方式。②平等性。交互正义的首要价值是"应得"———一种交互性平衡因素。而权职正义的首要价值有所不同。在古代公民社会,衡量权职正义的标准是成员身份、对于城邦的贡献———这是一种"资质"性应得;近代思想启蒙以来逐渐转向平等,即向公共领域的具有普遍性、开

---

① 〔英〕威廉·葛德文:《政治正义论》第 1 卷,何慕李译,商务印书馆,1980,第 84、148 页。

② 〔英〕约翰·穆勒:《代议制政府》,段小平译,中国社会科学出版社,2007,第 67 页。

③ F. A. Hayek, *The Constitution of Freedom* (London: Routledge and Kegan Paul), 1960.

④ R. Dworkin, *Sovereign Virtue* (Cambridge: Harvard University Press), 2000.

⑤ I. Berlin, *Four Essays on Liberty* (London: Oxford University Press), 1969.

⑥ 参见〔印〕阿马蒂亚·森《以自由看待发展》,任赜、于真译,中国人民大学出版社,2013。

放性的"平等"原则过渡——一种无视个体差异而仅仅取决于某种共性身份或资格的公民认同。③非物质的"隐形性"。权职正义涉及的资源分配难以估量、衡量,它指代着一种政治生态,其评价往往取决于公共舆情与社会个体的自身感受。④秩序性。权职正义与交互正义一样,它们共同构成一个社会共同体的秩序基石,尤其是现代秩序的基础。交互正义构成秩序的社会基础;而权职正义构成秩序的政治基础,包括公民政治生活的各方面。公权力的产生、公民基本自由的实现、公共职位的配置等,这些公共生活的参与及介入彰示着权职正义的实现程度。

但是,与民众日常生活息息相关的其他事项如教育、卫生与健康、生存与生计维系等,这些更具社会显性的益品分配,其正义性或将如何?这些不同的正义性质又是怎样相互关联的?

三 福利正义

在现代社会,福利分配是社会分配的显性的核心组成部分。福利正义是指福利益品在社会分配中体现的公正、适当、恰如其分的性质。福利正义蕴含四个元素,即福利供给、福利受体、福利益品以及福利分配机制。

福利供给主体包括国家(中央政府及各级政府)、市场、社会组织、个人,四者在不同的时代、不同的国家有着不同的角色和地位。在现代社会,国家的福利角色不断强化,同时市场、宗教和慈善组织、宗亲和宗族、社会团体等社会力量以及社会个体也在福利供给中发挥着不容忽视的作用。福利受体一般是具有福利资格的社会成员,他们要么以个体身份,要么作为组织成员获取福利支持。福利益品包括养老金、住房补贴和实物、医疗保障、入学机会、教舍和教学设备、师资、困难救助、抚恤以及慈善、社会服务、就业支持等。在现代社会,一些发展中国家也以经济成长和社会整体发展作为社会政策目标。[①] 福利分配机制体现为福利供给如何以一种合理、恰当、公正的方式将散在各处可利用的资源分配给需要的

---

① 参见〔英〕安东尼·哈尔、〔美〕詹姆斯·梅志里《发展型社会政策》,罗敏、范酉庆等译,社会科学文献出版社,2006。

民众，包括资源筹集、生计调查、资格登记和审查、实物发放、收入补助以及各项福利事业的建设、规划和协调。

福利正义的外延有逐渐扩展的趋势。现代以来，福利由最初的慈善救济逐步延伸到社会生活的各个层面，其涵盖范围也逐步扩展到教育、医疗、住房、养老、就业扶持、失业保险、社会救助、慈善、抚恤、社会服务等各个领域。可以经由两种不同视角考察蕴藏在这些福利领域的正义特质：一是这些领域福利益品的性质（如沃尔泽①）；二是决定人们福利分配的社会关系（如戴维·米勒②）。

相较于前两者，福利正义有着自身特性。其一，再分配性。福利正义旨在通过国家或社会力量对由市场主导的分配秩序进行修补和调整，以实现社会资源的重新配置。其二，物质性。交互正义致力于形成社会生活的衡等与互惠，其标的并不限定于物质；权职正义关注政治生活中的权利与自由；福利正义虽然在某种意义上以前两者的实现为前提，但它主要关注福利益品的分配，具有物质性特征。其三，多元性。福利牵涉的范围很广，涉及社会生活诸多层面，体现了正义价值多元化，而且有着各自不同的表达形式。譬如，它涉及社会成员的需要；指涉着公共利益的公平；以及资源的绩效、公权力的运作公正；等等。其四，幸福指向性。交互正义旨在实现平衡与补偿；权职正义旨在实现权利与自由；福利正义旨在实现国民幸福。

由于福利分配日益成为现代社会分配的核心环节——用吉登斯的话来说，在"解放政治"向"生活政治"转型之后，③ 福利分配成为社会分配的核心组成部分，是现代正义的核心诉求。在与交互正义、权职正义共享着一些共性价值的同时，在秩序意义上，福利的实现又有赖于二者实现的社会基础与政治基础。并且由于涉及的社会机制不同，福利正义又有着不同于二者的独特实现路径。这种路径和机制是什么？

---

① 〔美〕迈克尔·沃尔泽：《正义诸领域：为多元主义与平等一辩》，褚松燕译，译林出版社，2009，第 22~28 页。

② 〔英〕戴维·米勒：《社会正义原则》，应奇译，江苏人民出版社，2005，第 35 页。

③ 〔英〕安东尼·吉登斯：《现代性与自我认同》，赵旭东、方文译，生活·读书·新知三联书店，1998，第 7、20 页。

四 三者的关系

分配正义三个范域体现了秩序不同层面的性质，它们既有区别又相互关联。福利的实现必然涉及益品产生、蓄积、存留、分流的过程；在现代社会，这些过程脱离社会交换的衡等已无法运行。福利虽然是政策、制度将要实现的目标，但最终仍须付诸经济、社会机制的运行。如果说交互正义之于福利的支撑，主要在于资源流转需要的市场响应以及衡等、互惠等规范性基础的共享，那么权职正义的支撑含有更强的制度性因素。权职正义涉及的益品有公民享有的权利、自由以及相应的公共职位；在不同时代这些内涵颇有不同，由较为简单的诸如选举、司法、行政等事权逐渐扩展到更为丰富的经济、社会等领域。福利可谓伴随着这个进程而出现——公共事务越是涉及人们的日常生活，民众的保障诉求也越强烈。福利的政治基础离不开公共治理所要求的制度设计；或者可以说，权职正义越向社会生活延伸，福利的边界和内涵也越会扩展和丰富。从这个意义上讲，权职正义与契约正义之间有着某种深刻的相通——两者都指向公共权力的合法性基础：无非前者关注公共益品的分配结果与过程，后者关注决定这些公共益品本具的合法性基础——是何者为之赋予规定性？

质言之，交互正义构成秩序的社会交往基础，权职正义则是秩序的政治基础。社会交往蕴含的衡等、互惠等特性很早便为人们所认知，譬如马林诺夫斯基在西太平洋群岛的初民社会"库拉"行为中即已发现这一线索。在现代社会，这一特质在霍曼斯（Homans）、彼得·布劳的社会交换理论（Social Exchange）、高瑟的"互益行为"（Communal Advantage Behavior）、科尔曼的社会资本（Social Capital）等理论的分析中已被充分阐明。权职正义关涉着政治的宗旨——良善的社会治理必备的制度基础，早在柏拉图、亚里士多德的相关论著中就已显露，继而成为政治学无法回避的议题，尤其在社会契约论兴起之后更成为自由、权利、公共职位等社会益品的重要指代，成为社会政治生活不可或缺的组成部分。就此而言，权职正义可谓契约正当性在社会分配领域的发展，给予分配以应有的体制与制度支撑。契约正义着重阐明契约的正当性基础，而权职正义重在凸显这一正当在本身合法性获得认同后如何为社会分配提供必备的制度内涵或政治保证。这二者的法理缘由、初衷相异，但是理念内涵的高度相同，尤其表现在权利、自由等方面的重叠。前者（契约正义）侧重权利合法性的由来，后者（权职正义）侧重此合法性的延伸与发散。两种作用和角色与福利正义及福利的正当性均密切相关。对此本书将在后续章节中予以详述。

福利正义作为分配的显性表达——社会秩序之至关重要部分，甚至可以说是关乎现代社会能否顺利运行、运转的重要部分——秩序与民众生活息息相关的显性部分，与它们共享一些基本元素：比如衡等、互惠等交互性平衡与福利"得其应得"的"恰得性"的相连；"权利"作为权职正义的核心，既有契约正当的承诺，也赋予福利以法律保障。那么，这些秩序因素如何体现在福利过程之中？相较于交互正义的"应得"性质以及权职正义形成的"平等"与"资质"的重叠，福利体现的价值更为凸显。福利益品的配置所体现的公正、适当，既有显然的应得资质；也有成员之间利益平衡的调节；还有基于个体生存的物质基础的必然要求——一种"需要"。它的实现虽然得益于二者提供的秩序基础——如社会交换与经济交换的前提，以及权利、自由已然实现的公民生活状态，然而又无掩于自身的价值升华与提炼——福利所体现的更具人性化的社会"应然"。

福利正义异于两者的独特性质究竟体现着怎样的价值内涵？如何明确它的社会基础与保障机制？

第二节　福利正当

一　政治哲学的福利评判

从根本而言，政治学乃至社会学、伦理学等其他社会学科，都旨在回答一个问题：何谓社会秩序？何谓正当、合理的社会秩序？对这些问题，不同学科有着不同的侧重和强调——或政治制度及其价值体系的建构；或社会结构各部分之间的调适；等等。这些不同领域的侧重其实是相互关联的。福利首先属于社会关系的视域，但是这种关系的调适不能也不应"脱嵌"社会的制度、文化和观念。在这一结构性因素之外，福利还有着历史的延续性和继承性——无论是人们就社会分配达成的一致，还是具体的福利益品的内涵，都是依靠具体的社会情境而发展的。

现代政治哲学家的福利评判观点各异，充满着矛盾性。罗尔斯秉持新契约主义立场，回应着康德主义、功利主义、马克思主义的关切，其差别原则——社会分配应倾向最少获益者，为福利国家奠立了新的学理基础。其他自由主义学者持论不尽相同。例如，欧克肖特不但反对福利国家，而且怀疑理性的效率，他主张以对传统的缅怀来实现道德回归，因此其理论本质上是反现代的。① 哈耶克虽然不如欧克肖特那样极端，他承认福利在改善底层民众生存困境方面的效力，但他坚持福利只是对市场秩序的弥补，而且不应由国家来垄断。② 诺齐克的自由主义立场与哈耶克接近，甚至比后者更为极端，他将自由交换原则扩充至国家与民众之间，最低限度的福利只是为了换取不愿加入最小国家这一统治秩序的那部分人群的支持。③ 德沃金的立场与诺齐克恰恰相反，他比罗尔斯干预福利后果的设计更进了一步，主张通过再分配实现社会生活的资源平等。④ 阿马蒂亚·森主张福利资源的分配应致力于实现社会个体可行能力的平等。⑤

由此可知，除了欧克肖特，大多数自由主义政治哲学家都没有否认福利的既存事实，他们也看到了福利对于改善底层民众生存状态的意义，并将其与自由交换秩序相结合，共同构成现代社会的基石。

这些福利观点其实是围绕治权的契约性所做的阐发，或者说是一种新的现代契约主义，自然可以回溯至霍布斯、洛克或卢梭的观点。不仅是治权的基础，从另一方向看，也是权利生发的由来。在此之中，有着一种"目的论"的意味，即治权为的是实现某种民众的期待或要求，也就是生活的保障与秩序的保证。这是现代福利的法理基础，也是现代公民身份与权利理论的基础。在马歇尔的权利理论中，他虽然没有直接点出这种契约

① M. Oakeshott, *On Human Conduct* (London：Oxford University Press)，1975.

② F. A. Hayek, *The Constitution of Liberty* (Chicago：The University of Chicago Press)，1978，pp. 260－262.

③ R. Nozick, *Anarchy, State and Utopia* (New York：Basic Books, Inc.)，1974，pp. 26－28.

④ R. Dworkin, *Sovereign Virtue* (Cambridge：Harvard University Press)，2000.

⑤ 参见〔印〕阿马蒂亚·森《以自由看待发展》，任赜、于真译，中国人民大学出版社，2013。

性，但是其对三种要素的区分及历史演变的考察，无不反射出在不同社会情境中，公民与其主权代表——国家之间的职责与义务关系。就此而论，福利的契约性兼有"目的论"与"义务论"两种禀性；从另一方向看，对应着"权利论"与"价值论"的二维。权利论指涉着福利的外部正当，即福利作为社会政策的合法性支撑；价值论关涉着福利关系的内部平衡以及利益调节的取舍，即福利公平。如果概而言之——"目的论"对应着权利；"义务论"则对应着价值。

公民与国家之间这一契约性如何在现代社会转化为福利的合法性基础？其实，在霍布斯的契约论中，还只是强调一种安全的保障与保护义务；到了洛克这里，他进一步引申为更为宽泛的自由、安全与财产等权利；而到了卢梭这里，一方面公民权利几乎扩展至所有社会领域，另一方面又进一步浓聚为"公意"。可以说，权利在国家与公民之间建立起来的联系，有着由简单到复杂的发展过程。也因为这种性质，权利有时难以衡量，其实践有赖于各种具体机制来落实。这些不同领域之间的权利，是否可以独立地运行？或者存在某种关系将不同层面的权利相互黏合？权利有着自身的产生、运行的逻辑，也必然有着相应的社会表征。而福利作为公民从国家、社会获得的生活支撑，也可以说是源于国家或社会的保障义务，或者说是权利运行的现实后果。

如何衡量权利的社会效果？权利赋予国家的保障责任是怎样落实的？

二 福利的外部正当

衡量福利的得失，一个显性因素是社会的公平与正义。就福利而言，公平意味着什么？正义又有何涉？其实，在对这两种价值进行解析之前，我们应能注意到两者的共同语境——正当（justification）。无论公平（fairness）还是正义（justice），均意味着一种正当，即反映社会秩序存在与运转的合理性。就福利而言，何谓其正当性？福利公平与福利正义是否通谓？福利在社会生活中具有两种正当性：其一是作为社会政策和治理机制的施政合法性，可将其称为外部正当——从外界获致的合法性基础；其二是作为社会制度平衡、调节个体利益的合理性——这是福利本身内蕴的调节功能之正当，可称其为福利公平。

我们先来看何谓"福利"。人类社会有着悠久的赈灾和救济传统，不过，一般意义上的福利起源于工业革命以来对失去土地和家园的农民以及城市流浪人群的生活保障和救助。以 1601 年《济贫法》为开端，英国政府开始承担起救助弱势群体的社会保障责任。在德国俾斯麦推行社会保险政策以后，福利供给逐渐由国家系统、规范、成体系地履行。第二次世界大战以后，随着《贝弗里奇报告》在欧美主要国家获得广泛认可和推行，福利国家——以"福利"为主要施政方向的国家治理形式，成为西方世界的共识。由此，福利最初的内涵也逐渐清晰——人们从外界获得的生活保障与生存支撑。20 世纪 70 年代石油危机的爆发，使得国家的福利主体地位被弱化，社会组织和市场承担起国家让渡的部分福利功能。

西方学界对福利正当性的思考最早可追溯到 T. H. 马歇尔和蒂特马斯。在 20 世纪 50 年代，马歇尔回溯了英国公民权利的演进历程，指明了公民要素、政治要素、社会要素的历史意涵，为福利国家界定了清晰的法理基础。他认为，正是社会要素的现代彰显，即"从某种程度的经济福利与安全到充分享有社会遗产并依据社会通行标准享受文明生活的权利等一系列权利"，[①] 福利国家才具有历史上绝无仅有的正当性。蒂特马斯从社会政策角度将福利体制划分为三种模式，以此对应三种不同的正当性基础："剩余模式"对应着自由价值；"工业成就模式"对应着工作努力价值；"再分配模式"对应着平等价值。[②] 这两种经典表述其实分别代表着契约主义同权利理论与自由秩序的融合。马歇尔的权利论有着深刻的社会契约背景，隐含战后秩序如何恢复、国家将承担怎样的社会责任等深切思索。他认为，国家的职责应逐步趋向民众生活的改良、权利的伸张以确保一种和平、安定的社会秩序。"公民"要素的实现则有着历史演进的必然，福利将成为这一进程的现实后果。蒂特马斯的福利观更为多元，既有平等倾向也有自由秩序的价值指涉。如果说马歇尔强调权利赋予福利的外在合法性；在他这里，这一合法性被染上更为浓重的自由底色。在他看来，社会政策不仅不应损伤自由，还要确保其更合理地运行——福利的功能或许恰

---

① 郭忠华、刘训练编《公民身份与社会阶级》，江苏人民出版社，2008，第 11 页。

② 参见〔英〕理查德·蒂特马斯《蒂特马斯社会政策十讲》，江绍康译，吉林出版集团有限责任公司，2011。

恰就体现在这里。

20世纪70年代末以来，由于世界政治、经济环境突变，尤其石油危机的爆发，主要发达国家原有的福利模式受到极大挑战，福利的契约正当受到严峻考验。考夫曼、奥菲、吉登斯、布朗等人通过不同层面的反思，主张更为积极的公民权，激活公共领域和社会资本，改革福利制度，以实行福利国家转型。但是这些反思均未动摇福利的契约基础。以今天的视角来看，民众的福利权利并未削减，只是由国家延伸到社会；"社会契约"的国家角色也未弱化，而是由政治功能向经济、社会秩序的保障义务延伸。

简而言之，福利的外部正当表现为现代社会的权力合法性及其给予民众的福利支持与保障。而另一种正当——民众利益的合理表达与分配之公正，将有何涉？

三 福利公平

埃斯平-安德森（Esping-Andersen）、安东尼·哈尔、詹姆斯·梅志里、波兰尼、尼尔·吉尔伯特（Neil Gilbert）、伊恩·高夫等学者从制度比较、社会发展、历史、实证、需要等视角对福利作为社会政策做了多重诠释和演绎。可以这么说，福利的外部正当强调福利作为治权施政的合法性基础；而福利公平则强调福利作为社会制度平衡、调节个体利益的分配之正当，而后者与"正义"价值有着密切关联。公平和正义作为衡量社会秩序、社会行为的运行状态及其合理结果大致可视为并列。公平一般是指制度应该"一视同仁"地适用于全体成员。但是何谓公平？不同的情境、不同的语境，应有具体的指涉。就福利而言，公平意味着每个人都获得公正、平等的福利支持，每个人都能实现基本的生活保障、满足基本的生活需要和待遇。

正义的内涵则更为丰富，表明缘由和结果之间具有一种"恰如其分""得其应得"的正当和平衡。正义理念有着更为绵延的渊源。自柏拉图提出"正义之问"以来，正义最初指"做其应做""为其应为"，后来亚里士多德将其引申为"得其应得"。经过中世纪"神性正义"、启蒙时代"契约正义"和"功利正义"的合法性演绎，现代正义理念逐渐沉淀为

"分配正义"，即权利、自由、资源等社会益品的分配应贯彻的正义原则。作为社会益品的核心成分之福利资源，必然也适用这些原则。

如此看来，就福利而言，公平与正义，前者注重制度效果，后者注重社会过程；但是二者在价值内涵上有着深层次的共性——一种社会秩序的合理、正当与平衡。就公平而言，福利的价值体现可以归纳为以下几点。

第一，通过制度的安排和设计，福利资源的配置能够在社会不同阶层实现最低限度的普惠。

第二，福利资源应该优先向弱势群体倾斜，保障困难民众的基本生活水平。

第三，福利分配还应该具备收入调节功能，通过各个领域福利制度的实施，对市场主导的分配秩序予以弥补和调整。

福利公平点明了福利的价值特性，我们尚需对此做进一步细致的考察。换言之，为着这些秩序的实现，还要就其中表达的价值做进一步细致的分析。就社会个体而言，福利的外部正当体现为依法享有的各种权利。通过福利的实现，个体获得足以维持生存的基本条件，获得参与社会的机会和能力，进而获得发展自身、实现自我的基础，在自身完善的同时也带来社会改良。权利的保障是价值实现的前提，无论是主权赋予的福利权利，还是从宗教机构、宗亲团结、社区资源、慈善组织或其他个人获得的承诺和保障，均意味着个体福利身份的认同——分布在这些团结形式中的人格和意义建构，或共同体或范围更广的公民身份。对于国家而言，这是一种契约义务；对于社会而言，这是一种社会责任。

四　两种正当的相通

将两种正当置于福利这一语境之中，即外在基础与内在价值的调适；也即"目的"与"义务"的关系——或者说，外部正当赋予福利存在、运行的合法性基础和条件；但是福利价值仍在于平衡民众的利益与所得，保障民众生活的安定，从而形成良好的社会秩序。在这个意义上，外部正当是为内部正当服务的；如果内部正当不能实现自身价值——无法实现福利公平，这将影响福利的合法性基础。

两者分别与"正义"有着不同层次的连通。正义有着价值的广涵性——

首先它也是一种正当（justification）——秩序的确当、合理与平衡。就福利而言有着两个基础：法理基础即权利的契约正当（契约正义）——表现在福利即公民生活、生存保障的契约保证；社会基础即社会关系、交往秩序——在福利即社会分配之正当、平衡，而此与福利公平有着深刻的价值相通。福利正义可谓公平要求的制度秩序在公民或民众关系层面的映显，在内涵上两者都体现着秩序的价值，而且颇有融通之处。相对而言，公平集中于制度；而正义集中于缘由与结果之间的适当性。福利的"恰适"与"恰得"可以说是公平要求的制度效果的社会表达，即福利过程——供给、受体、益品与机制之间的合理与平衡，因此既容纳了制度因素（公平），也含有社会分配的关系调适，当然也指涉着为这一过程提供担保的法理基础。就福利而言，正义还有公平尚不能涵盖之处。那么，福利的正义性有哪些内涵？正义如何既与两种正当连接，又保有其自身的价值特性？

福利价值的实现意味着公民获得更充分的自由。马克思指出，社会联合体的最终目标是每个人的自由的实现。柏林的"消极自由"旨在免除一切外在的束缚，"积极自由"旨在获得自主行动的选择性。福利价值兼有两种效应，既可摆脱贫穷、疾病、无知等带来的困扰，也能带来行动能力的提升——在此也契合阿马蒂亚·森的正义理念——社会成员获致"可行能力"。无论是罗尔斯、诺齐克、哈耶克、德沃金、沃尔泽还是米勒，纵然观点各异，但是他们均将自由视为分配的社会基础与宿归。而权利正是这一过程不可或缺的前提，如果概括起来说——权利是公民从外界获得福利的合法性支撑，公平与正义是福利努力实现、表达的价值目标，而自由是公民最终的社会后果。

就前者——福利的外部正当而论，福利之合法性基础的法理表达是不同于福利价值的另一种正当指诉——福利价值表明了福利在民众之间将要达成的关系调适；而权利指诉将要表明这一调适的合法性所在，即基于社会政策的福利施政效应以及外界赋予这一强制性的法理渊源——为着达成福利关系调适的目的何在？也是在这一意义上，我们可以说福利权利对应"目的论"；而福利价值对应"义务论"。在现代社会，这两种看似冲突的正义基础由此可以互洽地融合在一起。

　　我们暂且将这些过程搁置起来，先回顾一下福利的价值内涵是怎样衍生的。公平与正义作为并列的秩序基础有着深刻的价值互通，它们与权利、契约、自由等理念有着复杂的互构。就福利而言，这种正义性意味着什么？就正义而言，福利价值有哪些具体的内涵？它们又如何实现？或者说，这些价值经由哪些途径获得彰显？在福利过程中，公平与正义又是如何相融相通的？

第四章　福利正义的价值要素

在上述正义理念的梳理中，我们已经隐隐发现有关福利正义之丰富内涵的一些线索，它们与诸多方位的社会生活紧密相连。譬如，在马歇尔的公民身份论中，有着共享社会遗承的平等诉求；而蒂特马斯三种模式对应着三种价值：平等、自由与交换。福利价值的多维尤其表现为现代政治哲学之指涉，诸如马克思主义按劳、按需分配观；功利主义分配观；霍布豪斯的平等观；罗尔斯正义观的差别性与平等性"二重奏"；以及自由主义阵营的有关社会分配的回应；乃至福利公平之生存所需；等等。目前还缺乏的是对这些要素的凝练及其源流的溯及。

第一节　赋得、平等和多元：不同的正义价值观

一　诺齐克：赋得

诺齐克并不同意罗尔斯的经由一个强制性的制度路径来分配社会资源的主张，他通过两个理论表明了他对福利国家的基本态度。在他的赋权理论（Entitlement Theory，或也可称为资格理论）[①] 中，诺齐克强调了人们经由自身的努力或自由交换所获得财物的不容侵犯的合法权利；没有人可以享有出于某种强制性的安排从而获取财富或生活资料的权利，无论他多么需要，否则他就侵犯了他人的合法赋得权利。从这个观点出发，诺齐克提出了他的最小国家理论（Minimal State Theory），[②] 即国家的职责只在于保障公民的安全以及组成一个社会所必要的规则；在这样的国家中，不管出于怎样的良好愿

---

① R. Nozick, *Anarchy*, *State and Utopia* (Oxford：Basil Blackwell)，1974.
② R. Nozick, *Anarchy*, *State and Utopia* (Oxford：Basil Blackwell)，1974.

望，政府都不能通过强制性的手段来分配社会资源。这样的最小国家必须由自由、自愿的公民组成，自由的交换是唯一合法的资源配置原则，甚至政府与民众的关系也应采用这一原则。作为对于那些不愿加入这个共同体（最小国家）的民众的补偿，最小国家将免费提供某些公共服务，但这最好被看作为了共同的利益，而不是为了那些贫弱者的利益。

从某种意义上说，诺齐克的理论是一种比较狭隘的应得理论，他从社会生活中通过合法方式获取的财产权利出发，以此确立社会资源的应得的法理基础，同时却拒绝接受在社会分配中的合法性。因此，他采用一种类似于古典社会契约论以及自由交换论的理论，来回应罗尔斯的正义原则和福利国家。在这一方面他与哈耶克的自由主义颇为契合，但他进一步将其扩展到政府与民众的关系，而且更加强调财产不可侵夺的合法权利。正如他自己已经意识到的，以这样一种绝对性的方式（对外在于自由交易、合法继承、自愿让与等财产赋得途径的其他方式的坚决拒斥）分配社会资源的最小国家可能永远无法实现，而只能是作为分配正义的一种理想模型。因此，自由主义与福利国家的极端对立在诺齐克的思想里可视为达到了顶峰。在随后的一些思想家中，无论是政治哲学、法哲学还是道德哲学，他们对罗尔斯的回应虽然并不完全认同但都有所缓和，对分配正义的思考都各自另辟蹊径予以拓展，对福利国家的思考也更为宽容。

二　德沃金：资源平等

假如我们将财产的不可侵夺性以及按照平等诉求由社会力量来分配资源视为一个连续统中的两极，那么我们大致可以认为罗尔斯处于这个连续统的中间位置，诺齐克处于强调财产赋得权利的一极，而德沃金恰好处于主张根据平等原则分配社会资源的另一极。德沃金区分了公共生活中的两种平等，即政府将所有的公民都当作平等的人来对待，或平等地对待所有的人。[1] 德沃金倾向于认为前者（把每一位公民当作平等的人）是更基本的原则，而后者（平等地对待每一位公民）是派生性的。虽然两者之间存在张力，但总的来看是相通的；而且，不管人们侧重于哪种类型，平等已

---

[1]　〔美〕罗纳德·德沃金：《原则问题》，张国清译，江苏人民出版社，2012，第237页。

经成为现代社会共同的正义信念。

德沃金进一步分析，既然第一条原则具有更根本的意义，那么它对于政府意味着什么？一种看法认为政府应超然于何为美好生活的指涉，将其交由人民自己来决定。另一种看法则认为平等的诉求无法脱离何谓良善生活的价值范域，平等必然要求按照某种特定的为社会承认的良善期待来对待每一位公民。① 德沃金认为自由主义者将持有第一种立场，即一种超脱的价值无涉的平等立场。他认为，由于公民之间天赋、知识、技能的多样性以及不同的偏好，由政府将所有资源均等地分配给每一位公民无法实现平等原则；而市场机制以及为其提供政治保证的代议制民主可以满足由于个体偏好而形成的平等要求。然而，由于公民的多样性并不局限于个人的偏好，市场将无法纠正由于某些天赋或能力（遗产、残疾、技能）等因素产生的不平等，甚至会将其放大。对此，德沃金认为要通过再分配机制来消除市场的负面影响，这就是福利国家。②

德沃金是一位具有自由主义立场的法哲学家、政治哲学家，更是一位平等主义立场的自由主义者。他的成果颇丰，大多集中于对当代美国法律制度、政治制度的法理基础以及价值合理性的探求。虽然同属于自由主义阵营，与诺齐克对罗尔斯正义论的针锋相对截然不同，德沃金基本上赞同罗尔斯的正义理念，而且将其再分配的解决方案导向另一极致——一种纯粹的平等主义，成为正义的核心价值——平等原则的重要学理基础。

三 阿马蒂亚·森：可行能力平等

诺贝尔经济学奖得主阿玛蒂亚·森对平等和正义的阐述立足于社会选择理论，主要基于对罗尔斯社会分配的制度性基础和德沃金的资源平等理论的回应。阿马蒂亚·森首先分析了功利主义、自由至上主义以及以罗尔斯为代表的公平主义三种分配价值观的得失。③ 他认为，罗尔斯为社会分配规划的

---

① 借鉴以赛亚·柏林对自由的区分，我们也可以将这两种不同的平等态度命名为"消极的平等"与"积极的平等"。

② 〔美〕罗纳德·德沃金：《原则问题》，张国清译，江苏人民出版社，2012，第 241~248 页。

③ 〔印〕阿马蒂亚·森：《以自由看待发展》，任赜、于真译，中国人民大学出版社，2013，第 48~71 页。

道义基础以及德沃金强调的资源平等在现实社会生活中都不会必然地达到真实的社会平等；因为每个人以所拥有的资源或社会条件来实现自己的目标，即以此获得社会生活的自由，这种能力是不同的。这既取决于自身的社会角色、地位的差异，又取决于各自不同的身体以及心理的素质。① 社会分配不应仅仅停留在给予每个人基本相同或相似的社会条件和资源，而更应该关注每个人实现自己目标的能力。社会通过干预和努力实现的平等应该是社会成员可行能力的平等，正义也应建立在这种平等的意义上，社会的发展也应该基于每个人可行能力的提升。② 阿马蒂亚·森认为，一个人的"可行能力"（capability）指的是此人有可能实现的、各种可能的功能性活动组合。可行能力因此是一种自由，是实现各种可能的功能活动组合的实质自由（或者用日常语言说，就是实现各种可能的生活方式的自由）。③

从学理而言，阿马蒂亚·森的正义理论刻意回避罗尔斯等新契约主义对于理想正义秩序的建构，他着意指明社会的不平等，从而以一种社会选择理论来分析破除社会不平等的基础。他拒绝提出一个清晰可辨的正义框架，只是指明为破解不正义（不平等）我们应该如何努力。阿马蒂亚·森的正义理念兼具社会选择、理性选择理论等经济学背景以及平等、自由、民主等政治哲学背景，而且其理论中有反贫困、反饥饿等宏观社会发展理论的旨趣。他的发展理念也颇有马克思发展思想的深刻印迹，他还提出了与众不同的平等理念，这些思想对于我们深入思考正义以及福利的价值和范域有着重大的借鉴意义。

四 沃尔泽：复合平等

从社会分配的正义原则的角度，与德沃金几乎同时甚至还要早几年论述平等原则的是美国著名社群主义政治思想家沃尔泽。④ 不同于德沃金倾向于

---

① 〔印〕阿马蒂亚·森：《以自由看待发展》，任赜、于真译，中国人民大学出版社，2013，第63页。

② 参见〔印〕阿马蒂亚·森：《正义的理念》，王磊、李航译，中国人民大学出版社，2013。

③ 〔印〕阿马蒂亚·森：《以自由看待发展》，任赜、于真译，中国人民大学出版社，2013，第63页。

④ 罗纳德·德沃金的《原则问题》英文原版出版于1985年；迈克尔·沃尔泽的《正义诸领域：为多元主义与平等一辩》（英文版）出版于1983年（*Spheres of Justice*, 1983 by Basic books, Inc.）。

从法哲学的角度着重分析通过某个被共同认可的社会性力量——政府或市场将社会资源平等地向社会个体分配的思路，沃尔泽对正义的分析几乎涵盖社会生活的所有层面。与罗尔斯的正义理论建立在无知之幕的虚拟假设之上针锋相对，沃尔泽主张正义的原则应该建立在具体的社会事实之上，并以此提出了他的复合平等理论。沃尔泽指出，在社会生活的各个领域，如社会的成员资格、安全与福利、货币与商品、公共职务、自由时间、教育、亲属关系与爱、宗教、社会荣誉以及政治权力等，这些有待分配的社会物品彼此不同，存在明显的性质差异，因此也存在清晰的可彼此判明的边界。在不同的领域中，对应着不同的分配原则。但由于物品（社会益品）的社会意义是在不同的历史情境中被具体地建构起来的，而且由于历史事实的复杂多变，某些领域的分配原则深刻地渗透到其他领域，成为整个社会的统治力量，垄断所有社会资源的分配，从而成为支配性原则，比如政治权力和金钱。①

　　沃尔泽指出，以前的一些平等主义的思想家，他们主张通过一种合理制度的设计，将这些占据支配地位的社会物品平等地分配给每一位社会成员，由此实现社会正义——这只是一种简单平等，因为这样的平等并没有动摇占据支配性地位的分配要素，因而只是对支配性要素的共享。如要回归社会事实的本来属性，我们就要依据社会物品的性质差异，实行不同的分配原则，避免某种支配性分配力量的形成，从而达到复合平等。沃尔泽进一步指出，虽然社会事实纷繁复杂，社会益品的性质各不相同，但仍然可以在这些不同的分配领域提炼出三个原则：自由交换、应得、需要。这三项原则分别适应于不同的分配领域，比如，经济领域适合自由交换原则；一些资格、能力、贡献等因素起决定作用的领域，适合应得原则；在贫困、救济等社会情境中则适合需要原则（当然，也应包含马克思指出的以实现人的发展为目的的按需分配）。② 由于这些分配原则践行于不同的社会领域，社会生活井然有序，恪守彼此分明的边界，公平和正义也由此在各个不同的领域分别得以实现。

　　由此可见，不同于罗尔斯正义理论立基于"无知之幕"这一"设然"

----

① 参见〔美〕迈克尔·沃尔泽《正义诸领域：为多元主义与平等一辩》，褚松燕译，译林出版社，2009。

② 〔美〕迈克尔·沃尔泽：《正义诸领域：为多元主义与平等一辩》，褚松燕译，译林出版社，2009，第 22 ~28 页。

的出发点，沃尔泽的正义观建立在"实然"的具体社会事实和历史情境之上，并由此提出另一种体现"应然"的多元分配原则的复合平等观。他的复合平等观强调，社会善应基于不同的理由，依据不同的程序，通过不同的机构来分配。复合平等旨在建立这样一种分配秩序——在其中，无支配性的垄断，也无普遍性的转换，不同的群体掌管着不同社会益品。与德沃金一样，他也将平等视为分配正义乃至社会正义的核心要素，但他的正义领域涵盖范围更广，他的平等理念相较于德沃金也更为系统、细致，他的建基于可观察的社会事实之上的三项分配原则（自由交换、应得、需要）也更具有历史感和现实意义，这些都深远影响了以后的社会正义思想，尤其是戴维·米勒的正义原则理论。

五 米勒：正义的原则

英国学者戴维·米勒可能是自罗尔斯以来、迄今为止从学理上界定分配正义概念最为清晰的政治哲学家。虽然他的正义理论涉及对诸多理论源流的呼应，但是其正义思想的理论出发点和主体架构主要是出于对两位现代政治哲学家即罗尔斯和沃尔泽的回应。罗尔斯以两条正义原则激发了英美政治哲学的复兴，这已是公认的事实。米勒也概莫能外，他也是从对罗尔斯正义原则的考问开始的。米勒认为，罗尔斯的正义原则建立在一个并不存在的、虚幻的"无知之幕"的基础上，这一"反事实"的逻辑至少在学理上是可质疑的。因为在现实生活中，人们不可能不了解自己以及与己相关的那些人的家庭背景、天赋才能、性格偏好、享有社会资源的优势和劣势；恰恰与此相反，正义的原则应该从实实在在的社会生活中才能推导出来，我们无法隔离那些与我们的命运息息相关的社会事实。这一立场可以说与沃尔泽不无类似。但不同于沃尔泽直接从社会益品（social goods）的性质出发来观察适合于这些社会物品的分配原则，米勒的视角是考察不同性质的社会关系。米勒认为，现代社会存在三种基本的人际关系模式，即团结的社群（solidaristic community）、工具性联合体（instrumental association）以及公民身份（citizenship），分别对应三种分配原则。①

---

① 〔英〕戴维·米勒：《社会正义原则》，应奇译，江苏人民出版社，2005，第35页。

第一，团结性的社群。这主要是指家庭、亲熟关系，俱乐部、宗教团体、工作小组、职业协会，以及共享某种共同文化的更大的社群。这种社会关系首先是在人们之间产生相互理解和相互信任的面对面关系，但也能超出直接互动的群体，扩展到更大的圈子，其中人们既由亲熟关系而相互联系，也可因共享某种文化或信仰而团结在一起。适合这种社会关系的正义原则是按需分配。第二，工具性联合。人们在这里以功利的方式联结在一起，如各种社会交换中的经济关系，以及各种社会组织内部的协同和合作。在这种工具性关系中，相应的正义原则是应得。第三，公民身份。一个民族国家共同体内部，由共享一系列公民权利、承担一定的法定义务的正式成员所形成的社会关系，与之相适应的分配原则是平等。①

米勒虽然将需要、应得和平等三种分配原则并列，但在随后的论析中，他实际上将应得原则置于核心的位置。基于对现代西方社会功利主义本质的强烈认同，米勒详细考察了社会生活中影响应得分配的各类因素，如努力、天赋、才能、运气、机会等。米勒认为，纵然足以影响应得分配的因素纷繁复杂，然而某个主体是不是具有应得分配的合法正当性取决于其对于某个特定目的的功绩或业绩。例如，某人可能具有非凡的才能，这可能对于实现组织的目标非常有益，但这并不意味着他就具有某种应得。这要看他的这种才能是否实实在在地在组织目标的完成中发挥了作用，而这必须通过合理、严密的分析考核才能得出客观的判断。与德沃金一样，米勒拒绝了机会、运气等超脱个人控制的因素在应得分配中的合法性，但他承认努力、才能甚至天赋等因素在应得分配中的合法地位，只要这些因素在各种社会目标实现的过程中确实发挥了作用。米勒的这种功绩应得观刻意回避了诺齐克的资格要素在应得原则中的一席之地，他坦承，对应得的制度性观点通过指出一个人应得的东西是他在正义的制度中有资格拥有的东西而不是在现实的制度中拥有的东西避开了这个难题。②

---

① 〔英〕戴维·米勒:《社会正义原则》，应奇译，江苏人民出版社，2005，第35～42页。
② 〔英〕戴维·米勒:《社会正义原则》，应奇译，江苏人民出版社，2005，第202页。恰恰相反，我国学者张国清教授认为资格（公民资格）应成为社会应得的首要分配要素——张国清:《分配正义与社会应得》，《中国社会科学》2015年第5期。

　　米勒的这种浓厚的功利主义色彩不仅体现在工具性联合关系中的应得原则，在他对需要原则的分析中也处处浸透着对功利性权衡的贯彻。米勒认为，社会生活中可以被纳入分配正义视域的需要应该限定在使人们过上一种最低限度的体面生活的那些生存条件中。[①] 面对不同社会个体的不同需要，甚至面对同一种需要的不同人群、不同个体，我们必须对之进行细致、公正的权衡。在这些领域中，最优的社会益品的分配结果应该是不同社会成员之间的需要得到最大限度的满足，而不仅仅是满足其中的某些特殊人群。因此，米勒的需要原则关注的是社会成员之间普惠性的平均利益，尤其是大多数人的利益得到满足，而不是罗尔斯差别原则强调的最少受益者。这是一种典型的功利主义需要观，必然蕴含罗尔斯刻意纠正的社会分配中对处境最差的那部分人群利益的漠视。那么，米勒如何解决这一道德困境呢？

　　在米勒的正义原则的三个要素中，虽然他着墨不多，平等原则却更接近一种价值诉求，也是唯一成功摆脱了功利主义色彩的分配原则。米勒认为，有两种不同性质的平等：一是分配意义上的平等，即平等地分配某些权利和资源；二是社会平等，即社会成员平等地共享合法的地位，而不是等级制或奴隶制等不平等的社会序列。[②] 当然，不同于德沃金试图将平等原则贯穿于整个社会组织原则，也不同于沃尔泽将平等（复合平等）作为社会分配的核心原则，米勒将平等诉求限定在公民身份的领域，即在民族国家这一共同体内，公民在由公民身份决定的社会益品的分配中，如政治权利、教育、医疗资源、通信、交通、公共服务等领域，享有平等的地位。社会平等一方面具有分配的含义，即要求我们最为重要的联合体建立在平等的基础之上；社会平等也能在某种程度上矫正其他分配领域中的不平等。[③]

　　综观沃尔泽的正义三原则与米勒的正义三原则，我们可以发现两者之间既有某种承继性，也有着显著的区别。米勒的正义三原则可以说直接受到沃尔泽的启发，不但在形式上有两条原则是完全一致的（需要、平等），而且都是从价值的层面对社会分配中的正义性进行解读，都立足于实际的

---

①　〔英〕戴维·米勒：《社会正义原则》，应奇译，江苏人民出版社，2005，第 308 页。

②　〔英〕戴维·米勒：《社会正义原则》，应奇译，江苏人民出版社，2005，第 342 页。

③　〔英〕戴维·米勒：《社会正义原则》，应奇译，江苏人民出版社，2005，第 354～355 页。

社会生活，以社会分析的实证主义对抗罗尔斯建构性的逻辑推演。但两者的差异也是明显的。

其一，在方法论上，沃尔泽大致可归为历史主义的社会学分析范式，而米勒基本上属于理性选择理论的分析范式。

其二，三原则的内涵大为不同。沃尔泽以复合平等概述正义的三条价值原则，三条原则是从属于平等这一总纲性价值诉求的；复合平等的实现也就意味着正义的实现。在米勒的正义理念中，平等只是与需要和应得并列的三条价值原则之一，虽然具有对其他两项原则的修补作用，却并没有沃尔泽原则中的超然地位。在沃尔泽的正义体系中，自由交换是一项与应得和需要并立的分配正义原则；米勒则认为自由交换应从属于应得原则。简而言之，沃尔泽认为复合平等是正义的核心价值，而米勒则将应得置于分配正义的价值核心。

其三，两者对福利物品的分配所适原则的不同理解。沃尔泽倾向于认为公共福利供给将适用基于共同体成员资格的需要原则，[①] 即一种得到社会认同和承认的需要。米勒的福利观则更为复杂：如果是在团结性社群的福利支持则符合需要原则；与工具性关系相关的社会分配的福利物品则适合应得原则；[②] 如果是作为政治共同体的国家提供的福利物品则适合基于公民身份的平等原则。[③]

综上所述，笔者大体上认可米勒将应得、需要、平等作为分配正义三原则的归类，也认同其从社会关系的性质出发分析蕴含其间的正义原则的分析路径。同时，笔者也认为，从人际的社会联系出发概括出的正义原则，只具有典型的类型学意义。由于现代社会生活和人际交往的复杂性，一种关系模式不可避免地会受其他关系的影响；在循环往复的社会交往中，试图一劳永逸地将一种正义原则确定为某个分配领域的指导原则可能会失之简单。尤其是在福利领域，更是如此。比如教育作为一种福利益品，就涉及教育资源在区域之间的供给、分布和配置；在同一地域不同族群、不同阶层、不同团体

① 〔美〕迈克尔·沃尔泽：《正义诸领域：为多元主义与平等一辩》，褚松燕译，译林出版社，2009，第70~74页。
② 〔英〕戴维·米勒：《社会正义原则》，应奇译，江苏人民出版社，2005，第48~50页。
③ 〔英〕戴维·米勒：《社会正义原则》，应奇译，江苏人民出版社，2005，第349页。

之间具有的不同获致性；教师职位作为一种教育资源，其获得既受资格能力等因素的影响又受市场就业的制约；教师的报酬既有公共财力供给的普适性因素，也受到当地财力等特殊性影响。而这些因素又是相互生成、相互制约的。社会生活的这种极端复杂性使我们在审视一个特定的正义领域时必须细致地考虑各种不同的价值原则循环往复的交互作用。

第二节　需要、应得、平等

一　福利需要

马克思认为，在阶级社会，并不存在游离于阶级分化和生产关系之外的纯粹的人的需要；在资本主义生产关系中，劳动者的需要总是被剥夺的，他们只是被给予维持简单劳动力再生产所必需的生活资源，甚至连家庭生存也难以维系。资产阶级依靠对剩余价值的侵夺实现资本的无限增值，同时他们奢华的物欲也得到满足。在马克思看来，资本主义生产关系中的需要满足本质上是一种商品拜物教。只有实现了对剥夺者的剥夺、对生产资料的社会占有，才能使生产和消费合理地实现平衡；只有在社会财富充分流动之后，人们才可以在社会共同体的旗帜上写上"各尽所能，按需分配"；人的需要才能从根本上获得满足；人作为类的本质才能完美实现，从而实现真正意义上人的自由和发展。马克思将需要满足与人的本质的实现、自由人的联合紧密结合，为后世的需要理论开阔了视野。

马斯洛（Abraham H. Maslow）试图超越文化、道德、环境、人种、社会差别等因素，提炼出基于人性之上的需要特质。休谟以知性和情感的二分说解析了霍布斯的激情心理人性说；马斯洛则以需要五层次论阐明了他的人性观。他认为，人的需要可分为生理、安全、归属和爱、自尊、自我实现五个层次，相互之间由低级向高级递进，低层次的满足是高层次需求满足的前提。[①]作为抗衡精神分析心理学与行为主义心理学的第三种传统——人本主义心理学，马斯洛的学术旨趣比弗洛伊德和华生更进了一步，他不仅要解释

---

① 〔美〕亚伯拉罕·哈罗德·马斯洛：《动机与人格》，许金声等译，华夏出版社，1987，第40~54页。

人的行为动因，还意在解释社会进步的基础，即立足于需要有序满足之上的人性完善的可能。

马克思指明了社会分配的需要指向，并将需要的满足视为人的发展和本质实现的基础；马斯洛从人性的角度论证了需要的合法性，并将不同层次需要的递次实现作为人与社会存立的基石。两者都指明了需要作为人的发展和实现的福利价值。在此基础上，我们可以进一步探明福利需要的本质内涵。

第一，福利需要的目标：为了维持基本的个体生存和自主，以及更完善的自我实现、人的发展。

第二，福利需要的基本内容：食物和水、住房、无害的工作环境、无害的自然环境、保健、童年安全、重要的初级关系、经济安全、人身安全、教育、安全的节育和生育等；① 这是现代福利国家社会政策的主要内容。

第三，需要满足的社会条件：物质生产、人口繁衍和社会化、文化传播和延递、政治体制的保证。②

此外，需要的满足还必须具备一定的道义基础，即权利与义务的互惠平衡以及基于美德的责任。由此可知，福利需要是为达成一定的社会目标和个人目标，由国家、社会或个人提供一些最基本的物质条件，这些条件的满足往往建立在社会承认的基础之上。

二 福利应得

应得作为分配原则，在交互正义中表现得最为显著。在福利正义中，福利益品的分配有时也经由市场来完成，比如工作福利、市场化的养老和教育资源、就业资源等，运行期间的价值元素主要是应得。诺齐克的赋权理论虽然较为狭隘，却是较早阐述应得原则的现代学者，其应得观的唯一依据是财产所有权及其转让。哈耶克的福利持论与之接近。对福利分配的应得要素做出系统阐述的是沃尔泽和米勒。沃尔泽将自由交换、应得与需

① 〔英〕莱恩·多亚尔、〔英〕伊恩·高夫：《人的需要理论》，汪淳波、张宝莹译，商务印书馆，2008，第 242～279 页。
② 〔英〕莱恩·多亚尔、〔英〕伊恩·高夫：《人的需要理论》，汪淳波、张宝莹译，商务印书馆，2008，第 104 页。

要并列，共同组成复合平等观。米勒认为努力、天赋、才能、运气、机会等因素共同构成社会分配的应得元素，这些因素是否具备应得效力完全取决于其对于社会目标的功绩。

归纳起来，衡量福利应得主要有以下因素：第一，市场交换中的互惠；第二，组织目标实现中的功绩；第三，社会生活中的荣誉和地位；第四，共同体中的身份；第五，个人的禀性、天赋和能力；第六，社会生活中有待实现的机会；第七，能够带来社会改善的资源。在不同的社会和文化背景中，上述因素有所侧重，而且往往是各种因素构成综合的社会评价体系，成为衡量福利应得的依据。

就政治哲学而言，"应得"可视为一种本源性的分配价值。例如，远在柏拉图的城邦时代，公民"金银铜铁"禀性的差异乃至亚氏"同等的人享有（分配）同等的事物"的权利观，均指向基于"美德"的应得设计。现代政治哲学家也不乏将"应得"视为原初性价值的观点——或如诺齐克、沃尔泽、米勒等正义原则中，纵然侧重各异，但是他们都有着一个共同点——均将基于自由秩序之上的"应得"元素，一种与自由交换相应的资质要素作为分配的应然参照。然而或如荣誉、地位，或如自由交换，或如对禀赋、能力等性质的强调，社会分配的这些"原初"价值均有可能带来某种福利的不均衡——资质的合法性未必会带来一种均衡的社会结果。

需要立足于人性认同和主体间承认，是福利的基础性价值。福利的本质就是打破财产权的局限，对社会成员的生存所需乃至建立其上的自我实现予以满足。但是，由于观念、家庭、社会关系等人口和社会指征各不相同，需要的实现程度显然有所不同。同时，应得立足于社会交换的衡等与互惠，更为强调个体的秉性、能力、功绩、荣誉、资格等资质异质性，也因此带来福利不均。这些不均衡的后果必须通过一种更全面的合理原则予以矫正和平衡。这就是——平等。

三　福利平等

那么，何谓"平等"？就福利而言，它又有哪些维度？

其一，机会平等与结果平等。福利的机会平等是指社会成员在获取福利支持时有着相同的机会和权利；福利的结果平等是指个体的差异或制度性原因使获致的福利存在差异，国家和社会对此进行调节以达到基本的福利平衡。

其二，身份平等与实质平等。福利的身份平等是指社会成员作为福利受体有着相同或相似的身份资格和准入条件，在现代社会表现为公民身份。福利的实质平等是指社会成员不仅享有法定的平等身份，社会还必须具备某种实现机制保证每一位成员实际获得的福利支持大致相同。

其三，资源平等与可行能力平等。资源平等理念主要来源于德沃金，是指社会应该给予每一位成员同等价值的资源，使其能按自己的意愿和偏好实现自身的社会价值。① 可行能力平等的理念来源于阿马蒂亚·森，是对罗尔斯和德沃金的回应。他认为，由于社会个体的禀性、文化程度、智力、体力、观念等基质存在较大差异，福利分配应有助于实现不同成员大致同等的可行能力。②

其四，复合平等与单向度的平等。这一维度的区分来自沃尔泽。他认为，在社会益品的分配中往往有一些独特因素起着主宰性作用，比如金钱和权力。以往的政治哲学家大多倾向于主张将这些主宰性的因素平等地分配给社会成员，这只是单向度的简单平等。如要回归事物的本来属性，应在不同领域践行相应不同的分配原则，以此实现复合平等。③

其五，消极平等与积极平等。消极平等是指国家和社会把每位成员都当作平等的人对待，即无视个体差异而将大致相同的福利标准和规范作用于每一位成员。积极平等是指平等地对待每一位成员，即根据每一位成员不同的禀性、能力和社会差异，以相应不同的福利方式和规则作用于不同的社会成员。

可以说，平等作为正义之核心不仅具有自身之正当，还具有对需要、应得的调节与平衡功能，不同情境中的平等指涉因而不同。福利正义就是这些元素不断交织、渗透、相融相合的过程。上述五种不同维度的平等张

① 〔美〕罗纳德·德沃金：《原则问题》，张国清译，江苏人民出版社，2012，第237页。
② 〔印〕阿马蒂亚·森：《以自由看待发展》，任赜、于真译，中国人民大学出版社，2013，第48~71页。
③ 参见〔美〕迈克尔·沃尔泽：《正义诸领域：为多元主义与平等一辩》，褚松燕译，译林出版社，2009。

力，隐含不同情境中对需要、应得的调节、维护与平衡。譬如，在身份平等与实质的福利平等之间，前者倾向于一种"资格"应得，而后者要求分配的实质效应，既可能基于生活、生存的需要，也可能是纯粹的秩序诉求，其取舍受具体情境影响。在机会平等与结果平等、积极平等与消极平等的张力中，也有类似的权衡与取舍。维度的不同，平等给予二者可能的调节也因而不同。但是这并不意味着，平等就可以涵盖所有的分配价值，无论是需要还是应得，都有着平等无法替代的独特领域。在特定社会情境中，有着与之相称的不同性质的社会关系。但是平等的价值涵括性可以在二者之间可能的冲突中找到某种平衡因素，从而为社会分配赋予一种很强的稳定性。

在米勒的正义原则中，三种价值元素对应着不同性质的关系模式。在现实生活中，有着更为复杂的、综合的现实因素。例如，各个社会领域的相互渗透，社会角色的多重叠加，福利过程中主体、受体的复杂互动，资源在生产、流通、分配、消费等社会序列的流转，使我们难以将某些价值与其他因素截然分开。这些价值其实已经将个人与国家、与社会紧密相连，为它们的责任与义务、权利与所得做出多重的检视。那么，这些过程是如何成为可能的？或者说，福利正义经由哪些途径得以彰显？

第五章　福利正义的实现

应得、需要和平等这些价值要素不同程度地体现在交互正义、权职正义、福利正义三个领域。应得元素在交互正义中犹如平等在权职正义中一样极为显著。福利正义的价值要素有着复合性特征。比如，我国养老保障既贯彻着多缴多得的应得原则，也有体现着平等的农村地区、贫弱地区的养老金贴补政策，城市低保等补助体系则立足于需要因素。义务教育在社会个体的普及上体现着平等，同时教育资源的分布兼顾着需要和应得原则，因人口构成、密度以及经济支撑力而异。医疗事业的发展实行需要原则，然而保障资格也体现缴费、身份等应得因素；就保障面而言，其目标即普惠性的平等。其他领域大致也有这种复合性。

由于国家、市场、社会、个人不同的福利供给分属不同的分配机制，体现的正义原则也各有侧重。虽然应得、需要、平等在各个福利领域各有侧重，但在整体层面，作为综合的福利体系三者就较为整全，是交织而互补的。如果说交互正义的实现主要依托市场和公权力的调节，权职正义主要基于法律和制度安排，那么福利正义的实现就更为复杂，涉及社会规范、道德机制、公民意识、公民权利、财税体制、公共服务、慈善事业等诸方面，包括正式制度与非正式制度、政治体制与意识形态、权利与义务之间复杂的平衡与互构。那么，这些过程是如何实现的？或者说，在福利的现实流程中，如何凸显蕴含其间的需要、平等和应得等价值？我们需要探寻更为清晰的实现机制。

第一节　正义如何实现？

一　批判理论的视野

与自由主义思潮倾向于从马克思主义的对立面或竞争性角色出发来反

观分配正义不同，西方批判理论延续了马克思主义有关分配的基本观点，以马克思主义为武器，对西方世界的正义诉求进行新的阐释。

弗雷泽认为，从批判理论的观点来看，西方思想界已经出现了四个划时代的变化：①作为社会斗争的特殊轴心的阶级的去中心化；②作为社会正义的特殊维度的分配的去中心化；③"威斯特伐利亚"正义观的去中心化；④"左派"缺乏对于当前秩序的一种替代选择的任何明显可信的愿景。针对这种变化，批判理论必须创造一个新的、"正义"的社会的全面愿景——一个将分配正义、身份平等和在每一层面的治理中广泛的民主参与相结合的愿景。① 为何弗雷泽要强调这个新的、统一的愿景？这要从霍耐特的承认理论说起。

霍耐特的代表作之一《为承认而斗争》②发表于 1998 年，是西方批判理论的划时代著作。当时苏联解体已过去近 10 年，东西方长期对峙的局面不复存在；苏联和原来东欧的一些社会主义国家正在进行向资本主义政治经济和文化制度的急剧过渡；中国正在推进朝向社会主义市场经济体制的改革。原来支撑西方国家的民众进行经济抗争的潜在的阶级意识形态逐渐弱化，但一些反射着文化多元主义的社会运动风起云涌，如女权主义、少数族群、社群主义等。在这些国家，原来以经济利益为核心目标的社会抗争逐渐转向以群体、自身特有身份的认同为目标的承认诉求。在这一形势下，霍耐特对黑格尔的承认理论进行了系统的改造，并且从米德、马克思、萨特、索雷尔等著名思想家处汲取营养，最终形成了顺应时代变迁的承认理论。霍耐特从黑格尔的主体间性出发（主体间性实际也为哈贝马斯所继承和阐发），认为人们之间的承认有三种模式：爱、法律和团结，③ 这三种承认模式之间有着随社会的发展、社会结构的分化逐步递进的趋势。霍耐特从这种融合了道德心理学的政治哲学出发，试图以主体间的承认和身份的认同解释现代资本主义社会的核

---

① 〔美〕南茜·弗雷泽、〔德〕阿克塞尔·霍耐特：《再分配，还是承认？——一个政治哲学对话》，周穗明译，上海人民出版社，2009，第 3～4 页（中文版序）。

② 参见〔德〕阿克塞尔·霍耐特《为承认而斗争》，胡继华译，上海人民出版社，2005。

③ 〔德〕阿克塞尔·霍耐特：《为承认而斗争》，胡继华译，上海人民出版社，2005，第 100～135 页；〔美〕南茜·弗雷泽、〔德〕阿克塞尔·霍耐特：《再分配，还是承认？——一个政治哲学对话》，周穗明译，上海人民出版社，2009，第 105～114 页。

心矛盾及其解决。

弗雷泽反对以承认为唯一形式概览现代社会的斗争声称。她认为，再分配范式无法被承认范式覆盖，两者在诸多方面有着界别。其一，两个范式呈现不同的不公正（不正义）概念。再分配的范式把重心集中在它定义的社会经济的不公正并呈现为植根于社会经济结构；承认范式对准文化的不公正，这种不公正被认为是植根在表达、解释和沟通的社会模式中。其二，两者对不公正提出了不同类型的矫正。再分配范式对不公正的矫正是某些类型的经济结构调整；承认范式的矫正是文化和符号的变化。其三，两者对遭受不公正的集体采取了不同的概念。再分配范式中的集体是阶级或类似阶级的集体，通过市场或生产方式的独特关系在经济上被定义；在承认范式中，不公正的受害人更接近韦伯主义的身份群体，而非马克思主义的阶级。其四，两者采取对群体差异的不同理解。再分配范式将这些差异看作不公正差异的显现，因此要将其废除；承认范式则要求对差异的承认，要么将其视为良性的因而予以赞扬，要么将其视为必须予以解构的精心术语。①

因为这些差别，再分配和承认被理解为相互排斥的替代选择。弗雷泽认为，我们既不能选择一种指向废除阶级差别的再分配政治，也不应当接受一种寻求赞美和解构群体差异的承认政治，而是要将这两者整合。而任何整合再分配和承认的尝试必须在道德哲学中回应四个要害问题。首先，承认是一个正义问题，还是自我实现问题？其次，分配正义和承认构成两个独特的、自成一体的规范化范式，还是它们任何一个被包含在另一个之中？再次，我们怎样才能从未被证明为正当的承认诉求中辨别出被证明为正当的承认诉求？最后，正义需要个人或群体的特色的承认，还是我们共同人性是否充分的承认？② 弗雷泽经过缜密的论证得出以下结论：第一，承认应该被看作正义问题，而不是自我实现问题；第二，正义理论家应该拒绝那种再分配范式和承认范式之间的"不是""就是"的选择理念，他

---

① 〔美〕南茜·弗雷泽、〔德〕阿克塞尔·霍耐特：《再分配，还是承认？——一个政治哲学对话》，周穗明译，上海人民出版社，2009，第9~11页。

② 〔美〕南茜·弗雷泽、〔德〕阿克塞尔·霍耐特：《再分配，还是承认？——一个政治哲学对话》，周穗明译，上海人民出版社，2009，第21页。

们应当采取以参与平等的规范为前提的二维的正义概念；第三，为证明他们的诉求，承认诉求者必须表明，在民主商谈的公开过程中，那种制度化的文化价值模式不公正地否定他们参与平等的主体间条件，而且以替代选择的模式取代那些制度化的文化价值模式将会代表平等方向上的一个步骤；第四，除共同的人性之外，正义原则上还要求承认独特性，但是它是否在任何既定情况下都这么做，只能以实用主义的方式根据特定于该情况的参与平等是否存在障碍来确定。①

弗雷泽认为，为了整合再分配和承认两种正义范式，必须超越文化主义和经济主义，同时在现代资本主义社会采取一种超越肯定战略和改造战略的非改革主义的改革。② 于是，弗雷泽针对现代福利国家的正义困境提出一个包容再分配和承认的解决框架：第一，在道德理论层面，是一个以承认的身份模式和一个以参与平等的规范原则为中心的二维的正义概念；第二，在社会理论层面，是一个对再分配和承认的"形式二元论"的理解；第三，在政治理论层面，是一个非改革主义的改革战略为思考制度变化的方法，同时也因此确立了对于想象能够同时矫正分配不公和错误建构的具体改革的一些反思态度。③

由此可见，在批判理论的视野中，尤其在弗雷泽的再分配和承认形式二元论中，现代资本主义国家的福利政策属于社会正义中的再分配的范域，也是对社会不公正的不彻底的肯定战略的矫正模式。④ 为了社会正义的充分实现，社会的改革措施必须同时兼顾承认维度，而这恰恰是霍耐特指出的当代资本主义社会民众抗争的核心特质。

应该说，批判理论对再分配和承认的阐释虽然着眼于对资本主义体制的意识形态解构，却依然是迄今为止理解福利正义之实现的一把弥足珍贵

---

① 〔美〕南茜·弗雷泽、〔德〕阿克塞尔·霍耐特：《再分配，还是承认？——一个政治哲学对话》，周穗明译，上海人民出版社，2009，第 37～38 页。
② 〔美〕南茜·弗雷泽、〔德〕阿克塞尔·霍耐特：《再分配，还是承认？——一个政治哲学对话》，周穗明译，上海人民出版社，2009，第 59～63 页。
③ 〔美〕南茜·弗雷泽、〔德〕阿克塞尔·霍耐特：《再分配，还是承认？——一个政治哲学对话》，周穗明译，上海人民出版社，2009，第 74 页。
④ 〔美〕南茜·弗雷泽、〔德〕阿克塞尔·霍耐特：《再分配，还是承认？——一个政治哲学对话》，周穗明译，上海人民出版社，2009，第 63 页。

的钥匙。他们对于正义的平等原则的实现提供了一个极其深刻的视角。遗憾的是，基于其理论出发点的缘由，我们无法从中找出关于正义价值的另外两个原则：需要和应得的清晰线索。我们尚需回到黑格尔的主体间性来将这三个原则予以整合。

二　黑格尔的主体间性

不同于霍布斯和马基雅维利（Niccolò Machiavelli），黑格尔把人与人冲突的根源归因于内心深处的道德动机，而不是自我持存。黑格尔分析人际关系的核心概念是主体间性，即主体对自我存在的意识、对他人存在的意识以及对主体间张力的自觉。解决这一张力问题的唯一途径是承认——自我认识到主体的能力和品质必然为另一方承认，从而与他人和解；同时也认识到自身认同的特殊性，从而与他人对立；承认的否定之否定——由于存在不断更新的自我认同维度，一种承认形式必然通过社会冲突被新的形式取代。[①]

黑格尔拒绝霍布斯式或马基雅维利式的人类社会的利益共同体假设，他认为人类团结的最终或最高形式应该是自由人组成的伦理共同体。这是因为：①共同体是个体实现自由的机会；②共同体内部的风险和习俗作为主体间的实践场域是普遍自由和个体得以自我实现的社会介质；③由财产和各种权力体系组成的市民社会必将导入贯彻着所谓绝对伦理的理想共同体——国家。[②]

黑格尔由此提出了与社会契约论迥然不同的主权路径。作为这种社会秩序的基础，他将这种路径归纳为三种基本的承认形式：爱、法律和团结。爱主要存在于家庭以及其他情感共同体中。个体在其中获得了最初的自我认同以及对他人主体性的感知，主体间性的意识也在这种情境中得以培育。近代工商体系的发展给人类的承认增添了新的不确定因素，由财产

---

① 〔德〕阿克塞尔·霍耐特：《为承认而斗争》，胡继华译，上海人民出版社，2005，第 16～34 页；〔德〕黑格尔：《哲学全书·第三部分·精神哲学》，杨祖陶译，人民出版社，2017，第 215～225 页。

② 〔德〕阿克塞尔·霍耐特：《为承认而斗争》，胡继华译，上海人民出版社，2005，第 56～68 页。

利益关系以及相应的法律体系组成的市民社会为承认的境域做了新的规定，即一种规范、规则中的承认，主体间性关系也由此渗透着这种规范的效力。但这种承认形式是远远不够的，它必然会随着社会交往的扩展、社会联系的密切，回应一种更广阔的伦理要求——一种整合各个不同群体、不同阶层、不同利益的共同体的要求；能够将这些不同诉求整合的共同体形式就是最高的社会团结——国家，这是需要不断完善、在黑格尔时代尚属有待实现的承认形式。①

在黑格尔的承认理论中，我们不但可以看到其对社会契约论的回应；也可以看到其对马克思自由和共同体社会观的影响；更重要的是，可以从中获取福利正义得以实现的基因。霍耐特继承了黑格尔承认理论的基本架构，但在以下几点有着明显差异。在承认的三种形式中，存在一种逐步递进的关系，对于这一点，黑格尔与霍耐特的理解是一致的。而且两者都将家庭和其他情感关系作为爱得以培育的最初场域，也是承认主体间性特质向其他社会形式扩散的基础。区别在于，二者对于法律和团结这两种形式存在境域的理解有所不同。黑格尔认为，作为法律形式的承认，生发于由各种权利关系和契约关系组成的市民社会；而黑格尔理解的团结是浸透着绝对伦理精神的民族国家的特质。霍耐特的解读与此不同。他认为法律关系中的承认不只存在于规范着各种利益的市民社会，它也同样蕴藏在与民族国家共同体相应的、蕴含各种权利和义务的公民社会中。而团结（此处指的是将不同的人联结在一起的社会机制的基础），霍耐特把它总结为一种纯粹的心灵机制，一种价值共同体。也就是说，黑格尔的民族国家与绝对伦理之间的权力架构，和意识层面的精神规范是合为一体的，霍耐特却将之加以区分：将与民族国家相应的公民社会归于作为法律的承认；将整个社会得以整合的价值元素概化为社会团结。

如果暂且抛开公民社会对于法律关系抑或社会团结的归属，仅就爱、法律、团结这三种承认形式而言，其对于福利正义三种价值原则的实现有着极为重大的启示意义。霍耐特将这三种承认形式对应着三类基本的人格维度：爱对应着需要与情感；法律对应着道德义务；社会团结对应着特性

---

① 〔德〕阿克塞尔·霍耐特：《为承认而斗争》，胡继华译，上海人民出版社，2005，第30页。

和能力。① 假如从分配正义的角度来看，这种归类并不准确。在家庭关系、情感共同体中体现着爱的承认，体现着需要的价值是毫无疑义的；在法律关系中，人际交往的基础是由各类权利和义务要求构成的规范体系，其中当然有最基本的道德要求，如对契约、合约的遵守，但贯穿其间的基本价值应是应得，即享有某种权利（财产权利等），具有某种资格，抑或做出了某种贡献而拥有对某些特定福利益品的分配权。而对于整合整个社会具有不同文化、不同资源背景和不同身份要求的人际群落，无疑将贯彻着一种平等原则，无论是一种建立在文化多元之上的复合平等（如沃尔泽，甚或泰勒），还是一种基于公民身份的权利平等（如马歇尔），或是一种实质的资源平等（如德沃金）。

第二节　福利正义的实现机制

一　再分配和承认

福利正义的实现，仅仅诉诸道义论或目的论的争执及其解决；仅仅诉诸如沃尔泽以批判的眼光反观复合平等，或者米勒以功利主义原则规约分配的合理性，似乎不足以完整再现福利益品的现实流程，也不足以彰显蕴含其间的需要、平等、应得等正义价值。在批判理论的视野中，再分配和承认是现代正义的核心诉求。尤其在弗雷泽的再分配和承认形式二元论中，现代国家的福利政策属于再分配范域；② 为了正义的充分实现，社会改革必须同时兼顾承认维度，这恰恰是霍耐特指出的当代社会民众抗争的核心特质。③ 批判理论的上述阐释虽然着眼于现代体制的意识形态解构，但界定了再分配和承认作为正义实现路径的基本内涵，因此是理解福利正义实现的一把弥足珍贵的钥匙。

---

① 〔德〕阿克塞尔·霍耐特：《为承认而斗争》，胡继华译，上海人民出版社，2005，第135页。
② 〔美〕南茜·弗雷泽、〔德〕阿克塞尔·霍耐特：《再分配，还是承认？——一个政治哲学对话》，周穗明译，上海人民出版社，2009，第105~114页。
③ 〔德〕阿克塞尔·霍耐特：《为承认而斗争》，胡继华译，上海人民出版社，2005，第100~135页。

第一，再分配（ Redistribution ）。再分配，即一些特定的社会性力量，政府、市场、社会组织以及个人，对市场主导的初次分配结果进行调节和干预，在社会成员之间进行资源的重置和重组。依其强弱程度，又可分为正式的再分配和非正式的再分配，前者主要是指国家及各级政府主导的资源分配；后者是指非强制性、非正式的力量，无论是自由交换中的经济体，还是公益组织、非营利机构、社团、相关个人，由这些社会实体进行资源重组，对利益关系进行调节。在现代社会，正式的制度性再分配在福利国家中起着主导性作用；慈善团体、非营利机构、公益组织等非正式再分配体系更为灵活机动。

就正式再分配而言，福利资源在区域、城乡之间的分布、流转和配置是宏观的政策举措，而各类公益组织、社会团体依据各自宗旨，就个体利益的调节和平衡作了微观补充。就社会个体而言，各项社会保险和公积金制度——养老、医疗、住房、就业以及教育、社会救助、社会服务等社会福利的支持更为直接而显性。宏观的资源再分配有着更强的政策性，也更为基础；社会福利体系给予个体的制度性表达也正是基于个体所处的资源环境。福利再分配，可谓兼有宏观的资源配置与微观的社会调节两种方向；就社会个体所受的福利效应而言，也须兼顾这两种不同视角来衡量。

第二，承认（ Recognition ）。再分配展现了福利正义的制度性规范基础；但是人与人之间的社会交往和福利流转还存在独特的道德、情感和社会联结基础。承认是主体间意识，是对他人的人格认同，也是经由他人镜像得以呈现的自我认同。① 这种主体间性人格认同和行动的意义互构，是福利资源基于情感和心理规约实现流转的基本途径，比如亲缘关系、情感关系、初级社会联结等形式中的抚养、互助；基于身份的福利资格；宗教、社区、社团、爱心机构、宗亲组织对贫弱成员、困难群体的帮扶和救济等。再分配和承认遵循着不同的路径：前者并没有福利对象的身份限制，着意于公众利益的调节与平衡；而承认的条件是共同体成员的身份——既包括微观的生活共

---

① 以马克斯·韦伯为代表的行动理论分析社会行动的意义以自我为指向，即行动的意义在于实现某种自我的目的，无论是价值性、工具性还是情感性，均以自我为表证（〔德〕马克斯·韦伯：《经济与社会》，林荣远译，商务印书馆，2004，第56页）。承认理论与此不同——它以他人为指向，即行动以他人的实现为指向，认可他人的人格、需要和价值，通过与他人的主体间性交往，自我也得以呈现。这一理论特质从黑格尔就已开始。

同体，也包括中观层面的团结形式，例如宗教、社区以及相关社团。作为实现途径，承认表征着微观、中观层面的福利分配与资源流转；在公民身份层面，生存需要、福利平等、社会保障、公共服务等社会诉求，通过再分配和承认的双重机制得以实现。

就主体而言，有着两种不同性质的承认：个体承认与群体承认。前者是指在或大或小的共同体中，个体获得的主体性认同与意义互构；后者是指某种群体在社会团结的层面获得价值与身份的公众认同，以至于消除所受的歧视，获得公平、公正的待遇，如中国的"农民工"群体、国外的有色种族、少数族群等。因此，个体承认主要分布在微观和中观的层面，而群体承认涉及宏观的社会结构。

就此而言，霍耐特乃至泰勒所说的均为群体承认，尤其是某种价值、身份或伦理的群体，如何在公民社会获得被公众接纳、认可的主体地位。我国的农民工群体等也有着这类承认窘境。但是，福利承认却并不限于群体的社会利益。在或大或小的共同体中，如家庭、宗亲、社区，或宗教、社团的价值性联结中，都有着与社会异质性有关的形形色色的团结因素。而福利在其中的表达，既得益于这种团结与联合、不同层面的人际交往与联结，又使福利资源的流转充满情感与道德的色彩。在社会构成中，福利充当了怎样的基础？

而再分配的社会机制又是什么？宏观的资源配置与微观的福利平衡，哪一个更为基础？如何区别非正式再分配与福利承认？再分配与制度、环境、社会关系模式的构建，以及流转于这些机制之中的资源，有着怎样的结构适应性？

二 福利关系

在国家与个人、不同个体、个体的不同生命周期之间的福利关系中，不同的福利过程有着不同的价值呈现。譬如，马歇尔指出，社会要素的现代彰显，即"从某种程度的经济福利与安全到充分享有社会遗产并依据社会通行标准享受文明生活的权利等一系列权利"，[1] 福利国家才具有历史上绝无仅

---

[1] T. H. Marshall, *Citizenship and Social Class and Other Essays* (Cambridge: The University Press), 1950.

有的正当性。蒂特马斯从社会政策角度将福利体制划分为三种模式，以此对应三种正当性基础：剩余模式对应着自由价值；工业成就模式对应着工作努力价值；再分配模式对应着平等价值。① 国家与个人之间的福利规定性，是"取之于民，用之于民"的关系。个人或直接或间接（通过企业、其他实体）向公共积累注资，其后享有相应的福利服务——一种"功绩"应得。具体个体与公共积累之间未必是平衡关系，但是现代福利的前提必定是收支大体相当，虽然其中也有时空的转移——空账与结余均通过公共预算来调节。

个体之间的福利关系体现的价值则最为复杂和多样，而且与国家、社会的福利角色紧密相连。再分配实现的福利平衡，首先体现为资源在区域、城乡之间的宏观重置，其次即个体之间的微观平衡。就第一个层面而言，诸如教育、医疗资源在地域之间的重新规划和配置；② 以各种补贴和财政手段对欠发达地区的基础设施、民生改善的扶持；城乡之间福利资源的整合与平衡；等等。这些再分配措施实现着基于公民身份的福利平等，同时也兼顾需要与应得，譬如扶贫开发、五保户赡养等举措。就第二个层面而言，典型的形式除了社会福利体系的调节——这同时涉及个体的生命周期；还有社会成员之间收入、补贴和实物的调节，如以所得税等形式对富裕人群征收累进税，对贫弱阶层的基本生活予以补助。

因社会关系的性质不同，福利承认也有着迥然相异的形式。譬如，家庭是老幼成员赖以生存的首要途径，不仅有生活资料的供予，还有情感的慰藉、生活的照护；社区资源的共享体现着地缘团结；社团成员的互助、宗亲关系中的帮扶、宗教团体的舍予与抚慰等，蕴含精神与物质的关爱。在这些福利形式中，成员的需要在相互承认中获得满足。如果说福利再分配有着明显的制度性、趋同性，承认则意味着爱与团结，顾及每一成员的合理需要，尊重每一成员的合法诉求，予以平等的福利身份，有着显然的道德性、特殊性。承认实现的价值主要是需要，但也兼顾平等与应得。与资源再分配不同，福利承认更为多样，分配标的属于共享、共有的资源，

---

① 参见〔英〕理查德·蒂特马斯《蒂特马斯社会政策十讲》，江绍康译，吉林出版集团有限责任公司，2011。

② 江求川：《中国福利不平等的演化及其分解》，《经济学》（季刊）2015年7月。

福利受体是具有身份资格的共同体成员。

个体生命周期之间的福利平衡，兼有纵向的延承与横向的调节。年幼时的福利资源必定来自家庭、国家与社会的扶持；成年时，不仅应予以回馈还要为年老时作积累。社会福利体系如各种社会保险措施，在个体的不同生命阶段形成福利链。而老年之依不仅来自年轻时的注资，同时也有社会的再平衡因素，如税制、补贴、津贴、社会服务等。纵向延承与横向调节是不可分开且互为基础的。在这些福利过程中，应得因素甚为明显。一般而言，应得是市场主导的初次分配的价值基础，同时也通过再分配得以调节。有些因素则经由承认得以实现，比如基于荣誉的奖赏、基于贡献的优待、基于业绩的补偿、基于身份的待遇等。

如果从不同福利领域看，如教育、医疗、住房、养老、就业、社会救助、社会服务、慈善事业等领域，再分配和承认两种途径互为补充。尤其在社会保险、公共事业、慈善以及扶贫开发、转移支付等政策领域，再分配更为典型。概而言之，再分配实现的正义价值主要是平等，但也兼有需要与应得。福利再分配有三个层面：一是以公共开支为基础的社会福利体系——教育、医疗、住房和养老等；二是收入、补贴和实物的调节，如个人所得税、低保、优抚等；三是宏观层面的资源再分配。这是当前尤须筑牢的福利实现基础——诸如福利资源在地域之间的规划和调配；对欠发达地区基础设施、民生改善的各种补贴和转移支付；城乡资源的整合与平衡；等等。

承认实现的价值主要是需要，但也兼顾平等与应得。家庭、情感关系、初级社会联结等承认形式中生活资源的共享，一般贯彻的是需要原则。在中观社会层面，福利需要通过社区、社团、宗教、宗亲等形式的救济、救助、援助、帮扶等形式获得实现。在公民身份层面，生存需要与福利平等表现为各项社会权利，具有再分配和承认的双重意涵。比如，我国农民工等群体的福利权利也亟待通过社会承认得到更充分的彰显，[1] 其中既有需要诉求，也有平等、应得。

---

[1] 王小章：《走向承认——浙江省城市农民工公民权发展的社会学研究》，浙江大学出版社，2010，第18页；樊晓燕：《论农民工社会保障的公平理念》，《生产力研究》2010年第6期。

不同的福利关系有着与之相适的不同的福利过程。总体而言，再分配和承认相得益彰、互补相照，是福利正义实现的基本路由。二者好比鸟之两翼，缺一不可。前者重制度，后者重规范；前者偏硬性，后者偏软性；前者依靠理性与权衡，后者着重情感与道德；前者注重宏观层面的资源调节，后者注重微观层面的人际关系。二者的背后隐含的深层次的合法性基础，是一种确保人们认可福利资源在地域、成员之间分配和流转的强制力，这种因素使分配和流转达到可衡量、恰当、合理的状态。这种公民权利，对于福利分配的制度性规范手段——再分配，以及与此相关的心理基础和价值性规范形式——承认，起着保障、规约和指引的作用，这是福利正义实现的法理基础。

三　权利：法理基础与保障

亚里士多德的公民观与社会契约论之间存在某种一致性：前者将公民权利设想为一种自然原则；后者将其当作一种自然权利。二者都具备"自然"的性质。但是这里显然有某种明显的差异。在古希腊，由于城邦相对狭小的地域，公民出于自然的原则享有他们的权利并自行保卫着这种权利。在社会契约论里，公民的权利受到主权者或政府的保护，这是现代社会尤其是福利权利的显著特色。在霍布斯和洛克的著作中，"福利"——某种受到保障的公民生活，被理解为与自然权利相伴的公民利益。立约人一致同意将主权让渡给主权者或政府，后者就拥有了统治的合法性。出于对等互惠的原则，主权者必须保障立约人享有安全、自由以及合法拥有财产的经济、生活、政治权利。在洛克的时代，王权的合法性受到不断扩张的资产阶级的挑战，这些资产拥有者希望自由地追逐财富，自由地生活，而这唯有彻底摆脱封建体制的束缚才有可能。按照社会契约论，主权必须与公民个人的权利要求相一致，这也是现代福利国家的基本前提。在洛克的理论中，并没有直接指称公民有权从国家中得到最低生活保障。但是，其权利理论的精神，即公民享有政治权利以构建一个权力体系；享有经济权利以持有他们的财产；享有自由以出于他们自身的愿望去追求安全、快乐的生活方式；以及所有的权利应该被公民平等地享有并合法地被政府保证，是现代分配正义以及"福利国家"等理念的法理基础。

　　马歇尔认为，可以把公民的身份划分为三个要素："公民要素"，即人身自由、言论自由、思想自由和信仰自由，拥有财产和订立有效契约的权利以及司法权，与此相关的机构是法院；"政治要素"，即作为政治权力实体的成员或这个实体的选举者，参与行使政治权力的权利，与此对应的是国会和地方议会；"社会要素"，即从享有某种程度的经济福利与安全到充分享有社会遗产并依据社会通行标准享受文明生活等一系列权利，与此对应的是教育体制和社会公共服务体系。① 马歇尔指出，早先，这三种要素是混合在一起的；从 12 世纪开始，公民身份的演化出现了融合与分化的双重趋向。在近代以来，尤其在英国，公民身份的三种要素在不同时期有不同侧重：公民要素归于 18 世纪；政治要素归于 19 世纪；社会要素归于 20 世纪。② 马歇尔认为，暗含在公民身份观念中的平等，尽管在内容上是有限的，但它削弱了原则上是完全不平等的阶级体系的不平等基础。③ 在一个大致平等的社会（指公民身份的平等），（财产上的）不平等是可以容忍的；只要这些不平等不属于对抗性，也就是说，它们不至于造成不满的诱因，或者说还不至于让人产生这样的感觉："这种生活对我来说很不好"，"我决定不能再让我的儿子遭受我这样的命运"。④

　　假如我们从"正义"视角来看，马歇尔指出的三个要素中，前两个要素无疑体现着交互正义与权职正义；第三个要素即社会权利体现着福利正义。社会权利正是建立在公民要素与政治要素实现的基础之上的。不仅如此，马歇尔通过公民身份的发展尤其是社会权利的实现来缓解乃至消除社会阶级之间的不平等的构想，与再分配和承认这两个福利正义的实现途径是兼容的。首先，马歇尔的公民身份中的社会要素即社会权利蕴含公民的福利权利，这与再分配的正义诉求一致；其次，作为社会权利基础的公民要素和政治要素蕴含着身份的平等诉求以及公民法律地位的认可，这与经典的承认命题是一致的，尤其与霍耐特的承认理论的法律因素和团结因素是相吻合的。马歇尔认为，公民身份需要一种不同类型的纽带，一种建立

① 郭忠华、刘训练编《公民身份与社会阶级》，江苏人民出版社，2007，第 7 ~ 8 页。
② 郭忠华、刘训练编《公民身份与社会阶级》，江苏人民出版社，2007，第 9 页。
③ 郭忠华、刘训练编《公民身份与社会阶级》，江苏人民出版社，2007，第 16 页。
④ 郭忠华、刘训练编《公民身份与社会阶级》，江苏人民出版社，2007，第 36 页。

在忠诚于共同拥有的文明基础之上的对共同体成员身份的直接感受。这种忠诚是拥有权利并受到共同法律保护的自由人的忠诚，它的发展既受到为获得这些权利而斗争的推动，也受到了在获得它们后对其享有的推动。①

实际上，公民身份的三个要素之间，也体现着福利正义的三个价值原则。公民要素的基本自由以及自由订立契约的权利，以及对和约的遵守及其实际效果，无疑体现着应得的原则，由此人们根据对某项社会行动的贡献，通过自由交换和让渡，获取某种权益；政治要素则体现着一种平等，不仅是身份的平等，也包含共享资源和权利的平等；二者作为坚实的法理来源，共同为第三种要素——社会权利的实现夯实了合法性基础。它通过对社会资源的再分配，以及通过主体间基于情感的、规范的、道德的、价值的承认，实现着不同层次的社会团结，从而实现着福利正义的应得、需要和平等这些价值要素。福利正义最终的实现结果，是社会权利中教育、医疗、住房、养老、就业以及其他社会服务等各项社会资源按照应得、需要、平等的原则分配给社会的每一位成员。换而言之，公民权利既为福利正义的再分配和承认提供了坚实的法律保障；同时也为应得、需要和平等的价值提供了一个标准，即福利正义的实现最终将表现为公民的权利能否得到彰显，其彰显程度如何。这就为福利正义的三个价值要素提供了一个可靠的参照。

再分配、承认和权利共同构成了福利正义的实现体系。再分配和承认可以视为福利正义实现的两条基本路径，而公民权利则成为二者的法理基础和保障。在现代福利国家的社会政策中，再分配机制是最重要也是最为显性的资源分配方式。既有由国家、地方政府形成的公权力通过财政、税收、经济政策和社会政策对社会资源进行重组和配置，也有由各类慈善、公益机构形成的非正式再分配机制。当然，还有社会保障层面的公共福利体系基于公民身份的调节和平衡。相对于再分配的制度性显质，承认是心理、文化、社会层面的福利正义实现途径。在黑格尔和霍耐特看来，承认有着主体间性特质，分布于爱、法律和社会团结三个层面，是对他人主体地位的认可和认同，从而自我也在他人的承认中得以实现。弗雷泽进一步

---

① 郭忠华、刘训练编《公民身份与社会阶级》，江苏人民出版社，2007，第21页。

将承认理论与当代的身份诉求、族群意识、种族歧视相结合，强调社会差异的合法性。承认的福利意义当然首先建立在身份差异、群体差异的认同之上，但是承认的实现意涵并不应限于此。福利承认关注不同的身份群体、不同共同体之民众福利的认可和认同，即一种"由异趋同"的过程，这有两个层面的意涵——就宏观的公民身份而言，存在于消除群体性身份歧视中；就微观、中观的社会结构而言，分布在诸如家庭、宗亲、社区、宗教等共同体形式中。换言之，我们一方面将关注不同身份群体的各具特色的"主体性"，比如农民工群体、特殊困难群体、受歧视群体的社会、经济异质性——户口、身份、文化程度、健康、个人际遇等差异；还要结合家庭、雇佣关系、经济合约以及宏观层面的社会整合，从爱、法律、合约、伦理以及社会团结的角度，探析承认在福利过程中的内在机理。

再分配、承认与权利一道构成了福利正义的实现机制；但三者在这一机制中的角色和功能是不同的。再分配和承认可视为福利正义的必由路径，应得、需要、平等三项价值就是经由这两条路径得以展现、完善并延及社会生活的各个层面。权利是上述实现过程的保障和体现，不仅确立了再分配和承认的法理之基；同时，应得、需要、平等三项价值的实现又成为衡量权利彰显的标尺。也即公民权利在现代社会是否得到彰显及其程度，可以也应该通过福利正义的价值要素——应得、需要、平等在社会分配的实现而透达和权衡。当然，在具体的福利领域，这种体现应有所不同，对此应结合具体的社会事实、社会过程作尽可能细致的论析。

正义理念有一个随历史的演进而逐渐变迁的过程。近代以来，在民众平等参与政治生活、自由进行经济活动等基础性权利实现后，"正义"逐渐向民众的生存保障、公平分享社会资源和成果等领域过渡。因此，福利逐渐成为现代正义的核心诉求，而这首先经由国家和社会的力量，对国民收入和社会资源进行再分配来实现的。在"福利国家"逐渐成为现代社会的共识之后，仅仅经济领域的再分配已不足以涵盖正义的全部内涵。文化、族群、身份差异、群体认同等社会诉求逐渐浮现，而这显然是与"承认"密切相关的。以黑格尔和霍耐特的观点，爱、法律和团结这些"主体间性"承认是社会联结的基础；以批判理论的眼光，再分配是消除阶级差别、族群歧视、获得平等的必需手段，二者是现代社会的共同关切。而公民权利则成为再分配和承认的共同法理基础。正是基于公民权利，国家和社会才得以合乎情理地在社会成员之间调剂和分配社会资源；为贫弱状态的人们提供必需的生活保障；为民众供予自由实现的社会基础和条件。可以说，现代社会的正义性越来越表现出福利的质性，而且涵盖了再分配、承认和权利三种实现要素，彼此互为基础和补充。

虽然马歇尔的公民权利理论与批判理论的正义理论都意寓着社会秩序的正义诉求，但二者的视角显然有着明显的差异。马歇尔大致可被视为一位社会学家，他将社会平等的实现——尤其是福利的实现过程，视为一种"定然"的历史演进，或者说是一种"实然"。批判理论的正义观，无论是霍耐特还是弗雷泽，都将其视为一种尚待实现和完善的未达目标，即一种尚未实现的"应然"。不仅如此，二者对正义实现路径的理解也大为不同。马歇尔认为，权利和救济之间的障碍有两种：其一源自阶级偏见和阶级派性；其二源自通过价格体系发挥作用的财富不平等分配的自发影响。阶级偏见在19世纪无疑笼罩着整个司法机构，但它无法通过法律来消除，只能通过社会教育和公正无私的传统的建设来消除。而财富的不平等分配，只能通过投票等民主措施以及廉价的司法体系来缓解。[①] 相对于马歇尔的温和立场，批判理论要激进得多。霍耐特明确提出"为承认而斗争"这一抗争诉求；弗雷泽虽然相对温和一点，但她仍然反对对现存制度的迁就，因而由此采取一种"肯定"的改良姿态。她提倡一种"非改革主义的改革"，要求对现存经济和社会制度进行"改造"矫正。她认为，非改革主义的改革战略将肯定的现实可能性同从根本上对极不公正的改造的激进推力相结合。

二者对待现实世界的基本态度也存在巨大的差异。马歇尔对公民的民权、政治权利、社会权利的递延进程基本上是认可的——他倾向于认为，随着现代公民权利的实现，尤其福利平等的实现，在很大程度上也就实现了公民身份的平等，并足以抵消经济地位的差别，阶级之间的和平共处因而也是可能的。批判理论则对现实世界持一种拒斥的态度。在他们看来，由于再分配以及承认诉求远远没有完成，社会的正义仍然距

---

① 　郭忠华、刘训练编《公民身份与社会阶级》，江苏人民出版社，2007，第18~20页。

之遥远。必须对社会秩序和经济秩序进行必要的干预，社会的正义才有可能实现。

第三节　小结：正义的理念与架构

正义理念囊括了政治哲学思想的精粹。从古希腊到今天，在这些不同时代的政治思想中，伴随着历史情境的演变，我们可以找寻出一条正义理念衍变的大致脉络：在古希腊时代，与城邦政治生活紧密联系的是美德正义；基督教成为人们精神和世俗生活的价值源泉之后，与此相适应的社会秩序的意义基础是神性正义；近代思想启蒙以后，社会契约论为社会生活寻找到另一种世俗的合法性道义基础——契约正义；而功利正义可视为一种"过渡"，即正义的合法性由偏于形式的"契约"性转向实质性的分配领域的变衍。资本主义生产方式的确立及深入发展以后，财富占有的极端悬殊导致人们的正义诉求转向分配，以马克思主义的出现为转折，分配正义由此成为现代政治的核心理念并延绵至今。

以上正义理念的衍变，只是说明，在不同时代，主宰那个时代社会生活的价值秩序有着一种占主流地位的、特定的正义理念；但这只是一种类型学意义上的归纳，并不意味着那个时代只存在唯一的正义特质。尤其是时代越往后，多种正义理念交相辉映，共同成为纷繁复杂的社会生活的意义象征。但是，这仍然无损于某种正义特质成为那个时代主流的价值诉求。比如自现代以来，马克思主义经典作家看到了资本主义生产方式带来的社会分配的极端不公，分配由此成为现代政治生活的核心诉求；后世的政治哲学家如霍布豪斯、欧克肖特、哈耶克、诺齐克、罗尔斯、德沃金、沃尔泽、米勒、霍耐特、弗雷泽甚至马歇尔等学者，都基于不同角度对社会分配作了不同的诠释，对分配正义从多个层面做了回应、丰富和发展。与此同时，契约正义作为公民社会的基础仍然存在，甚至美德正义、神性正义、功利正义在不同的国家和地域，也以不同方式、在不同层面而存呈。

福利正义脱胎于分配正义，但是有着自身的逻辑体系与源流。对于诸多的分配正义理念，有两个至关重要的人物贡献良巨。首先是马克思，他开创了分配成为现代正义核心诉求的先河；其次是罗尔斯，他融合康德的道义论和理性选择理论，在呼应马克思主义、功利主义等思想的基础上提出了一种新的社会契约论，型构了分配正义新的制度基础。罗尔斯之后，诺齐克、德沃金、阿马蒂亚·森、沃尔泽、米勒等学者对其思想作了多角度的回应和发展，大致可以将这些学说归纳为对社会分配的价值要素或称价值原则进行的阐述和解析。例如，诺齐克提出了"赋权理论"或称资格理论；德沃金关注分配的平等及其可能达致的更高强度，提出了"资源平等"理念；阿马蒂亚·森也关注分配的平等原则，但他的平等理论是一种"可行能力"的平等。对于社会分配做出多层次、复合分析的是沃尔泽和米勒，沃尔泽的"复合平等"观融合了自由交换、应得和需要三项原则；米勒则依据不同性质的关系模式，概纳了应得、需要、平等三项原则的社会意涵，并将其作为社会正义的基础。

分配正义的三个范域与福利的两种正当之间，以及它们相互的内在价值之间都有着深切的络连。应得、需要和平等三项原则基本上可以概览社会分配的价值诉求，即便是诺齐克的赋权理论或资格理论，也可大致被视为一种应得要素。它们构成一个价值体系，共同对社会分配的正义诉求做出解释。分配正义的范域可以划为交互正义、权职正义以及福利正义三个领域，其间不同程度地体现着这三种价值内涵；尤其福利正义的理念可以提炼出三种要素的典型；但是，这三者之间并非截然割裂，而是相互弥合、有机共存。

价值要素与实现机制共同构成福利正义理念的核心内涵。福利正义的实现，或者说，福利正义三项价值要素的彰明，必然要经过再分配和承认这两条基本途径；公民的权利——在现代社会概化为生存权和发展权（后文将以详述），为此赋予坚实的法理基础和保障。价值与实现之间，既是目标与路径的关系，也是相互彰显与衡量的社会过程。因此，再分配、承认和权利共同组成福利正义的实现机制；从而，我们可以将这三项实现要素作为基本分析工具，考察应得、需要、平等三项正义价值怎样在我国福利现实中得以呈现和透达。接下来，本书将结合具体的事实与社会情境，观瞻这些价值的现实表征及其实现路由的社会机理，以及它们可能的更广泛、积极的社会意义。

如果直观一些，我们可以将正义理念的发展脉络系统化为如下架构（见图5-1）。

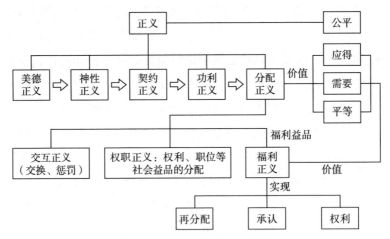

图5-1 正义理念的发展脉络

第六章　中国福利正义

以理论观照现实，以现实映照理论，是所有学科必然的逻辑过程。前述正义理念的回顾、梳理与型构，既是历史的溯源，也是对社会的结构性的剖析。它只是为理解实实在在的福利生活提供了一个视角、一把钥匙，一个解读福利的多重视野。从此角度来看，我国福利情势将有着怎样鲜活的风貌？我国福利现实又将为上述理念带来怎样丰富、有益的启示？我们可从中获得怎样的理论升华？

第一节　福利模式

一　福利、契约与国家

虽然福利已是当代社会分配的主要表征，但是各国福利政策有着明显差异。对这些差异有两种经典表述。一是英国学者蒂特马斯从社会政策角度所做的福利模式的历史演进归类："剩余"模式，即福利应由劳动者通过就业市场获取，国家角色只是弥补市场的不足，提供市场效率不足以覆盖的社会服务；"成就"型，即福利应该是对社会成员之努力、贡献、成就的奖赏——付出越多、贡献越大，福利应得也越多；"再分配"型，即为了实现社会平等、权利或其他目的，国家、其他社会力量对市场主导的初次分配进行干预，以实现社会资源的重置。① 二是瑞典社会学家埃斯平-安德森对福利体系所做的横向归类。他把现代福利国家划为三类：其一，以英美盎格鲁-撒克逊传统为代表的"自由主义"福利体制，奉行以市场实现为

---

① 参见〔英〕理查德·蒂特马斯《蒂特马斯社会政策十讲》，江绍康译，吉林出版集团有限责任公司，2011。

主导的原则；其二，以德国、法国等国家为代表的欧洲大陆"法团主义"模式，有着浓厚的社会保险之调节因素；其三，以瑞典、挪威等北欧国家为代表的"社会民主主义"模式，主张对社会财富强力干预——强有力的再分配。① 这两种分类虽然着眼点不同，仍然有着某种拟合性——比如，都含有以自由、平等、团结为诉求的价值指向。

其实在这些模式之外，至少还应该再加上三种模式。苏联的福利模式——虽然由于苏联解体而不复存在，但在现代俄罗斯仍然保留着某种很深的印迹。日本、韩国、新加坡、中国香港、中国台湾等儒家文化圈的东亚模式。这些福利体系虽然各有差别，但仍然享有一些共性的文化基因：家庭、家族等"家文化"因素以及类似的宗亲联结，甚至企业福利也带有浓厚的"家文化"意味以及威权政体的影响等。众多发展中国家，分布在拉美、南亚、非洲等，这类福利体制的共同点都含有经济发展的目的驱动。②

从不同的福利体制中，我们可以看到对国家福利角色的不同理解，以及其中关于社会契约的不同寓意。从以洛克等人为代表的契约说来看，政府职责的合法性在于保护公民的权利、财产与自由；马歇尔等现代契约主义赋予这种主权合法性以更强的权利指向。在上述福利模式中，"再分配"模式尤其重视权利的伸张与表达；即便强调工作福利的"自由主义"模式，权利（在某种程度上更注重"产权"）仍然是重要的秩序之基。但是由于文化基质不同，政府的福利主体地位也有所不同；政府干预资源再分配的力度也有差异。在北欧国家，由于国民人数较少，社会团结的紧密度很高，资源在民众之间近乎均衡的分配已成为共识。而在益格鲁－撒克逊传统的国家，"斯密主义"自由交换思想较为盛行，政府的职责只限于保障公民基本财产、安全以及自由的秩序基础，市场的资源配置力更为显著。在有着法团主义传统的大陆国家，行会、职业协会等结社文化有着深厚的根基，人们的互助、合作被俾斯麦引申为国家层面的社会保险。无论政府角色有着怎样的差异性，就总体而言，都存在一种"契约"的性质：权力（主权）合法性根源于为民众提供的生存、生活保障以及由此形成的

---

① 参见〔丹麦〕哥斯塔·埃斯平－安德森《福利资本主义的三个世界》，商务印书馆，2010。
② 浙江大学公共管理学院林卡教授《国际社会保障比较》课程讲义。

合理社会秩序——在现代社会即不同的"福利国家"。欧美世界之外的一些国家和地区，如日本、韩国、新加坡、中国台湾、中国香港等儒家文化圈，福利模式深深浸染着儒家文化的影响——"国"的观念更具有父权主义的"家"文化意味。在日韩等国，甚至企业福利也有着"家庭主义"性质。国家、社会、企业、家庭共同形成有机的福利体系，不仅具有再分配意蕴，也含有强烈的承认因素——对共同体成员身份的认可和认同。

再分配与承认在经由国家、社会、企业等主体实践的不同福利机制中有着不同的侧重点。无论是我国社会还是西方社会，国家的保障义务首先基于再分配。在以亲缘关系为基础的社会交往中，如东亚类似儒家的"家"文化、北欧紧密的社会联结等，都有着深刻的承认性质。这些因素其实也是霍耐特所指的社会团结的基础。而现代企业的福利角色主要基于职业市场的应得，虽然是初次分配的基石，其于公共福利体系的涉入却成为社会再分配的前提与条件。尤其现代社会保险体系的确立，更有赖于劳动者、企业或其他法人的福利相融。因此，国家的契约性福利功能，一方面体现于权利的承诺与担保，另一方面又有着直接的再分配介入。社会结构的多元分化要求更为多元的福利参与，不仅要求再分配与经济运行有更高的契合度，也要求发掘社会机制的承认因素以形成多层次的福利渠道。就我国社会而言，福利的契入性有着更为复杂的表现。

二　中国福利的国家、市场与社会

我国福利很难归入上述任何模式。在与其他模式共享着一些基本的价值理念，有着共同的正义要素的同时，由于社会文化体系的差异，我国福利有着浓厚的自身特色。在计划经济时代，虽然受苏联模式的影响，但是我国的福利模式与苏联也有着明显差异。由于经济发展水平较低，福利保障程度不如苏联；城市"单位"制福利也与苏联的全民福利有明显差别；农村的合作医疗、五保等制度与苏联的集体农庄也有差异。[①] 个体的劳动所得、福利待遇与所在工作的职业回报密切相关，这是劳动价值、个人年

---

① 我国计划经济时期的单位制福利以及传统福利保障，参见郑功成《从企业保障到社会保障——中国社会保障制度变迁与发展》，中国劳动社会保障出版社，2009。

资等因素相结合的综合性"应得"。改革开放以后，随着经济体制的转型，福利体制也发生根本性变革。"单位制"福利逐渐消失了，原先由工作单位提供的养老、医疗、住房、教育等工作福利基本已转向各类社会机构，强调劳动及其他职业活动实现的社会价值。福利供给主体有着不同层次的分化。教育作为社会事业仍然由国家承担着主体职责，① 养老、医疗纳入社会保险而实行"统账结合"的缴、偿形式，由国家、用工单位、个人共同承担筹资来源。② 城市的住房政策实施以公积金、保障性政策作为市场商品房的补充。就业、社会服务已基本转向市场或专业性社会机构。在大部分内陆农村，集体福利失去了原先的社队积累来源。农村养老、医疗实行的"新农合""新农保"，都含有个人缴费、国家资助等社会保险性质。

福利的这种层次性与社会分工的业态、社会管理的职责分化是相应的，表明国家的契约性主体并未弱化，而社会性的多角色功能正在凸显。当福利变迁尚未完全定型时，多重福利主体的功能日益相互交织。首先，福利的基本思路是以再分配为基础的社会保险模式，即由劳动者从收入中扣除部分所得作为积累；用工单位（如果有的话）承担相应份额；政府收入划出部分以作补充，共同形成福利资金池。这与国际通行做法是一致的。由于劳动价值的体现不尽相同，以及土地等资源要素与职业性人力要素的市场回报存在差异，我国城市和农村实行两套不同的福利体系。其次，当前福利体制尚存"碎片化"特征——比如养老保险分为公务员、事业单位、企业职工、农民、市民、军人等不同体系，③ 因而有着很大的整合空间。再次，由于经济社会发展不均衡，福利也有明显的区域性差异。我国的福利筹资方式大都采取地方统筹，有些是省级统筹。而有些福利项目在分解到基层时，由于地方财力的支撑力度不同，个体的福利获得也不

---

① 2016 年国家的教育投入已超过 3 万亿，大约占到国民生产总值的 4%。《中华人民共和国年鉴》(2018)，中华人民共和国年鉴社，2018，第 1001 页。

② 我国企业退休人员月平均基本养老金从 2012 年的 1686 元增到 2016 年的 2362 元，年均增长 8.8%；失业保险金年均增长 11.3%；生育保险年均增长 8.1%；2016 年职工医疗保险和居民医疗保险最高支付额分别为当地职工平均工资和居民可支配收入的 6 倍，政策范围内住院费用基金支付比例分别约为 80%、70%；城镇居民基本医疗保险补助提高到 420 元；城乡居民大病保险覆盖人数超过 10 亿人。郑秉文：《我国社会保障改革成就卓著》，《人民日报》2017 年 10 月 23 日。

③ 景天魁等：《普遍整合的福利体系》，中国社会科学出版社，2014，第 7 页。

同。比如，"发达地区"的农村中小学与"欠发达"地区有着显著差别；农民养老也是如此。虽然各省农村的"基础养老金"相差不大，但是较发达地域的农村会有村集体、镇财政的补助，因而农民养老保障、医疗补助也不同于欠发达地区。[①] 这些区域性、城乡性差别深植于各种分配要素的不同经济绩效中。例如，在一些地方，土地的增值因素成为集体积累主要来源。这一因素大致相类于个人的禀赋或其他社会遗承的先天性，而不同于劳动、努力、市场能力等"后天"应得因素。各地不同的经济增长也为福利赋予不同的发展基础。一些经济较发达地区的乡镇、社队为农村居民提供了不菲的补充养老、医疗贴补、居民安置等福利待遇。如何给予这些差异以恰当的、可能的平衡？一方面，国家再分配有着明显的弥补和调节；另一方面，更为积极的举措在于经济、社会发展的全面协调与均衡。

国家的福利角色以及老百姓的期待远高于西方国家以及大部分东亚国家，这有着历史延承以及现实缘由。自古以来，我国有着"家国同构"的观念，家族、宗亲之间的血缘、亲缘联结和伦理规范由亲熟关系逐渐扩展，再随关系的亲疏远近一层层延递，成为社会共有的规范基础。[②] 我国传统社会的国家治理类似于一个大家庭。与古希腊先哲强调的美德正义相类似，我国历来强调以德治国，道德规范尤其是儒家伦理成为社会团结和治理的价值基础。我国道德体系的内涵也远比柏拉图、亚里士多德概括的"勇敢、节制、智慧、正义"的美德体系更为丰厚。按照儒家的理解，治理者必须"内圣外王"，成为社会表率；社会依照儒家伦理而扩延构成一个完整的道德体系，国家治理由此实现。在我们当今社会，传统伦理虽然有所弱化，但是国家的道德主体地位并没有衰落。正是由于国家仍是社会最高的道德指归、社会秩序的最后依归，人们对国家的福利角色、福利再分配的期待也因此远甚于西方契约主义传统。或者说，这是一种新的社会契约：人民依法组成政权，政府全心全意为人民服务。[③] 这种新型"契约"

---

① 浙江湖州埭溪农民福利调研；杭州、江山近郊农民福利情况访谈等。

② 费孝通用"差序格局"描述了我国传统社会的人际关系结构。费孝通：《乡土中国 生育制度》，北京大学出版社，1998，第24~30页。

③ 我国的人民主权思想有些类似于卢梭的社会契约思想，但两者也有明显的差异：卢梭所指的人民主权的目的在于公民获得完全的自由；我国人民政权的目的在于人民的幸福生活。而且两者对政权的设立、功能及其社会地位也有着不同的理解。

有着怎样新颖的内容？公民权利在福利之再分配与承认的运行中是怎样彰显的？又赋有怎样的保障义务？

人民政权建立以后，国家接受人民委托、为着人民福祉所系，对福利资源、社会资源进行合理规划、调节和配置。人民主权的制度设置决定着国家有双重的福利角色——一则它是必然的福利主体；二则国家又是承载着福利运行的最高层次的保障者。国家的福利承担属于"契约"性主体角色的体现；人民主权又要求国家承担社会秩序的最高担保——当然这一权利让渡也是人民赋予的。人民主权思想构成我国福利的治权基础，但这只是彰显了国家的福利职责，并不意味着国家是唯一的供给主体。由于现代社会结构的多元化，各种社会力量都参与到福利事业中来——如家族和宗亲、社区和社团、宗教组织、慈善组织，以及各种网络公益平台，等等。①这些社会力量具有很强的解危济难功能，可以汇聚散在各处的资源，对困境中的人们进行有效的帮扶。涓涓细流汇成大海，"社会福利"与"国家福利"相得益彰，使得民众更为受益。

主权的人民性质决定人民是一切权利的最后旨归。由于治理方式的现代转型，权利的实施也有着不同层次的分解。有些权利必然要求某种"天然"的集中，比如对外"和""战"的国防权、代表国家的外交权以及一切必须统一的立法权、行政权、司法权。就社会治理而言，一部分治权由人民委托政府代为履行、组织和协调；另一部分仍由公民社会或中间性的社会机构来承载。福利兼有两种性质：作为与经济政策、社会政策接通的社会事业，须由国家统一规划和协调；作为社会交往和资源流转的一种形式，又分布在家庭、宗亲、社区、社团、公益、慈善等初级、中级的社会团结之中。因此，福利一方面源于主权形制的具体化，另一方面又包含不同

---

① 网络公益在当代社会发挥着越来越大的作用，如微信的"腾讯公益""轻松筹"等平台。这些平台不仅使得捐赠变得极为便利，而且能在短时间内迅速筹集大量善款，有效帮扶了处于困境之中的人们。如 2014 年广西孤儿杨六斤的生存境迫在网络上发布后几天之内就募集了数百万元善款；2016 年浙江大学魏传玺同学患急性白血病被校友组织传到互联网也立即募集到百万元善款，立刻缓解了生活、医治的经济压力；一些紧急困难家庭、应急事件在公益平台发布、获得认证后，一般都能募集数万元甚至数十万元不等善款。这是前所未有的福利局面。网民捐款虽然并不太多，有时也是几十元，但大大激发了公益精神，不仅帮扶了处于困境的人们，也改善了社会风气。这是正式制度之外的一条可靠的福利途径。

层面社会团结的分布因素。就总体而言，国家的总揽性角色以及作为总的协调者是不可替代的。因为，经过分解的福利权利最终还须整合与平衡——或者说，需要一种再平衡的能力和机制。

这种平衡机制当然并非仅仅依靠行政命令、指令就足以达成——并非仅有权职正义就可完成所有的社会协同；社会生活的互惠、资源的流转还需要市场及其他社会机制的交互正义的响应。这不仅缘于交互正义的衡等、平衡性质已愈来愈成为秩序的社会基础。具体到福利领域，资源的筹集与分流均须借助"市场"这一"初端"与"终端"，才能从分散的状态汇聚、整合，最终到达民众手中。先就来源而言，直接的调拨、征用在现代社会已经很少了，相反更依靠国家的财税政策或公民自愿的募集。前者基于市场的资本或劳务所得而作相应的强制性征调与扣除；后者具有自愿性、不确定性，仍然主要源于市场的职业所得。对于劳动者而言，市场实现的福利有着两种交互性平衡：其一，直接的职业福利，即就业法人给予的职业性应得；其二，劳动者创造的社会价值的一部分通过累积性分流——社会保险或其他形式进入公共积累，作为年老、病弱或其他重大事项的支付依据。当然，除了个体自身的福利平衡，社会成员之间也通过福利再分配以及情感、亲缘、地缘或其他生活共同体的资源共享获得再平衡。但这仍然不能脱离"市场"的社会交换基础。

但是市场并非万能的，甚至有时会形成优势要素的"偏欹"效应，因为社会交换有着"应得"与"失衡"的先天张力。一方面，先就资金而论，由于初期资本的缺乏，资本的投入和带动对于经济起步、起飞至关重要。有些时候，为了引资，不仅给予资本以税收等政策性优惠，在用工、用地等方面也给予较大的政策支持。另一方面，在带动经济增长的同时，资本的扩张有时又会造成环境危机、劳资关系的紧张、资源的低效等。社会应得之评价较偏重经济增长的"效益"，而劳动、环境、自然资源的价值被低估或被忽视。在社会分配中，各项要素的"应得"彰显因此不平衡。劳动者的职业福利与公共层面的社会福利，一方面有赖于市场机制本身的完善，另一方面也有赖于社会机制的协调与平衡。后者主要表现为：一是制度、政策对于资源的合理引导；二是经济绩效及其社会效应的多元化评价；三是拓实再分配与承认的社会平衡功用；

四是价值、观念、伦理规范之于社会交往的规约。其中再分配和承认起着枢纽性作用——因为它们既联系着经济秩序，也连通着社会结构，更与治权的施政方向紧密关联。社会政策等福利举措既须倚重市场，也须对市场进行必要的纠偏。然而如何纠偏？福利的公共保障功能如何在现代社会实现？

第二节 福利的正当性以及价值基础

一 福利正当

从以上勾勒的福利迁转的概貌中，可以看出我国福利既有与其他福利模式共有的价值要素，也有着共性的实现要素。相异之处在于，由于文化背景以及制度设置的不同，我国福利有着不同的表达机制，有着自身特色的价值诠释及其实现机理，其法理渊源的基础也颇为不同。

我国主权施政的基础在于人民之福祉，这与契约主义传统既有差别也有某种程度的相似。中外传统社会向来有着不同的治理观念。譬如，中国传统治国理念中的"天道"观念；儒家伦理"以天下为己任"的王圣之道；以民为本的治国价值；等等。相形之下，古代西方社会的领主分封制缺乏类似的道德指涉，基督教融入世俗政权后的神性依归，均未将治理目的指向民众生活。近代社会契约思想成为主权合法性的基石以后，民众的生活、安全、自由逐渐成为主权职责。第二次世界大战结束以后，主权的福利功能进一步强化为"福利国家"。

我国主权观念有着以下治理理念基础：其一，全心全意为人民服务的思想；其二，政权的人民幸福指向；其三，社会发展的人民幸福指向。全心全意为人民服务是毛泽东同志提出的群众路线的凝结，在革命战争年代是拯救民族危亡、取得革命成功的关键因素。新中国成立以后，我国的执政基础也来源于此。我们提出的为人民服务思想，意味着政权的设立和运转必须围绕着人民福祉，这与近现代社会革命的目的是一致的。和平与发展成为当代世界的主流趋势以后，我国的社会发展与建设也延续着这一传统。人民福祉所系是一切政策的出发点和立足点，而福利可谓这一指向的显性表达。国家在各项福利事业中承担着主导性、核心的角色，通过相关社会、经济政策的实施，将发展成果惠及人民群众，是福利正义的"应然"，也是我国人民主权的应有色彩。我国的主权基础与契约主义传统虽然法理渊源不同，但是有着一个共同点——均将社会发展和运行的目标指向民众的生活。在社会契约论中，权力的授予是民众享有社会权利和保障的前提；在我国，人民的幸福生活是主权的目的，二者是合而为一的。

中外社会不同的道德基础赋予了福利不同的德性渊源。譬如，古希腊政治思想的"勇敢、节制、智慧、正义"等美德奠定了治权的道义基础；同时，柏拉图、亚里士多德提出的"为其应为""得其应得"的恰适性与恰得性也成为后世分配正义的价值来源。文明进入现代社会以来，平等、需要等价值的拓展使美德内涵大为扩展，美德从智慧、节制、勇敢等扩展为同情、善良、良知等德性。无论是西方社会还是我国社会，现代性因素的涉入使道德既蕴含互助、团结性质而作为共同体的规范，又更有着平等性质的伦理诉求。基于这些淳朴而扎实的道德因素，资源流转使得处于困境的人们的生活得以改善。这是现代社会共有的道德基因，或者说，福利的契约基础与道德、情感等社会基础之间的相合赋予福利更整全的合法性。

我国社会有着更强烈的治世色彩。传统社会的儒家伦理与宗亲结构的相合成为"乡土中国"的社会基础，至今仍有着深远影响。现代社会的价值诉求更为多元，中西文化也在不断的融合、交流。但是，家庭以及基于亲缘、地缘或其他价值共同体的社会联合仍然是社会团结的重要基础。在现代社会，福利政策与制度更具契约合法性的同时，民间、社会福利仍然深深地含有这些质性。当现代性因素渗入城市社区，市民的社会联结有着更为多元的价值涉入的同时，农村社区的宗亲、家庭等亲缘联结虽有所弱化，但仍是农村社会承认的重要基础。

我国福利的正当性基础有着特有的政治、社会、文化支撑，因而必然蕴含独具色彩的价值旨归。以正义视角观照我国福利现实，就须深入挖掘其中文化与社会基因的相通性。如此，我们方可透观共性价值要素在不同福利机制中的意蕴。

二 价值要素的呈现

在不同国家、不同社会体制下，福利侧重点有所不同，三项价值要素也各有侧重。但是就总体而言，一个社会共同体的福利运行均能体现一种整全性、系统性，有着不同的政策色彩。比如，在斯堪的纳维亚国家，国家的再分配因素明显，平等更为显著；但是社会团体、慈善组织也积极参与社会救济与服务，有时也承接政府的福利项目，因而也兼有需要、应得等指向。

新中国成立以来，我国形成了独具特色、门类较为齐全、多重保障层次的福利体系。在计划经济时代，由于经济发展刚刚起步，社会保障的整体水平较低，但是老百姓的"生老病死"等重大事项均能获得国家或集体的帮扶，社会主义大家庭为几乎所有人提供了普遍性的福利支持，需要是主导性福利价值。相较于他们的前辈如罗尔斯，沃尔泽和米勒更为清晰地界定了正义的价值含义，但是二者对福利所适原则的理解大为不同。沃尔泽从社会益品的性质出发，认为福利益品适用于需要原则；[①]米勒将社会关系分为团结性社群、工具性联合体以及公民身份，分别适用需要、应得和平等三项原则。[②] 就社会层面而言，福利以平等为主要价值；而微观的社会团结，米勒并未将其视为福利的价值范域。因而承认的福利实现功能就此被忽略。新中国成立初期的福利分配不限于米勒的家庭、亲友之爱、社团之互助等社群性质。平等作为统领与平衡因素；应得作为补充，仍然是社会分配的"准星"——同为国家公民的主人公地位以及实质的福利平等。当然，应得在不同时期有不同含义——如早期福利体系强调的家庭的"成分"，以及荣誉、年资、职业、身份等"资质"差异性。

我们提倡在生活资料的获取方式上实行按劳取酬，劳动是首要的分配要素。劳动者依据自身劳动从社会大集体中获得工资、福利，这是基于"贡献"的应得原则。按照马克思主义分配观，在共产主义初级阶

---

① 〔美〕沃尔泽：《正义诸领域：为多元主义与平等一辩》，褚松燕译，译林出版社，2009，第 22～28 页。

② 〔英〕戴维·米勒：《社会正义原则》，应奇译，江苏人民出版社，2005，第 35～42 页。

段，生产资料归全民所有，按照财产权（资本）分配社会财富的法理根源已经消失。然而由于社会生产力尚不发达，仍需按照劳动者的社会劳动时间分配生活资料。在共产主义高级阶段，生产力高度发达，社会财富充分流动，劳动已不仅是分配的参照而跃升为人的第一需要；人的物质、精神需求成为社会分配的标准。[1] 人民作为国家的主人，除了按照自己的劳动贡献获得收入，在面临生老病死等重大事项时，也有权利从公共积累中获取支持。城市的福利分配实行国家－单位制，在农村有着集体福利。当然，需要的满足程度依各自所属单位、集体资金状况、生产贡献不同而有差异。

经济转型之后的分配原则也有重大变迁。收入来源不仅取决于自身劳动，其他要素也参与分配，如资金、技术、土地、能力，甚至市场机会，等等。市场的分配原则基于各要素对经济效益的贡献，即一种"功绩"应得。不同学者对"应得"解读各异。以马歇尔（在某种意义上也包括德沃金）的观点，公民身份是社会应得的首要元素；[2] 也有学者如诺齐克、哈耶克等认为赋得（财产权或经由交换获得的所有权）是社会分配的依据；有些学者认为个体的禀赋和能力应成为分配的参照（如阿马蒂亚·森）；有些学者认为运气、机会也是社会分配的合法要素；等等。与我国现行分配机制最为相应的是米勒的"功利主义"应得观，他认为社会分配的依据是上述要素在实际社会生活中的效果或功绩，即一种综合的评价体系。

（一）互惠、应得与社会团结

现代市场中实现的福利有着明显的互惠性。互惠作为人类社会的一种规范很早就为人们所知，譬如马林诺夫斯基（Bronislaw Kaspar Malinowski）在西太平洋群岛的初民社会中发现一种"库拉"行为，[3] 人们以此作为社

---

① 参见《马克思恩格斯选集》第3卷，人民出版社，2012。

② 我国学者张国清也持同样看法。参见张国清《分配正义与社会应得》，《中国社会科学》2015年第5期。

③ 参见〔英〕布罗尼斯拉夫·马林诺夫斯基《西太平洋上的航海者》第1卷，张云江译，九州出版社，2007。

会交往的基础。在现代社会，帕特南（Robert D. Putnam）对意大利长达数十年的研究发现，信任、互惠等社会资本可以促进经济绩效。[①] 现代市场行为也有着这种特质，比如在经济法人之间或法人与其员工之间的经济或社会关系的实现。就后者而言，经济法人与员工之间就劳动达成的权益与报酬，既可能源于某种期待，也可能依据实际的效果。但是互惠不应纯粹基于利益，还应体现着权利与合作，既能增进生产协作也能产生社会团结。譬如，在欧文"新拉纳克"长期的实践中，劳动者组成协作小组或者与资本联合管理经营，有利于增进生产、经营的绩效。恩格斯曾经给予欧文很高的评价，将其视为新的生产方式的实验。我国也有类似的劳资联合、劳动者合作经营的经验，比如新中国成立初期以及股份制改制早期。劳动者并非仅以雇员身份参与生产，这更有利于发挥劳动者的积极性与能动性——不仅由于协作性的提高，生产效率得以提高，还将形成新的信任、合作与团结。劳动报酬也不仅限于工资，它本身也参与生产、经营所得的分配——比如与此相关的职业性福利。如果说工资体现着一种绩效应得因而有所差别，那么企业年金、补充养老、医疗补助等福利待遇应尽可能在员工之间实现大致的均衡。劳动作为生产要素与分配要素，它实现的应得有着双重性——作为前者它获得工资，作为后者它获得经营的"分红"或者其他形式——这应视企业经营业绩情况而定，而劳动作为积极因素是参与其间的。市场实现的"互惠应得"在本质上有着协作的团结与信任性质，因而不仅仅是纯粹的利益关系。含有协作性质的劳动，它的积极性与创造力将大大提升，不仅有利于生产经营的绩效，也将实现社会关系的协调与和谐。

应得的社会实现有着众多因素，除了前述的互惠性还有一些明显含有差异性甚至竞争性的因素如能力、禀赋或资质等。亚里士多德首次阐明了分配的"应得"性，他主张"按比例"分配社会权利——也就是公民的美德、禀赋等要素。现代社会的结构更为复杂，禀赋、能力等差异性除了体现在市场等竞争性环境之中，还在教育、就业等社会体系中有所体现。这

---

① 参见〔美〕罗伯特·D. 帕特南《使民主运转起来》，王列、赖海榕译，江西人民出版社，2001。

些因素大体构成个体福利的应得要素，有些经由市场机制体现，有些则经由制度、规范等机制而呈现。应得有时意味着一种"不平等"，一种"差异"，有时会带来失衡。这些情形须经某种平衡因素予以调节——如以信任调节利益、以美德平衡资质、以均衡矫正级差。在这一意义上，一种更为宽泛的价值——"平等"已然显现。

（二）需要与人的本质

在讨论平等之前，先让我们看看需要的价值呈现。"需要"不仅有着生理性还有着社会性。基本需要如衣食住行、健康以及情感与爱；更高层次的需要，如文化与道德等社会化的需要，教育以及社交、风俗、伦理规范的熏陶，等等。因而需要有依据人口的社会经济特征而变化的差异，其满足有些经由家庭、宗亲等情感共同体来实现，有些则经由个体的职业活动，有些则必然经由公共的福利体系来表达。而人的社会化过程既得益于国民教育体系的基础，也在长期的社会交往与文化、艺术、道德风尚的氛围中培育。

需要的本质是人的发展与自我实现。马克思指出，人作为"类的存在"，其本质在于摆脱了自然属性的生产活动——劳动使人成为人；而社会的本质则是摆脱了异化劳动的自由人的联合；在其中，人的需要充分满足、人的潜能充分发展。[1] 在现代社会，劳动和就业既是需要，同时也为需要的满足提供了物质基础。需要的实现还有赖于一个共同体的政治与社会基础。在现代社会，政府除了为经济、社会运转提供秩序保障外，也直接介入福利行为，成为福利义务的主体承担者，有着比传统意义的契约性更为积极而敏感的福利职责。在这一主权义务下，医疗卫生事业保障着国民健康，而教育不仅提升了国民素质，也为社会发展、经济发展提供智力支持。社会的公益、慈善与救济在更为宽阔的领域发挥着非制度性功能，为社会传递爱与温暖的同时也帮扶着困难与弱势群体。

---

① 参见《马克思恩格斯选集》，人民出版社，2012。

在黑格尔看来，需要构成人际联结的基础，是"市民社会"人际交往的主体间性表达。就社会联合而言，需要作为我国初级社会联结的团结基础，与西方诸国的团结形式不仅有着形式差异而且有着性质差异，主要表现为宗亲、宗教以及社区等交往形式的差异。传统的宗亲结构以及"家文化"等伦理规范构成我国"乡土社会"的基础，直至今日仍然在深深影响着我们的社会行为。在中国农村社区，生活资源的共享、情感依托和亲情扶助等因素均要强于城市社区。一方面得因于既存的家庭土地农作形式，另一方面根深蒂固的乡土、亲熟规范深深地嵌入人们的社会交往中。在城市市民生活中，亲缘、血缘等情感慰藉、生活扶助的团结功能也不容忽视。随着我国社会转型的不断深化，需要已然超越家庭、亲友之爱等初级形式，充溢在或地缘或业缘或价值共同体的社会联结之中，如社区、慈善甚或职业性团体等。可以说，需要充溢在中观承认的社会实践之中。由此，需要的实现也因人而异、因时而异、因不同的社会条件而异。人的社会差异性决定了需要的实现程度是不平衡的。即便是基本需要的满足恐怕在不同的家境、不同的社会环境、不同的地域中也会不同。如何矫正或平衡这些因素？

（三）平等的社会基础

由于个体社会经济特征的不同，不仅需要内涵因时空环境变化而有所不同，需要的实现程度也有着个体差异性。这既有个体自身的因素，也有所处环境、社会条件的制约。例如，就医疗与教育而言，就有着城乡、区域性差别。由于医疗资源分布不均，中西部欠发达地区的医疗保障程度不如东部发达地区，小城市的医疗水平不如大、中城市。在农村地区，不但医疗资源较为薄弱，而且一旦患病，农村居民的医疗费用的报销额度也有异于城市居民，因为两者分属不同的医保体系。教育也有类似的窘境。我国宪法规定每一位公民都有接受教育的权利。在现行教育体制中，公民享受九年义务教育；在高中、大学阶段，实行适当的收费制教育，国家仍给予不同程度的补助。但是即使就九年义务教育而言，农村学校的师资、教学设备、教舍、学生的培养质量较之城市差之甚远。浙江等经济较发达地域的农村学校要远远好于江西等欠发达地区。教育资源的不同分布有着历史以及现实缘由，须以一种综合的平衡因素来调节。[1]

我国城镇职工养老体系实行"统账结合"的积累制，筹资来源由个人、单位、国家三者分担，在职工年老后依缴费情况获取不同的养老待遇。这是一种与劳动者在单位的职务、贡献相联系的应得设计，是对市场效率的放大而不是矫正，类似于蒂特马斯的"成就模式"，[2] 基于公民权利的再分配效果实际上并没有充分体现。而福利价值就含有对市场行为的矫正。这是一个两难，在有着深刻"大锅饭"体验的中国尤其如此。在其他福利领域，价值要素有着类似的综合性特点。比如住房保障体制、就业扶助体制、社会救济制度以及其他社会服务，需要的性质较为明显。城市住房的政策性支持，如职业性质、家庭收入、户籍、在申请地的工作年限、社保缴费的参与程度等，属于"资格"应得。平等意涵是双向的：一方面，上述福利制度本身就意味着公民身份的平等承认；另一方面，又不同程度地体现着身份区隔、地域区隔，使福利效果在不同社会成员中的体现有所不同。

与此相关联的福利体制，由原先的单位制、农村集体福利转变为国家－社会福利之后，[3]"应得"由此成为愈加显性的原则。譬如，"效率

---

[1] 从历史角度看，我国古代的教育以四书五经、诗词歌赋、圣贤言说为主要内容，必备要的教学设备较少，每个人只要寒窗苦读、辅以明师，即可有所成就。况且我国向来是农耕社会，大贤大智等饱学之士大都居于乡村。西式教育引入中国之后，由于考虑办学便利以及办学者本人的身份，新式学校一般创立于城市。而且越好的学校越是位于大城市。这与西方国家有着差异。如欧美等国，一些享有世界声誉的大学很多处于不起眼的小镇，即便临近城市，也处于郊区。大致的原因有：西方名校，很多以私立为主，办学资金靠社会募集，出于成本考虑，往往选择地价便宜的小镇；况且西方城乡之间的社会落差并不如中国那么大，初期的办学者如教会、慈善机构本身就有在乡村布道的传统，教育的目的在于知识的普及，宇宙观、世界观的培育，教师既是一种职业，也蕴含价值与理念的传播。我国近代以来的新式教育，最初以强国救民为目的，以西方知识体系为主要内容，实行精英教育，为挽救民族危亡培养栋梁之才。相当数量的新式学校最初由民间筹办，但随后一般会获得国家以及社会力量的支持，能够汇聚较为充足的财力和资源，校址一般都位于大中城市。而乡村由于贫穷落后，交通不便，难以汇聚社会力量，各种资源汇聚在城市，教育也不例外。

[2] 参见〔英〕理查德·蒂特马斯《蒂特马斯社会政策十讲》，江绍康译，吉林出版集团有限责任公司，2011。

[3] 参见郑功成《从企业保障到社会保障——中国社会保障制度变迁与发展》，中国劳动社会保障出版社，2009。

优先、兼顾公平"，"效益应得"是首要的。公共领域仍然体现着需要原则，如医疗报销的国民待遇、义务教育的普及，等等。就平等而言，可以说"消极平等"强于"积极平等"——目前或仍以公民的"身份平等"即同等国民待遇为主要的平衡因素，尚难以针对不同个体的不同个性、禀赋和条件给予其相应的"发展"支持。如果以沃尔泽的眼光来看，这仍然属于"单向度"的平等，而不是复合平等。因为，仍然缺乏某种完善的机制使知识、能力乃至美德在社会分配中具有与权力、财力等相抗衡的资能。

我国福利的平等、应得、需要等价值，与经典政治哲学理念如德沃金、阿马蒂亚·森、沃尔泽、米勒等学者秉持的分配理念并无本质上的差异，尤其与马克思、马斯洛、高夫的需要观可相应照。换言之，我国福利分配的恰然性，与这些政治、社会哲学思想的正义元素——需要、应得、平等，并无理念上的截然不同。虽然社会背景不同，但是仍然可以这些元素观照我国的福利现实。此外，我国福利又有着自身的时代气息和文化特征，体现的正义价值有着独特的综合气质。譬如，我国的福利平等就本质而言既体现着德沃金所称的"资源平等"，即一种初始意义的供给平等，如教育、医疗以及困难救助等领域；同时，阿马蒂亚·森指称的"可行能力"平等在当前的发展型社会中意义更为重大。依照罗尔斯正义论，社会益品向弱势群体的倾斜是福利的"应然"；而当前的社会政策更具"整体利益"趋向，这是"底线公平"获得保障之后的福利"最大化"。就当前而言，应得要素有着主导性优势，且与米勒的"功利"应得观较为一致；机会、天赋、所有权、赋得等，渗透在社会生活的各个层面。延以马克思需要观的承继，伊恩·高夫乃至马斯洛的需要观也有着可贵的借鉴。

那么，继以正义之观照，我国福利尚存哪些须完善之义？

第三节　福利不平衡

以宏观来看，由于历史缘由以及社会转型尚未完成，当前福利存有明显的不平衡——地域差异、城乡差异以及身份差异。地域差异是指各地经济社会发展的不同步使得不同地域民众获得的福利支持有所不同；城乡差异即由于资源分布或福利设置的因素，城乡居民的福利受持显然有别；身份差异即由于户口或其他身份标识的不同，不同公民获得不同的福利待遇。

一　区域发展与"资源流"

现行福利体制及其社会效果存有显然的不平衡，其中之一即福利的区域（或称地域）差异。以教育为例，中西部尤其贫困地区的教育资源与经济较发达的东部地区存在较大差距，此情形通过网络、电视、报刊等媒体的报道愈来愈受到关注。比如通过"腾讯公益"等微信平台可以了解到有些地区落后的教育窘境。教舍破旧、设备缺乏等情况，一些去当地支教的志愿者都有反映。其他民生领域也存在类似的差距。

区域经济社会发展的不均衡，其中自然条件的制约作用非常明显。一些较偏远的地方（如云南的邴中洛），交通不便，农产品运不出来，当地居民收入水平很低，吃饭问题尚且解决不好，更无力投入教育等福利事业。[1] 资金匮乏只是其中一个方面；师资欠缺恐怕也是弱项。即便在一些交通较为便捷的地区，甚至相当规模的中小城镇，师资差距也是存在的。一个重要原因即社会发展的不均衡导致对师资的"吸引力"存在区域选择性。如果经济社会发展较好，收入水平相对较高，基础设施、人文发展也会较好。这种优势形成人员素质的累积循环，高素质人才会越聚越多。而广大西部地区显然处于劣势。医疗、就业、养老等其他领域也存在类似困境。对于发展不平衡导致的福利不均衡问题，只能通过"发展"来解决；然而这涉及自然、人文条件之于经济社会发展方式的选择。

福利不平衡除了身份差异所致的不同国民待遇——如"农民工"群体等外，还有空间意义上的城乡差异。即便这一因素也有明显的区域差异性。比如前文已经提及，我国大部分农村地区的农民养老仍然主要依靠农作所得以及子女的供养，每月从国家获得的基础养老金仅为 80～90 元。但是笔者在浙江湖州埭溪调研时发现，那里的农民情况大不一样。在埭溪农

---

[1]　2016 年浙江大学"社会保障论坛年会"一位云南籍老师的发言。

村，60 岁以上的老年农民可以领到 2000 ~ 3000 元的养老补助，原因即当地较发达的经济提供了较为丰裕的财力。① 这给我们一个提示，在国家财力基本民生"兜底"的前提下，农民福利要想进一步提升，还取决于地方财力是否充裕，这是福利的重要基础。

概言之，福利的区域不平衡表现在两个层面：第一，从个体来看，相较于东部发达地域，中西部的福利保障水平要低一些；第二，从宏观角度来看，这些地域的福利资源也要弱一些。②

对于第一点，不同阶层有着选择性差异。依据一般了解，公职人员、事业单位等较稳定的岗位薪资，地域间存在一定的级差但是并不悬殊。教师情况有所不同：中小学教师的薪酬大致也有类似情形，高校因学校声望而异。近年来，我国日趋重视高校人才的引进，于此有着不少弥补。大型的国企、民企薪资的区域差异似乎也不显著，尤其是上市公司，管理人员的薪酬大多面向社会公开，因经济效益、社会影响力而异。而于中、小型私企以及大量自雇者而言，地域级差较为明显。这些企业容纳了大量的从业人员，他们的薪资大体反映着社会平均收入的水平，而这一因素深受当地经济发展水平的影响。个体的职业薪酬与社会性的福利受得大致是正相关的关系。换言之，如果职业收入越高，他就越有可能参与公共福利体系，有着较高的缴费率，也就有可能获得更高的福利待遇——"业绩"与"贡献"应得。经济水平影响着公共福利的积累。对于这一地域效应，亟待拓展更为积极、可行的财税、经济、社会政策予以适当的弥补和平衡。

除了居民收入外，影响区域福利的还有资源分布等因素。福利资源深受自然资源、产业资源、社会资源等约制，后三者的分布及其社会、

---

① 在杭州等经济更发达的城市近郊农村，也有更充裕的集体积累。有如土地征用后的补偿；或者预留的店面、营业场所等；或者其他的集体产业。这些集体资产为村民福利提供了充足的支撑（2018 年杭州近郊农民福利调研）。

② 《甘肃年鉴》，甘肃民族出版社，2018，第 60 ~ 66 页；《江西年鉴》，国家图书出版社，2017，第 55 ~ 57、565、569 页；《贵州年鉴》，贵州年鉴编辑部，2018，第 838、871、876、877 页；《云南年鉴》，云南年鉴社，2016，第 541 ~ 549 页；《湖南年鉴》，湖南年鉴社，2018，第 407、557、600 ~ 606 页；《山东年鉴》，山东年鉴社，2018，第 548 ~ 556 页；《浙江年鉴》，浙江年鉴社，2015，第 11 ~ 30 页；《广东年鉴》，广东年鉴社，2018，第 522 ~ 532 页；《江苏年鉴》，江苏年鉴杂志社，2018，第 178、455、467、520、549 ~ 552 页。

经济效应制约了福利资源的形成、流转与绩效。概略视之，东部较发达地区的自然资源，除了水资源外，矿产、能源等其实并无优势，有些甚至可以说很缺乏。但是东南一带的经济腾飞，一则得益于良好的商业基础；二则汇聚了多层次的优质社会资源如管理、人力等；加之改革前期外资的优先投入，这些因素形成东部轻工业、制造业等产业优势。经由社会交换和理性选择，资源要素的流转形成特定的"应得"秩序。譬如就人口因素而言，在市场机制下，资金投入的目的固然出于"利润"，但它会不自觉地带动就业。在后者要求教育投入的同时，也带来产业群落的人口集聚效应。这又刺激生活资料的生产、供应、流通，既产生新的资金需求，也产生与人口相关的社会服务——医疗、卫生、饮食、居住等需求。相较于东部，西部地域尚缺一种资源开发、弥补、平衡的推动力与整合力。

为何有些地方资源会越积越多，而有些地方却难以形成类似的累积效应？大体而言，资源配置有三种途径：市场、再分配、社会网络（社会资本）。[①] 原先我们的资源配置以计划调拨为主，经济体制改革以后转而以市场为主导——就经济资源而言，这是当前最为基础的分配方式。作为市场机制的弥补和调整，各级政府以及公益、慈善等社会机构对资源进行重组从而形成再分配机制。同时在微观层面，合作、团结与信任等交往行为也促进了资源的流转效率，即所谓"社会资本"的协同力。以此视之，三种资源配置方式的不同组合和侧重导向不同的发展方式，也因此造成相应不同的福利局面。

就粤、浙、苏、赣、甘五省而论，由于自然条件、人文环境、经济基础的不同，发展方式迥然相异。广东是我国经济改革的初发地，外资的带动不容忽视。其中既有区位优势，也有资金优势，更得益于境外劳动密集型产业的转移，市场的激发效应明显。国家除了政策支持外，在改革初期还有财税的再分配扶持——有很长一段时间，财政结余大多留在当地再投入。如果说广东初期的"加工"市场以外贸为导向，而浙江的"小商品"

---

① 社会资本（social capital）一般是指各种社会关系形成的人际网络，因之可以改善资源的流转、提高社会运转的效率而被称为"社会性"资本。

甚至一些大件商品的生产、流通相对偏向内贸，资金很大程度上得益于"民间信用网络"① ——一种"社会资本"。这有利也有弊：一方面因不规范而存在较大风险；另一方面却弥补了资金的缺位，为经济注入了活力。当然，浙江经济有着较强的综合性，尤其五金加工、汽配、摩配、精工等中小型制造业的勃兴，更是融合了国有经济的"龙头"、私营经济的活力、民间信用的"润滑"等效应。可以说，资源的高度整合是浙江的特色——其中既有市场的推动，也有"社会资本"的高效参与。而江苏的情况有所不同，初期乡镇企业的蓬勃发展是其经济起飞的标志。这些企业向现代经营体制的转型，或许续延着一定的家族制、类家族制基因，但是股权管理的成分不断增加。在改革早期，江苏中型、大中型企业的经济贡献更为明显，因而也更有可能获得更强的再分配与其他财税、金融、经济杠杆的支持，其中既有计划经济的延承，也有市场资源的开拓。

资源在区域之间的不均衡显然不能仅以微观的个体因素来解释。在这些不同方式的经济增长中，我们可以看到一种"资源流"——就像涓涓溪流汇成江河、湖泊最终汇入海洋一样，各类资源要素的流动、融汇与整合，汇聚成一股愈来愈强的社会生产力。市场与再分配作为"资源流"的动力机制，启动、促进了各类要素的流动。不同形式的社会交往以及文化、观念、习惯、传统等价值与规范体系——在团结意义上即主体间承认——或规范性或情感性，既可以改善、润滑这种动力基础，使其更高效地运行——如社会的信任、团结与合作；也可以赋予"利益"以规范性约束；当然，也有可能产生某种阻滞与偏移。在上述粤、浙、苏三地的经济增长中，"资源流"的构成要素有着不同侧重；动力基础也各有侧重；社会机制的润滑效应也各有不同。不同的市场导向、不同的再分配机制、不同的交往形式、关系模式以及价值、规范基础，形成了各具特色的"资源流"，由此形成不同的经济增长方式。

如果我们再把目光投向一些经济欠发达、起步较晚的地域，如相对

---

① 对于这些"信用网络"有着一定争议：一则可以促进资源流转而为学界赞许；二则并不规范而饱受诟病。

"内陆"的江西，或是偏西北的甘肃等省份——可以看到由于某些因素，"资源流"尚未汇聚形成类似的积聚、规模效应。以江西而论——严格说来，它并不算特别"内陆"的省份：位置并不偏僻；交通也不算落后，有数条铁路交叉贯通，还有长江、赣江等水系流经省域；资源也称得上丰茂，尤其矿产、有色金属、森林、土地资源，等等。然而与毗邻的浙江、广东、福建，甚至湖北、湖南、安徽相比，都要落后一些。主要缘由即市场机制的促动与激发不够——改革初期，既缺乏资金的引入因素，又缺乏融合自然资源与人力、智识等社会资源的整合机制。在观念方面，与市场要素之间也有一定的张力，譬如崇尚耕读文化；家庭、宗亲观念强；初期较为缺乏深厚的商业传统与创新意识；等等。这些因素在宋、明乃至近代为江西造就了"文化高地"，但在现代并未带来直接的"市场"优势。传统文化的得失尚难论定，或许与"市场"的适当距离也会抑制过强的利欲，或将延续一种更强的亲缘、地缘社会团结。

如果说改革初期，江西并不缺资源而是缺乏将资源启动、整合的动力机制——市场或资本的刺激等；就甘肃等西北地域而论，资源本身就较为欠缺，无论是自然资源，还是人力、智识、管理、社会资本等社会性资源。除了原先的"三线"建设基础外，不仅工业基础薄弱，受限于自然条件，农林等第一产业也不发达。但是现在情形又有所不同——我国东部地域的经济腾飞获得了较充分的资本积累，产业正在分层次、分类别地转移，有些投资已瞄向东南亚甚至欧美地区。中西部地域能否抓住机遇，实行产业的承接，进而带来新的经济增长？这取决是否获得足够的市场启动效应以及资金、技术、人才等要素的吸聚力，以及能否将这些要素加以整合、汇聚以形成要素合理、高效流转的"资源流"。

经济增长的不同方式，既体现着资源之间的牵引与制衡，形成资源不同的分布与流动格局，同时也形成各自面临的不同福利问题。东南经济腾飞的路径各有特点。依从资源视角，广东属于外资带动下的"外向型"市场促动，也有财税的再分配眷顾；市场分配构成再分配的基础。由于改革初期中外合资、中外合作、外商独资等"三资"企业占有很大比重，劳动保障的相对滞后引发了不少劳资纠纷，主要集中在"工伤"赔付、雇佣争议、劳动时间随意性以及强度过大等方面，初期的职工福利及其与社会保障的衔接均显不足。再分配的政策倾斜除了对企业法人的税收减免与补助性回馈外，并没有充分回流到劳工的职业福利以及与之相衔接的社会福利。当然，现在情形已有变化。社会保险、社会保障较之以前不仅在观念上日益获得共识，福利制度也更具规范性。在这一情形下，如何进一步发挥、完善再分配的福利功能？

江浙一带的经济社会发展虽然也有强烈的外向性因素，但是并无类似于广东那样大规模"三资"企业的集聚效应。尤其浙江汽摩、五金、机械等产业链的下游是大量小型家庭作坊式业体。这些产业群落大部分是自雇者或只雇佣少量工人，从业人员要么是当地村民要么是外地民工，并无相应的职业保障体系。在这种小而散的非农就业中，是否仍然延续农民身份的福利保障，抑或更宜纳入更具"国民待遇"的福利体系？由于这些经济特点，在这些业体中再分配显得较为弱势；而承认有着更为深厚的社会基础。比如一些亲熟规范、熟识信任、责任和义务意识，不仅构建了良好的协作基础，也为可能的新型"集体福利"创设了条件——一些村、镇、乡的财政积累与公共性福利投入，如老年人的生活津贴、当地学校的建设乃至村民的医保补助、农居贴补等，都有着可靠的基础。当然，这因各地经济状况而异。

依从"资源流"视角，内陆省份的福利情势受制于两个方面的因素：其一即"打工经济"的人口与资源流向；其二即资本扩散与产业的区域性中心积聚效应。就前者而言，改革初期内陆省份为沿海、沿江的工业勃兴输送了较为低廉的劳力资源以及相对初级的社会产品。务工收入带回家乡，超越务农收入成为重要的生活来源，带动了家电、服装、饮食甚至建筑、住房等市场的繁荣。同时资本的扩散——一部分是当地"能人"的创业；一部分是发达地域产业的辐射与扩散，中西部某些地域逐渐形成"区域中心"，汇聚了大量人口，也形成具有一定规模的产业群。[①] 经济的辐射与扩散既改变资源流向，也带来观念的更替。

---

① 近来国家公布了《关于建立更加有效的区域协调发展新机制的意见》，提出京津冀、长三角、珠江-西江地区城市群以及成渝、长江中游、中原、关中等中西部城市群的规划，大体反映了当前人口和经济的区域集中态势（中华人民共和国中央人民政府网站，http://www.gov.cn/zhengce/2018-11/29/content_5344537.htm）。

就江西、甘肃等内陆"非中心"区域而言，再分配具有一定的"转移支付"性质——有些地方如"老、少、边"地区的社会保障体系如养老、医疗乃至基本的公用、社会事业开支在一定程度上有赖于国家的财政扶持。资源的流动既存在于中心与次中心的经济辐射力，社会要素的流转也含有再分配与承认的深刻影响。资源的流转总是实现一种平衡——总是由"浓聚""饱和"向相对薄弱、稀缺的地方扩延。在市场的动力基础之上，再分配、承认有着弥补和平衡的作用，更为倚重社会性动力。如果说市场强调经济绩效的"应得"；再分配更注重社会平等；而承认注重人的"需要"。但是，这三者不应割裂开来——再分配在实现着居民收入、福利保障平衡的同时，也将为经济的良性运行夯实基础——不仅是秩序的保证，教育、医疗、养老、住房、服务等福利发展也将为经济增长注入动力。而承认的团结因素既有微观、中观的意义，也有宏观层面的社会群体意涵。就人际交往的规范而言，承认蕴含在两种关系模式之中，因而具有两种性质——经济性的商业网络与情感性的亲熟承认。在有些地方尤其在改革初期，农村地区非农产业的形成过程含有强烈的亲缘性或地缘性的团结因素。通过亲熟规范的运转促进了资源的绩效，[①] 但须赋予其更高层次的道德约束。而后者——亲熟承认更为普遍，它通过情感联结实现着生活资源的共享以及社会关系的调适。

概言之，从"资源流"的视角，福利将要实现的平等或平衡有两种选择性：或如德沃金那样，旨在实现资源初始意义上的"平等"？或如在资源的流转过程中实现一种"平衡"？在"资源流"中，福利有着资源的分流、蓄积与回流功能——通过再分配和承认，一部分资源进入福利领域，在其中积淀与蓄积，而后又通过消费等形式重新进入生产与流通。即以养老为例，社会生产中实现的劳动价值之一部分通过公共积累的形式进入福利领域，融汇成公共保障基金；既在保值与增值的沉淀过程中赋予经济运转以某种稳定因素；最终又以养老金等形式重新进入消费或其他领域，重新汇入资源的流转。在其他福利领域也大体如此，总是有着类似的分流、

---

① 王思斌：《经济体制改革对农村社会关系的影响》，《社会科学研究》1987 年第 6 期；史晋川：《制度变迁与经济发展：温州模式研究》，浙江大学出版社，2002。

沉淀与回流过程。

福利资源的平衡既离不开社会整体的"资源流",也必然且必须在总体的"资源流"中实现一种平衡。因此福利平衡总是动态的——它总是由不平衡到平衡,或者缘于某种因素产生新的循环过程。就个体、群体或不同的地域而言,或许资源存在某种初始意义上的"不平等",但这可通过"资源流"将不同要素由充盈导向稀缺从而实现一种动态的平衡。就福利而言,再分配与承认所起的引导、疏解与衍通功能是至关重要的。这不仅是经济增长的动力基础,也实现着社会团结本应具备的价值要求。那么这些过程究竟是怎样完成的?

在自然资源、产业资源、社会资源共同汇聚而成的"资源流"中,国家、市场与社会分别承担着不同的角色、发挥着不同的作用。市场是初次分配的主导;再分配主要体现在国家的政策、制度层面;而承认体现在各种形式的社会团结之中。就宏观的"资源流"而言,市场以及再分配机制是基本的动力;承认的社会效应助之以润滑、牵引和改善。在宏观层面,福利资源可谓总体"资源流"的分支——有时合并其中,有时表现为各类福利事业、社会领域的资源分流与回流。就微观或中观的福利实现而言,再分配效应仍然是基础性的。同时,由于亲缘、地缘或其他价值共同体内蕴的团结、沟通及其资源流转——文化、观念、交往等团结形式对这种动力的牵引、润滑或偏移、阻滞,承认超越市场机制成为福利分配的另一条主要途径;市场效应构成两者效能的经济基础。

在福利的社会基础、分配机制以及资源布局之间,既含有市场的交互正义质性,也必然映显着权职正义的政治基础。因为以国家为主体的再分配,既须法律、制度的法定规约,也必然涉及治权范域的界定乃至判明福利政策的实施边界。我国的人民主权基础赋予人民福祉崇高的价值地位,也为福利的实现夯实了政策、制度的基础。当然福利的合法性并不在于权利的形式及其过程的程序性,还在于权利赋予的更深刻的法理基础以及建立在生存与发展意义上的保障。

在交互正义的衡等、互惠与承认的团结因素之间;在权利的保障与具体的福利过程之间;在资源流的不同动力基础之间,需要、应得、平等是如何在社会机制的交相为用、互为基础中透达与彰显的?这些价值的应力选择性，如何获得一种更深刻的平衡？对此须作更深层次的因素分析。

二　城乡福利不平衡

城乡福利不平衡向来备受关注，如城乡居民在收入、养老、医疗、社会服务等领域存在较大受得差距；与户口异质性并存的城乡福利区隔；城乡一体化、服务均等化过程中的福利不均；农民工的保障欠缺问题；城乡统筹发展不均衡；等等。这些问题广涉众多因素，在不同领域有着相应不同的成因。那么，是否存在一个概览性的视角，以此屏分各色具体的缘由，而透达表象纷呈背后的质性？或者说，是否有可能提炼出城乡福利不平衡的实质？

福利发展不仅有着区位因素，福利的城乡区隔的严峻性也不容忽视，而此与城乡二元结构不无关联。何谓城乡二元结构？一般认为，城乡二元结构是指在城乡之间形成的经济、社会、政治、文化诸因素的截然分殊甚至对立。城乡二元分化在不同时代在世界范围内都有出现，我国学界主要关注城乡在国民经济体系中占据不同地位、承担不同角色，以及在国民福利体系和公共服务体系享有不同的社会支持等方面。如果更细致一些，二元分殊还可以归纳为以下方面：传统与现代、先进与落后、富裕与贫穷、缓慢与迅捷、简单与复杂、同质性的宗亲团结与劳动分工、社会分化等因素形成的异质性的有机团结的分异等诸多社会差异。

其一，不同的福利体系。譬如，城市医保实行城镇居民医疗保险以及职工医疗保险体制；农村实行与新农合相应的新型农村医疗保险。在住房方面，城市有单位保障制、公积金制度、低收入人群住房保障等体系；农村由居民自建。在养老方面，城市有居民养老保险、职工养老保险以及机关事业单位养老保险等多重体系；农村实行的新型城乡居民养老保险，保障力度不足且存在区域差异，大多数内陆农村的养老仍然主要依靠家庭以及自身劳作。

其二，城乡福利资源分布不均衡。农村福利在项目、范围、权利和保障程度等方面均弱于城市。以教育论，农村学校尤其小学的教舍、师资、设备、教学质量远远不如城市，将对农村小孩智识素质的提升以至于他们以后的社会流动造成不利影响。① 优质医疗资源集中在大城市的重点医院，不仅农村医疗资源匮乏，即便中小城市的医疗服务也无法与大城市相比，差距主要体现在医疗设备、医务人员素质参差不齐。② 其他如社会服务、养老资源、社会救助、就业扶持等方面，农村也明显处于劣势。③

城乡福利的二元分化有着深刻的历史与社会缘由。首先，社会分工体系的不同酬报以及社会结构的现代性分化导致农村在国民分配中处于弱势。从世界范围看，工业革命使得工业在国民经济中处于主导地位。但是随着产业体系的深度融合，三大产业在国民分配中渐趋一种融洽性平衡。就我国而言，以前国民经济的板块结构以及相应的体制限制错失了应有的融合进程，这一惯性甚至到现在还在延续着，由此农业、农村发展长期处于弱势地位。其次，产业资源的吸聚效应诱导了社会资源向城市而不是农村浓聚。产业资源在城市地区的浓聚是较普遍的现象，问题在于其他社会资源应该有更为多元的分配导向。如果所有资源配置都偏倚着经济指向，这种单一性必然会导致处于产业初端的农村地区被淡化。当前农村地区社会服务的欠缺要求着更强有力的再分配来平衡市场效能。最后，人口分布与福利配置的显然不对称。与国外发达国家福利设施的城乡相对均衡不同，我国农村地区有着公共服务、福利配置与人口素质的双向弱性循环——社会公共服务体系、福利配置的薄弱导致农村人口得不到充分的社会化基础；人口素质的弱势又不利于吸纳社会资源的吸聚力。这些都要求外在因素的介入以改变这种不对称、不平衡，再分配和承认无疑是显见的关键因素。

二元分立的福利格局带来的社会失范也是显然的。

其一，严峻的"公平"问题——社会应得问题。新中国成立以来，我

---

① 这一情形在内陆农村尤为显著。中、小学学校分类的"重点""非重点"之分，使得教育经费的投入不均衡；城乡社会形态的区异也有着不同的师资吸引力。

② 城乡之间的医疗资源分布不均，即便是在经济发达地区，差距也是明显的。参见郑功成主编《社会保障研究》（2014年第1卷），中国劳动社会保障出版社，2014，第135页。

③ 本书从构思、提笔到现在，已有三年多的时间。这几年的时间，农村面貌已有较大的改观。以笔者调查的江西永新来看，有些农村外观焕然一新。据了解，政府对危旧农居的拆改给予较大力度的补助；农村公共设施、健身设施等也有较大投入。应该说，国家的新农村建设政策有着明显的社会效果。而乡村扶贫动员了大量基层干部下乡进村帮扶，也对改善贫困人口的生计有着积极效应。如何在制度、政策、观念上寻求更大突破，以致于逐步消除城乡福利区隔，成为农村福利建设之亟所。

国农民和农村在很长时期承担着工业优先尤其重工业优先、工农业产品"剪刀差"的牺牲者角色。如果说计划体制下的城乡二元格局是适应当时国内国际环境所必需；那么，今天这种分配格局的遗留所带来的社会应得问题已逐渐显露。由于工业、商业、服务业及社会事业大都集中在城市及其周边地域，城市由此获得改革开放以来经济发展所带来的大部分"红利"；而农村地区由于受到经济布局以及人员素质、资金扶持等因素的制约，社会发展一直较为落后。如果说计划经济时代的农村为城市贡献了它的产品价格利差，而当前市场经济时代又为城市贡献了它的劳力资源；城市却无论何时也未能给农村地区做出某种相应的反馈，这种情况在广大中西部地区的农村尤为明显。

其二，农村地区长期的福利迟滞将带来人口社会化障碍。由于教育、人文环境、成长条件、智识基础等资源的缺乏，城乡居民的素质差异或将长期存在，不利于社会的全面进步。教育、医疗、文化等资源的欠缺，使得生存和发展的实现势将滞后。当农村人员进入城市工作和生活时，不仅自身面临再社会化困境，也有可能会给城乡融合带来一定的负面影响。

其三，城乡分立的福利格局不利于社会整合与团结。由于城乡居民不同的福利待遇，前者容易形成一种人格优越感，而后者特别是欠发达地区的农村居民容易产生一种心理落差。社会不平等将导致价值冲突与利益失衡，由此产生的社会距离会对我国的社会团结与整合形成巨大的障碍。

二元分立固然是城乡福利失衡一个根本性因素，但是更深刻的缘由乃是社会分配中应得效素彰显不均衡，主要表现为劳力、土地等要素的价值被低估，工农业交换不等值，农业资源开发不足与过度并存，以及作为传统伦理的某些亚文化因素时隐时现的发展碍滞。如果说城乡二元分立有着世界范围的历史规定性，那么今天依然严重的存留却无论如何不应成为可被忽视的理由。关键在于发掘那些被低估的社会价值，使其获得应有的体现。

现代社会以来，公平与正义逐渐成为社会发展的应然价值，也成为一切社会政策不应忽视的秩序关怀。欧洲封建制的解体催生了新的资本主义生产方式，但是自由竞争在带来生产力进步的同时，也带来底层民众的贫困和两极分化。随着权利尤其社会权利的演绎，贵族和庄园主对农民的荫庇逐渐为福利国家的保障功能所取代；在维系产权合法性的同时，民众也相应获得了享有社会发展成果的合法性基础。

我国的福利合法性有着与西欧诸国不同的法理基础和渊源。新中国成立以前，我国农村是自给自足的小生产模式，家庭的自给是农民生计的主要来源。新中国成立以后，集体福利虽然水平较低，但仍然给予农村贫弱、孤寡人群有效的生存支撑。改革开放以后，农村福利因各地不同经济发展水平的限制而有较大分化。在现行城乡保障体系中，病弱等劳动力缺失人员被纳入"低保"体系，基本生存已有保障。就福利体系而言，亟待加强之处即提高农村基本养老的保障力度。如果加入新型城乡居民养老保险，每年数百元的缴费，农村居民在年满60周岁后可以获得每月数百元不等的养老金。这对内陆农村来说，辅以适量劳作，温饱已可解决。但是这些地方的农村社保普及程度并不高。

要使农村居民生活获得更大提升，尚须农村经济社会更均衡的发展。在有些较发达地域（如浙江的杭州、埭溪等地）农村，由于土地征用或其他集体资产的增值，村社集体有着较充裕的财力。农民在纳入国民福利体系的同时，还有集体性福利资助，如农居建设、疾病资助、地方学校的建设等。有些近郊农村、城中村还有不菲的"分红"。可以说，农村福利的改善在国家"保基本""兜底"的基础上，还在于能否获得"自我造血"功能。内陆农村将如何借鉴？如何探寻适合自身的发展道路？在内陆农村，如何为可能的工业衍射创造一些条件？当代城市化、城镇化进程将为农村发展提出哪些要求？集体积累是否有新的方式和途径？

就农村福利而言，公平必然涉及制度、体系的整合与革新，也必然涉及资源更均衡的布局。而福利正义之实现涉及下述几项关系：其一，个体生计与集体扶持，应将两者有机结合。一则不宜削弱劳动价值的社会创造性；二则应努力发扬集体帮扶的力量，给予贫弱者必需的支持。它们大体是应得与平等的关系。其二，地方财力与国家扶助双重并举。在福利筹资上宜以地方财力为主，而国家在区域间实行再平衡。这是一般的情形——对于"老少贫弱地区"，国家的转移支付、资源调拨仍有着不可或缺的主导性，它们大体是应得与需要的关系。其三，市场与再分配的关系，尤须注重再分配对市场秩序的调节和平衡，其中既有应得因素也有平等效应。其四，承认与社区联结的关系及其具体内涵，反映着农村社区的异质性，既含有需要与平等的呼应也有社会团结要求。譬如有的农村公共积累较充裕，社区（村庄）作为承认的共同体超越家庭、家族的影响；而有些集体积累较为泛弱，家庭、宗亲联结依然成为资源共享的主要形式。

城乡福利差异的地域选择性并不意味着我们就可以漠视或淡化福利的公平、正义诉求。只是说明，须将这些诉求予以必要的分解——更确切一点，将之疏解至正义之要素，可以更细致地了解这些差异的质性，更有层次地探索其解决之道，找到相应恰当的政策、方略。这些价值之间的同应与融合在福利过程中是如何体现的？福利又如何在不同的运行方式中回应着它们可能的张力？

三　福利的身份差异

在前述城乡福利中，还有一个既与其相关又与其他领域相连而有着独特综合性的福利问题——也就是"农民工"的福利问题。它既有着城乡的福利区隔因素，也有职业分工的制约因素，还有"公民身份"的承认因素。当然，职业或其他身份异质性导致的福利区异，绝非仅仅体现在这一个方面。

由于社会分工不同，从事不同职业的人在社会分配中有着不同的报酬。职业分工有着不同的要求，因此也有不同的应得元素的积累。有些分工偏重智识；有些偏重能力；有些偏重机运；有些偏重禀赋；有些偏重资质；有些则是各种因素的综合与集聚。职业因素是"社会阶层"不同分布的主要因素，当然还不仅于此。所谓"分层"只是一个形象的说法。实际上，不同的职业群体，或者说，不同的身份群体是共存于一个社会共同体的——一个共同的社会语境。由于历史原因，职业分布有着"条条"与"块块"的布局，薪资待遇与福利体系也因此有着类似的"板块"结构。现在看来，与职业或身份相应的福利体系既有着历史因素，也有某种基于分工的"应得"效应。

不同政治哲学观点强调的应得因素中，有一种不应忽视的元素即"劳动价值"的应得。每位社会成员参与社会劳动的实践过程——以马克思主义的观点，即"社会必要劳动"，可以作为衡量上述"应得"要素的标准。何为"劳动"？如果简而言之，劳动是指能够创造价值、带来社会改善、做出社会贡献的人类活动。作为社会过程，劳动本身有着知识与技能的积蓄、实践的努力以及社会成果的转化这样三个阶段。因此,评价劳动的价值,或者说,劳动作为"应得"因素,须要一种综合的视野。前述各种应得元素可以说是劳动在不同阶段之于社会所得的不同贡献;其于福利应得也应如此,必须结合具体社会情境做出客观分析。在劳动的不同阶段,这些应得因素各有侧重;但是作为连续性的、相互关联的社会过程,应该存在一种综合的系统性平衡。不同性质、类型的劳动在社会分工体系中的有机结合共同促进了社会的运转。

在社会发展进程中,福利局面愈趋显现出历史与现实的应力。是否有可能将不同的福利体系尽可能地整合?譬如城乡居民之间,或不同职业之间,有无可能既顾及职业或其他身份性的应得异质性,又充分考虑社会的整合要求?

这一整合要求尤以"农民工"的福利保障为典型。我国的农民工群体是改革开放以后出现的社会现象。他们的社会保障大致可以归为三类:其一,在一些大型、正规的厂矿企业、单位就业,基本上拥有初中及以上的学历,由所在单位办理了养老、医疗、失业等社会保险;其二,在城市从事商业、服务业的自雇者群体,出于孩子就学、购买商品房等考虑,作为个体工商户参加了所在地养老、医疗等社会保险;其三,大量的流动受雇者,比如建筑工人、家装工人、为个私业体打工的人员,一般没有参加城市的社会保险。

现行适用农民工的社会保险有两类:一是参加新型的城乡居民保险,大约每年缴费额分 100 元、200 元、300 元、400 元、500 元及以上数个档次,自由选择缴费额度,达到一定年限后可以按月领取养老金;二是参加由所在用工单位办理的城市社会保险。目前来看,来自中西部地区的农民工参加上述两类保险的比例都不高。原因大概有:一是参保意愿不强;二是社会保险的转移接续政策有待完善。在此之外,可能还有一个重要原因——农民工户籍由于不在工作所在的城市,难以参加当地市民可以参加的社保体系。比如,拥有城市户籍的市民自雇者,可以参加个体工商户性质的社会保险,而异地户籍从业者只能回户籍所在地办理。这有着显然的不合理性。一方面,农民工的福利含有参保地政府补贴的成分,在工作所在地创造的社会价值无法转移到户籍地;另一方面,异地参保导致以后的费用承付会有一些不便,如医疗费用的报销、养老金的支领等。由于这些原因，农民工与市民从业者的福利待遇显然不同，也是当前福利不均衡的一个表现。①

外来人口的大量汇聚，既带来长三角、南粤、珠三角等城市群的繁荣，雄厚的财政实力在改善城市建设的同时，也有余力引进优质的教育、医疗、服务、管理等社会事业的人力资源和技术设备，福利资源也较为领先。但是福利待遇在群体间并不同一，因所在单位、业体性质不同而有差别。大量异地"民工"的存在带来相应的社会保障需求。如果说广东的民工有着集中性，雇佣单位大多有着正式的法人资格，将"三资"等具有外资因素的业体纳入国民福利体系尚且较易做到；而江浙一带存在大量自雇者、小微业体，其中"民工"的福利保障将如何解决？如何针对异地从业者流动频繁的特点，设计更加合理、恰当的社会政策？

如果从福利体系的角度来看，制度与社会现实之间既有一定的张力，也有一定的应力。因此，就福利价值而言，存在由"应得"进而延之"平等"的诉求，也要求着福利体系由分散到弥合。福利的身份区异当然并非只表现在"农民工"一个层面，还有其他诸如职业分层的异质性，社会分工不同所致的福利在不同群体的异质等因素。社会角色除了职业这一因素

---

① 流动人口四种社会保障模式概览，参见郑功成主编《社会保障研究》2012 年第 1 卷，中国劳动社会保障出版社，2012，第 30 页。

保险模式	城保模式	次城保模式	综合模式	农保模式
账户类型	养老、医疗由个人账户和统筹账户组成，工伤只有统筹账户	养老由个人账户和统筹账户组成，医疗大多只有统筹，工伤只有统筹	统筹	新农保采取个人账户，新农合采取个人账户和大病统筹账户组成
缴费主体	单位和个人共同缴费	养老和失业由单位和个人共同缴费，医疗保险一般由单位缴费	单位和个人共同缴费	个人缴费为主，政府给予财政补贴
便携性	可以转移或退保，但只转移或退回个人账户	可以转移或退保，但只转移或退回个人账户	不可转移和接续	新农保和新农合的个人账户可以转移
是否实现接续	是	是	否	否

（1）城保模式：以广东为代表；
（2）次城保模式：以北京、重庆、青岛等城市为代表；
（3）综合模式：以上海、成都、大连等城市为代表；
（4）农保：农民工自行回乡参保。

之外还有着先天遗承、禀赋、社会交往等诸多制约因素。福利建设与作为一个整体的社会建设须臾不可割裂。我们既不能无视时代的呼唤，也不能脱离现实的社会基础。无论是福利的区域差异，还是城乡区异，或是身份差异，均须立足于具体的社会现实，分析具体成因，探寻切实可行的解决机制与路径。这既要求经济政策与社会政策的协同，比如福利体系与"户口"改革等制度探索，也要求价值观念、社会意识的同应，还须考虑某种机制性的解析——如不同"社会资本"构筑的关系模式、交往形式的异质性，商业网络与亲熟承认的福利价值，等等。如果说区域之间的福利平衡有待于在资源初始意义的"平等"与"资源流"——资源的融汇流转中可能实现的补偿与平衡之间实现一种价值选择性，而城乡的福利平衡既有待于这种资源流的实现，也有赖于多种价值尤其"需要"价值更为充分的显透，而福利的职业或身份差异更多指涉着不同"应得"要素之间的合理与平衡———一种综合的社会评价体系。

那么，如果从正义之视角，在历史与现实之间，在制度、政策及其社会基础之间，在价值与实现之间，其整合的基础何在？

第四节 价值不彰因素

一 需要未彰的结构性原因

马克思指明了社会分配的需要指向，并视需要之满足为人的发展和本质实现之基础[1]；马斯洛从人性角度论证了需要的合法性，将不同层次需要的递次实现作为人与社会存立的基石[2]，二者都指明了需要的基础性价值。需要的满足必须具备一定的社会条件：物质生产、人口繁衍和社会化、文化传播和延递、政治体制的保证等[3]；此外还须一定的道义基础，即权利与义务的互惠平衡以及基于美德的责任。可以说，马克思更强调需

---

① 参见《马克思恩格斯选集》第 3 卷，人民出版社，2012。

② 〔美〕亚伯拉罕·哈罗德·马斯洛：《动机与人格》，许金声等译，华夏出版社，1987，第 40～54 页。

③ 〔英〕莱恩·多亚尔、伊恩·高夫：《人的需要理论》，汪淳波、张宝莹译，商务印书馆，2008，第 104 页。

要的物质与社会基础——社会化大生产的充分发展，社会财富的充分涌流，以及与之相应的经济、社会关系的调适。马斯洛的需要层次论在回应着马克思主义人本关怀的同时也强调需要的心理性基础。伊恩·高夫和莱恩·多亚尔进一步探析了需要的内涵，指出其有赖于物质生产的发展以及与此相关的社会结构的完善。我国的福利不平衡既有生产力因素的制约，也有结构层面尚待完善的因素。

以生产力与生产关系的相适、社会阶层的有机分布以及政治、经济、智识、法律等体系的调适为主要表征的社会结构，既给予需要以结构性限定，又赋予福利分配的合法、合理与正当性。生产力水平决定社会分配的性质，因而也深远影响了需要等福利价值的实现程度。这不仅规约着社会益品的多样性与类属，也指涉着社会关系的调适，比如作为有机体之社会构成就含有福利的权利、义务之间的整体平衡。交互正义与权职正义分别作为福利正义的社会与政治基础，其表征即政治、经济、智识、法律等体系的协调与平衡。福利意涵的秩序有着系统性、完整性——生产与分配以及社会关系等结构性因素之间是相互融通的。

经济结构、发展方式与产业结构等基础性条件为需要赋予物质的现实可能。经济基础决定上层建筑，而福利恰好构成联通两者的桥梁。一方面，福利益品具有物质性特点，另一方面，分配本质上是社会关系的调适与平衡。不同经济成分的互补、资源与生产要素的流转、产业结构的合理化等因素使得经济增长成为可能，而后者又转化为福利实现的物质条件。当然，现代社会的需要内涵日益丰富，由基本的生存保障逐渐衍及人的实现与更充分的发展，因而经济支撑也日渐多样化。

就内涵而言，现代社会人口指征之异质使得福利需要日益分化，不同时代人们的需要大为不同。就同一时点的社会横截面来看，幼年、少年、青壮年、老年等不同年龄群体有着不同的福利诉求；就同一个体生命历程之不同阶段，需要内涵因环境及自身条件的不同而有分别；教育经历、职业、收入、地域、亚文化的异质性，也使得个体的需要纷然相异。需要兼有"殊异"与"同一"两种基质——后者在于，在一定时空背景下，个体生存、发展与实现的基本条件是可以判断、规划与预测的，因而有着大致相当的社会基础。

　　福利需要的满足既受物质条件的制约，也深受观念、文化等意识形态的影响。现代福利的供给除了国家的"当然"主体，也要求企业、社会、个人共同分担。福利义务除了法的规定性，还有基于美德的责任——比如慈善与公益、团结与爱；善良、同情与良知；等等，这些因素共同构成福利的德性基础。不同文化有着不同的福利伦理——如果说"契约主义"传统强调国家因素；那么"社群主义"更注重社区、宗亲等中间层次的团结；而"法团主义"注重行会、职业协会等社团给予成员的支持；宗教、慈善机构主张基于信仰的"泛爱"主义；等等。需要之实现，既有待于行动者的自身努力，也有赖于社会机制的支持。其中既有法、制度等正式规范的保障，也有赖于非正式的传统、习俗、惯例构成的伦理秩序——社会文化背景的不同导向不同的福利实现方式。个人与国家、个人与社会、不同社会机制之间，在关系与结构的相融与相应中，福利在实现个体价值的同时，也展现着社会应有的秩序意涵。

　　就当前而言，由于生产力发展的阶段性限制和经济社会发展的不平衡，需要的满足不仅有待于整体层面的福利提升，在满足程度上也存在区域性、地域性差异。此外，户口、职业、阶层等因素造成的资质区隔也带来相应的福利区隔。这些制约因素唯有通过社会的进一步发展和调适获得改善，既亟待生产力的提升充实福利的物质基础，也要求相关的制度改革与社会关系新的融合，通过拓展、完善更为多样的福利途径以满足日益增长的、多元化的需要。由于现代社会的高度通约，个体的努力、禀赋等异质性必然"镶嵌"在一定社会情境之中，个人行为无法"脱嵌"社会机制的规约与支持；从这个意义上，福利之实现必然是一个社会性过程。

　　如以城乡福利而论，在不同时代、不同国家和地区，由于不同的社会、政治、文化体系，这种不平衡因而有着不同的演变历程。西方诸国的城乡差距在中世纪并不明显，但在工业革命以后急剧放大，随后又经过100年左右的时间，几个发达国家如英、法、德、美等国，城乡之间除了产业形态的差异，在公民素质、社会服务、福利保障、居民收入、生活品质等诸多方面城乡差别大为缩减。其深层次的原因何在？

　　以"正义"视角观省我国城乡福利不平衡，正是福利的内涵价值存在较大的实现落差。农村福利的需要滞后，表现为目标不明确、内容不充足、条件不充分。诸如，老幼人口的关怀不足；教育、医疗网点稀薄；师资、医护资源薄弱；基础养老金偏低；产业结构简单；福利观念落后；权利与义务不清晰；青壮年人口的外迁导致家庭结构的疏离化；城乡"户口"带来的福利区隔；等等。这些都有待更为积极的社会政策来改良和完善。福利发展须以一定的经济成长作支撑。有些经济较发达地区的城市近郊农村福利发展较好，缘于厚实的经济后盾。而大部分内陆农村，农业未能实现产业化，务农回报不足，成为制约农村福利发展的瓶颈。农村福利观念处于由传统的农耕社会向现代产业社会的转型之中，宗亲结构的弱化、青壮年人口的疏离等因素导致传统亲缘保障趋弱，但是以社会为重心的新型福利观念尚未深入人心。在福利的权利与义务之间，人们逐渐意识到前者的重要性而忽略后者的应然。由此导致的不平衡使得一方面福利体系有待于城乡之间更深入的整合，另一方面农民尚且缺乏广泛的社会参与意识。农村需要的满足程度也存在区域性、地域性差别，户口、职业、社会阶层等因素造成的身份区隔也导致明显的福利区隔。

农村经济基础的薄弱制约了福利实现的物质条件。在大多数内陆农村，"打工"仍然是不容忽视的重要经济支撑。由于务农收入的菲薄，"一亩三分"地已不足以支撑一家老小的吃穿用度。粗略地看，内陆缺乏工业、小加工业基础的村庄，大约一半以上的青壮年外出务工。[①] 这些务工人员除了在外的生活开支，一般可以攒些钱带回养家，有些甚至还有余力建造居屋。留在家乡的适龄人员，也会就近从事如餐饮、建筑、运输、服装、农贸等二、三产业。在"非农"收入殷实着农村生活的同时，集体积累的来源却在弥失。农村居民收入随家庭结构、人口构成、"能力"等因素而有差异。如果青壮年人口多，有着在外务工、务商经历，家境就会较好；如果患有重大疾病，或劳力缺乏，或思想懒散，或缺乏合适的就业途径，生活就会较拮据。如何解决这些贫弱问题？家庭当然是责无旁贷的主体，在情感慰藉、生活关爱、深层次的沟通与靠望等方面不可或缺。而原先的集体福利有着区域性差异。有些经济较发达地域有着较好的非农产业

---

① 赣、甘、豫等省份在杭务工人员访谈记录；有关省份统计文献数据：参见《2010年人口普查资料》，中国统计出版社，2012。

基础，如中小型加工业、商贸，有些乡镇还有上市公司，因而有着较丰裕的财力，集体福利有着丰实的积累来源。内陆农村如何加以借鉴？如何探寻适合自身的发展道路？国家、社会的福利角色在农村又如何体现？

无论是城乡福利还是其他层面的需要不彰，疏解至个体层次即某些结构性因素的制约。大致可归纳为这些方面：一是观念、习俗、乡规民约等社会规范中承认效力的缺失。有时是这些中观社会联结中本身就缺乏相应的资源，譬如集体积累的缺失；有时是蕴含其间的交往惯例中承认因素因社会变迁而弥失，譬如宗亲结构的疏离化、乡土联结的弱化，或是其他价值、地缘共同体如社团、社区的交往规范的弥散。二是福利制度、体系的设置尚且存在某种缺陷，使得个体需要未能得到合理的表达，尤其表现为各种福利区隔和制度碍滞。三是社会关系的某些不协调、不和谐因素，如利益冲突、社会分层等因素形成的群体性利益背离。对于观念、习俗或交往惯例的文化因素，除了资源本身的充实还应诉诸更加多元的团结承认；对于制度性因素应着眼于制度、体制的革新，尤其更为有力的再分配举措；对于社会关系的不协和应通过更加多元的价值相融、更加多维的社会整合来完善。

除了结构性原因，福利不平衡还有着显见的历史因素。或如区域发展的福利差异，恐怕更需一种历史性观照。

二 应得未彰的历史和现实

应得彰显不充分可从两个层面看。首先，宏观的资源配置——资源布局及其在社会大生产中的流转与汇聚深刻影响了社会分配的效果。福利顺应着"资源流"的整体趋势，同时又不同于一般市场机制的分配逻辑。如果说市场应得偏重于经济绩效，而福利资源的配置既立足于这一基础又存在更为多元的应得效素。譬如，有些地区的资源如人力、原材料、初级产品在产业链中处于低端，它们汇入"资源流"时没有获得恰如其分的价值补偿；源于这一缘由，福利资源缺乏足够的储备。再分配可以从地域性资源循环之外汇入资金、技术、人才等要素，或是引导这些要素流入的动因。这是基于社会均衡发展的平衡性，因此也可视为"补偿"性应得。当然这一趋向不仅仅有着补偿性还具备更高的社会提升意义。就如前述之区域差异，如果再分配仅限于贫弱地区的民生补偿，将无法实现更高水平的资源良性循环。因此，发展意义上的应得将更注重区域社会的品质提升——不仅是经济形态与结构的完善，也包括人口素质、教育、就业保障等民生领域的充实和提升——这是理想社会必备的构成基础。

区域不平衡有着历史成因，由此引起的福利问题之解决也必须立足这一因素。近代以前我国的农业社会由于自然条件、农作方式的不同，沿海与内地在生产、生活方式上虽然有所差异，但是社会阶层之间的分化要强于地域之间的级差；就普通百姓生活而言，东、中、西部的地区差距并不明显。近代工业进入以后，海外资本以及民族资本主要集中于沿海以及长江、珠江等流域的重要港口城市，经济差距逐渐在沿海、沿江与广大内陆地域之间显现。新中国成立后国家工业体系的大"三线"布局对于这些级差有着相当程度的弥补；况且由于计划经济时期社会生产与分配均由国家进行平衡，区域差别并不明显。改革开放初期，沿海、沿江地区利用自身区位优势在外资带动下经济率先打破僵局。这些地区早期的工业生产以来料加工等轻型制造业为主，汇聚着资本、技术、人才等优势；而内地提供了能源、劳力以及初级原料。这样的分工在市场机制激励下使得沿海、沿江与内地之间的发展级差逐渐显现。

福利支撑因之不同。一个地方如果经济活跃、地方财力充足，就有更多力量投入民生改善、提升福利水平。可以说这是一种"效益"应得——从宏观层面看，社会分配较为倚重经济绩效而市场作用明显。但是就产出回报来看，农业投入显然不如工业、商业，况且有些地区农业资源本来就很薄弱。在原先的"三线"建设，中、西部地区的金属矿产、能源、石油开采等产业有较好基础。但是，一则由于原料处于产业链下游而附加值不高；二则与之相关的精加工、制造业未必就近布局。可以说，这些地区的资源优势并没有充分转化为相应的"应得"效果，资金、技术、人才等种种不平衡因素制约了经济绩效。社会分配的评价体系也亟待更为多元化，容纳更多效素如知识、技能以及努力、禀赋等。如果冀以再分配和承认，如何进一步明晰、探寻切实可行的政策举措，使得这些应得效素体现更为合理？

其次，如果再将目光投向城乡福利——可以看出，它与区域差异的形成有着类似的轨迹。近代工业进入我国以后，资源逐渐向城市集中，农村地区成为工业地区的原料和劳力供应地；城市汇聚着经济、社会发展的主导性资源。这一局面在新中国成立初期并未有效缓解，在某种程度上由于"剪刀差"、城乡"户口区隔"而以固化。改革开放之初，由于初期市场机制并不完善，社会分配过于倾向于资本性要素，城乡差距逐渐放大。能力、禀赋、资源、绩效等因素的社会所得时而失衡。譬如，务农收入、农业投入的回报不足、城乡生产要素流动不平衡；应得彰显不充分与市场效率放大双重显现；等等，这些效素要求建立更为调适的市场与再分配关系，参照应得缺陷做出制度改良。要从根本上扭转这种局面，除了经济布局的调整、市场机制的完善，还要在社会政策以及其他社会领域的协同上有所突破。其中再分配、承认的完善和拓实尤为重要。现行分配机制较倾向于资本、土地等优势要素，而对劳力、原料等初级要素并不敏感。对于这一分配缺陷，市场本身无法予以纠正，须通过政策革新予以平衡。当然，福利之正义性并不仅限于生产秩序的维护，同时也将为社会服务、公共事业等更广阔的公共领域夯实必需的价值基础。

无论是区域差异还是城乡差异，其应得缺陷就大体而言均属于宏观分配领域。应得不彰还表现为微观个体层面的分配所得，这也可从两个角度省察——人们分属的福利体系是否恰当地反映了社会应得？个体生命周期是否映显了"应得"之应然？就前一个问题而言，我国不同福利体系并存的局面已经运行了几十年，同样有着历史情境的制约因素。在计划经济向市场经济转型过程中，多种业体的迸发以及行政机构改革等因素导致多种分配机制并存。福利体系转型须以经济、社会发展情势为转移。如果说多体系有着历史的延承性；那么今天看来，也并不意味着这种合理性就已经消失了。只是说明须依社会发展的步伐做出某些适当的调整，在顾及人口、职业、经济成分、劳动异质性等情形下，尽可能予以简化、整合。在这一过程中，"应得"仍然是职业性福利的价值基础，但须就各种效素做出系统平衡。

而个体生命周期的不同阶段之间，有着受得、积蓄、存留、再受得的过程，以养老、救济、生活补助、津贴等生活支持为典型。福利应得的前提是参与公共积储——比如幼年时来自家庭和社会的帮扶；成年以后参与的公共福利储备；年老以后的支领。同时，劳动能力缺失者、病弱者等困难人员的救济须以需要为主导。这些福利过程并不意味着个体独自完成这些循环，而是要求国家、社会、个人的协同参与；尤其国家的再平衡角色不可替代。国家、社会的福利举措也意味着个体福利过程与其他个体之间实现了连通——除了"应得"价值，更延至公民层面的平等意义。

概言之，应得未彰既有各效素之间的失衡，也有这种失衡在历史与现实的过渡中显现出来的一种张力。应得效素的再平衡既要求市场机制本身的完善，也要求再分配与承认的协同；而其本身的内在平衡，除了应得效素之间基于具体情境的协调，也要求一种更为泛远的福利平等。需要、应得的彰显过程既有着自身的价值体现，有着历史情境的承继，也有着社会发展的结构性因素。正义价值在历史与结构的双重逻辑中，经由经济、社会更协调、更平衡的发展获得更完善的实现可能。而这既须注重宏观"资源流"的各种要素的汇聚与融合，也须微观社会关系的沟通与调适。这些要求已然超出需要、应得本身的价值质性而延至更为广阔的正义视野。

三　平等的维度

作为平衡因素，福利平等是指社会成员享有大体相当的福利地位、身份和结果，共享福利资源。需要立足于主体间承认与认同；应得立足于社会交换的衡等与互惠原则以及禀赋、能力、努力、绩效等资质因素，更为强调个体异质性，也往往带来福利不均。平等作为正义之核心不仅具有自身的价值特性，还具有对前两者的调节与平衡的功能。维度不同，不同情境的平等指涉因而不同，也隐含着不同的调节、维护以及不同的平衡方式与形式。譬如，在福利的身份平等与实质平等之间，前者倾向于一种前置性的"资格"应得；而后者要求着社会分配的实质效应，既可能基于个体生存、发展需要，也可能是纯粹的秩序诉求，其取舍须依具体情境而转移。在机会平等与结果平等、积极平等与消极平等等维度之间也有类似缘于价值冲突的平衡性，因此也有类似的权衡与取舍。维度不同，平等赋予的可能调节也因而不同。但是这并不意味着平等就可以涵括所有的价值意涵；无论是需要还是应得都有着平等无法覆替的独具意义——它们有着特定情境的价值解释力——比如前者之于生存迫力的回应、后者之于社会交换的规范基础，都要求与之相称的不同质性的社会关系与之适应。但是平等的价值广涵性可以在可能的冲突与偏欹中找到某种平衡因素，从而为社会分配赋予一种更深全的稳定性。

如果溯及"平等"理念之渊源，亚氏公民观与社会契约论之间有着某种一致：前者将公民权利视为与氏族、部落、城邦构造相适的自然原则；后者将其当作人的天赋权利，两者都具备自然性质。但其差异也很明显。在古希腊相对狭小的城邦地域，公民出于自然原则享有并自行保卫着他们的公民权利；近代以来，社会契约论更为强调权利受着主权者或政府的保护。洛克将公民权利分为三种形式——生存权、自由权以及财产权；以霍布斯和洛克看来，社会权利是与自然权利相伴随的公民利益。立约人一致同意将主权让渡给主权者或政府，后者于是拥有统治合法性。出于衡等原则，主权者必须保障立约人安全、自由以及合法拥有财产等权利。公民享有治权以构建合理的权力体系；享有经济权利以持存其财产；享有自由以出于自身愿望追求安全、快乐的生活方式；所有权利应由公民平等享有并由政府合法保证。

可见契约论同样秉承着"平等"理念，但有着与亚氏显然不同的含义——契约中的平等是人人享有合法权利的绝对平等，而非基于身份、荣誉、地位或美德的相对平等。公民不仅平等享有自由、安全、获得财富的权利，也平等享有主权对这些权利的保障；正是在这一平等观念下，产生了现代代议制政府。不过卢梭的思想是个例外。在他看来，平等不是目的而是达成"公意"（general will）的手段；权利和自由只有在"公意"中才能实现；唯有秉承公意的社会共同体而非政府才能保障公民权利。按照卢梭的设计，立约者把所有权利奉献出来组成一个完美的联合体（共同体）。人们在联合体内获得同等的权利以及更高等的自由；自由和权利通过"公意"，即人人平等参与、共同决定的公共意志得以实现。与洛克一样，卢梭强调法律和宪法，但是主张以公意为枢纽实现洛克提出的自由原则。相类于亚氏权利的城邦本义，他认为整体优于个体，赞赏公民的团结与合作。就此而言，与其说公民平等地享有权利，不如说平等地奉献出权利，而将之赋予公民组成的联合体；权利之于共同体才有意义。①

---

① 〔法〕卢梭：《社会契约论》，何兆武译，商务印书馆，2003，第24、47～48页。

由此，亚氏公民观在契约论及其随后的社会革命中有着极大衍变——权利由原初的政治权利，扩展到社会、经济诸领域：洛克将其引申为生命、自由和财产之权利；美国革命者将之改造为生命权、自由权和追求幸福的权利；法国大革命将之延伸为生命、财产、安全以及反抗压迫的权利。随着时代变迁，松散的社会个体演化为高度联结的现代公民之后，这些人类的自然权利滋生为由国家保障的法体权利。遑论不同契约学说有着怎样迥异的权利诠释，它们有着一个共同点：权利无论是共同享有还是奉献出来以实现完全的自由，均为无视身份、财产、禀赋乃至德性的"绝对"平等，而非亚氏的"相对"平等。之于这一歧异，现代社会的结构分化以及阶层变衍有了新的注解，尤以 T. H. 马歇尔的公民身份理论为著。

马歇尔将公民权利划分为三个要素：公民要素、政治要素和社会要素。前者包括人身、言论、思想、信仰自由，产权、交易契约的权利以及司法权；次者指公民作为权力实体的成员或这个实体的选举者参与政权的权利；后者即从某种程度的经济福利与安全到充分享有社会遗产并依据通行标准享受文明生活等一系列权利。马氏的公民身份理论是亚氏平等命题的现代解答——在阶级分化、利益悬殊的不平等境况下，社会秩序如何实现公平与正义？马歇尔暗示，只要公民身份的平等得到认可，社会阶级体系的不平等或许是可以接受的。

社会契约主张的权利平等能否达到真实的社会平等？近代以来的社会史显然不予支持。由于个体能力、禀赋、出身、遗承等因素，在权利平等的旗帜下伴生着剧烈的社会分化，每个人实际享有的政治、经济权利以及因之获得的自由大相径庭。这似乎回到了亚氏强调的"差等"秩序。对于权利的平等与实质的社会不平等之间的张力，马歇尔提出了他的解决方案——不同权利维度的次第实现将缓解不平等。于是，权利的契约合法性在这里转换为历史演进的现实条件——伴随自由经济的阶层分化以及相应的权利要素的分立。他期望，经济地位的不平等可以通过公民身份的平等，尤其是社会权利的彰显得以缓解；基本自由、司法、政治权利的平等将为教育、服务、文明生活等福利的平等奠定基础。社会进步将逐渐实现公民平等；不平等即使无法彻底清除，也将在阶级标识上大大弱化①。后世学者对于平等有着不同的诠释。譬如，罗尔斯正义论立足于制度设计的结果平等；德沃金致力于实现资源平等；阿马蒂亚·森主张实行可行能力平等；沃尔泽立基于社会益品的复合平等；戴维·米勒要求依据不同社会关系实行不同的分配原则；等等。可以说，平等是福利正义的核心价值；对平等的不同解读和侧重有着不同的制度绩效。

应该说，上述"平等"理念的衍变既有可贵的借鉴意义；同时，之于我国的福利观照，还须注意不同的社会、经济基础，福利自身的契约逻辑，乃至一种新的契约、权利与义务的平衡。我们现行的"平等"属于"相对平等"而非"绝对平等"，相类于亚氏、马歇尔之权利观。现行分配机制中市场准入、资格界定、资源开放等领域已经取消了许多人为的、不合理的限制；而于社会秩序的平等矫正尚存不足。主要有：其一，机会平等因素强于结果平等；更甚之，机会平等有时对结果平等产生了障滞。如产业布局、社会分层中"三农"弱势地位所致的农村福利弱势；市场机制在赋予区域发展每一"成员"同等市场地位的同时，由于不同地域资源分布的不均匀，各要素之于市场机制有着选择性回应。在市场经济大潮中，有着各种机缘和适应力的"弄潮儿"容易获得竞争优势，有些反应"不敏感"、缺乏市场竞争效素的地区难免处于经济增长的边缘。罗尔斯正义观兼有平等、自由两种指向，但本质上即一种"结果"平等。他首先要求权利、机会实现着平等；如若不然则要求社会资源向"弱势者"倾斜，最终仍然旨在缩小社会差距。就区域发展论，如何为"弱者"提高其市场适应性与竞争力？除了市场机制本身的完善，再分配和承认能够做些什么？

其二，身份平等与实质平等待于进一步提升，如户口、职业的身份差异导致的福利欠缺。这两类平等主要基于微观的个体视角，与区域差异、城乡差异不同之处，社会个体之身份平等尚待更为全面的践行，尤其福利之国民待遇同一。不同福利体系的分割使得各阶层、职业、群体类属不同，这一繁杂情形应该逐步简化乃至取消。应将职业劳动之差别尽可能体现为职业所得及其相应的职业福利——如年金、补充养老、补充医疗等方

---

① T. H. Marshall, *Citizenship and Social Class and Other Essays* (Cambridge: The University Press, 1950).

面，而在国家层面的社会保障应尽可能实行统合的福利设置。这样既有利于发扬劳动者的积极性及其与职业应得之相应，又能彰显国家、社会的再平衡角色。通过福利在"公民身份"层面的平等以及实质性的国家与社会的公共性调节，既彰显了职业、劳动、能力、禀赋等必有的社会应得效能，又能尽可能地矫正过大级差以实现必要的平衡。

其三，"可行能力"平等——人的发展平等在农村福利规划中彰显不足。"可行能力"本质上是"发展平等"，是实现人的最高层次需要的平等，因其已经超出人的基本生存需要而上升到人的本质实现的需要。马克思曾经指出唯有社会生产力获得充分解放之后、社会财富充分涌流之后，人的"类"本质才能完全实现。在这个意义上，发展平等是对高层次人性的调节，是基于每个人天赋、能力、机遇等或先天或后天不平衡因素的调节。当前社会生产力已获得较充分发展，对于大多数人来说温饱已不是问题；人的发展以及更全面的实现成为社会政策的应然目标。为实现这一目标，教育平等是首要的——在九年制义务教育的基础上，让更多人上得起大学、发展更为普及的继续教育、终生教育体系；其次，为所有人提供更多社会实践机会，取消各类职业、就业、行业的进入门槛，消除年龄、性别、身份歧视，为人的发展创造积极的社会条件。

其四，消极平等较为充分而积极平等亟待强化。给予公民一体化福利待遇的同时也应给予"弱者"恰当的政策倾斜。在区域发展、城乡协同上给予欠发达地区、农村地区适当的政策倾斜，以积极的"转移支付""农业贴补"等措施改善这些地区的自我造血功能。在微观个体层面，一则宜鼓励发扬个性，二则发挥社会机构的灵活机动性，针对不同人群、不同个体设计贴合的福利项目，发挥社会工作的"草根"优势以发掘贫弱者的潜力。

不同维度之平等，除了自身的价值特性，还具有需要、应得之调节作用。平等的调节首先基于福利结果的平衡，就此可视为"结果平等"的不同效应，之于社会应得尤其如此。社会应得的效素涵涉甚广，如能力、禀赋、机遇、荣誉、功绩、贡献等，个体异质实现的福利差异要求更加多维的平衡视野。福利的结果平等、实质平等、资源平等、积极平等等理念均含有之于社会应得的调节，其取舍须以具体社会情境为转移。就需要而论，需要的满足程度因个体社会经济异质性而异——平等之调节，既含有初始意义的资源平等，即一些涉及生存、生活的基本资源上要求"底线"平等之外，还在于依据每一个体不同的发展诉求，实现积极意义的自我实现之完善。就当前福利情势而言，"平等"既有以往的理念承继，也含有深刻的现实应力。户口、职业、阶层导致的福利差异，应当通过"公民身份"之平等逐步改善；在此基础上，还应顾及不同地域、群体的社会异质性，努力实现福利的实质平衡。首先，应赋予社会个体大致相当的福利资源；其次，从发展角度还须培育个体基于不同禀性和天赋的社会实践能力；再次，更为注重智识、信息、禀赋、能力等要素的社会回馈，努力实现福利的"复合平等"；最后，"消极平等"是福利完善的初步目标，在具备相应的社会条件以后，应逐步实现"积极平等"，以有利于每个人"全面而自由的实现"。

权利保障的实质即公民自由的实现，也是积极意义的平等之实现。福利既有助于实现公民更全面、更充分的自由，它本身内蕴的平等价值又成为社会性的契约基础。福利意涵的价值多维，尤其平等的多重维度，使得社会政策有着复合目标。福利的权利基础，在保障个体生存和发展的合法性支撑的同时，也赋予其实现路径的多重性。譬如，经济自由交换要求的秩序基础未必带来平等的所得效应；再分配要求着深度的宏观资源调配的同时，还需顾及社会成员不同的禀性、能力、条件及其发展诉求，而此须在承认、团结等社会情境中实现多重的平衡。再分配和承认，及其具体、切实的政策、制度衍射，是如何使其成为可能？

在契约、权利与平等之间的交织中，平等成了枢纽。它本身的价值多维，及其之于需要、应得的可能调适，使得福利的契约基础有着多重的社会映显。需要、应得、平等是为福利正义的价值内涵，福利不平衡的实质即这三项要素尚未充分彰显，而福利正义之实现就是这些元素不断交织、衍透、相融相合的过程。这些价值其实已经将个人与国家、与社会紧紧联系在一起，为它们的责任与义务、权利与所得做出多重的观视；换言之，已经将个体的利益平衡导向公域的正当秩序。那么，这些过程是如何可能的？我们如何探寻一些切实、可行的途径，在顾及社会、经济、人口指征异质性的前提下，使得这些价值更充分地彰显？

第七章　中国福利正义的实现

第一节　再分配和承认

福利不平衡的解决，乃至福利正义之实现，既须反思福利现实，也须改良社会政策；既要借重财税杠杆、转移支付等公共政策，也要发挥血缘、亲缘、社区、慈善、公益以及经济法人等组织的社会功能；更须注重产业、资源的合理规划与布局。

一　福利承认

（一）福利承认的机理

承认是主体间意识，是对他人人格存在的认同，也是自我经由他人镜像得以呈现的自我认同。以马克斯·韦伯为代表的行动理论分析社会行动的意义主要以自我为指向，即行动的意义在于实现某种自我的目的，价值性的、工具性的、情感性的，均以自我为表针。① 承认理论与此不同，它以他人为指向，即行动以他人的实现为指向，认可他人的人格、需要和价值，通过与他人的主体间性交往，自我也得以呈现。② 在社会分配领域，承认意味着社会政策的制定和实施应该顾及每一成员不同的需要，尊重每一成员的合法权利，予以平等的福利身份。

---

① 〔德〕马克斯·韦伯：《经济与社会》，林荣远译，商务印书馆，2004，第56页。
② 承认理论的主体间性体现着行动的他人指向，这一特质从黑格尔即已开始。参见〔德〕阿克塞尔·霍耐特《为承认而斗争》，胡继华译，上海人民出版社，2005。

古今中外，一个不容忽视的承认形式是家庭以及延伸开来的宗亲结构。家庭是个体自身和他人主体间意识培育的首要场所，个体的自性觉知和对他人的承认即生发于此。通过与他人的交往，个体的人格以及家庭成员的主体间意识得以形塑完成，并以之构成更广阔的人际联系基础。福利的主体资格体现在家庭之爱的承认形式中，即长者、幼者的生存需要以及精神抚慰的满足等基本的福利功能。在人类初民社会，家庭成员（或者说血族）之间的生存资源共享以及生活风险的分担成为社会联结的基础。而且，这种亲缘联结的资源共享机制进一步扩散到部落和部族。在现代社会，家庭仍然是重要的福利载体，资源在家庭成员之间的配置和共享是家庭成员尤其老幼等弱势成员主要的生存支撑。家庭成员的福利分配即基于成员的主体承认。

如果说家庭、亲缘关系所实现的福利价值主要是需要；那么现代社会还有一种更具"现代性"的形式——职业福利和市场交换中的福利，其体现的价值主要是"应得"。在这些由于社会分工和交换形成的场域中，① 主体间承认渗透着一种"合约"性质：人们在相互约定和合意中——在制度层面即法律，获得相互的认可与认同。比如，雇佣者和受雇者一般会就工作内容、组织目标达成一种合意；作为回报，雇主或工作单位将为员工提供充足的工作报酬和福利资源。双方互相认同对方的主体资格、各取所需，形成工作关系的福利承认。就此而言，承认与市场的初次分配在某种程度上是叠合的，但二者的实现机理不同——前者源于一种共同体的身份资格，或言之，由于员工身份而分享"单位"、公司或其他法人的社会利益；而后者单指员工与其工作法人之间的一种法定的"合约"关系，但是两者是平等的，并不具有前述的"归属感"。当然，工作关系的福利承认的社会基础仍然源自社会生活的交换，也因此体现着高瑟指称的互益原则。② 除了雇佣与受雇关系，社会成员也往往在市场中购买福利服务，达成交换契约中的福利配置。就此而言，其与家庭、宗亲乃至宗教、社区、社团的源于亲缘、地缘或其他价值联结

---

① 社会交换形成的场域和秩序，参见〔美〕彼德·布劳《社会生活中的交换和权力》，李国武译，华夏出版社，1988。

② David Gauthier, *Morals by Agreement* (*Oxford: Clarendon Press*), 1986, pp. 157 – 189.

的共同体的需要指向是不同的，因此是并不太典型的承认形式，实现着福利的社会应得价值。

就宏观社会结构而论，福利承认最为典型的形式是公民社会以及与之相应的福利国家。在黑格尔看来，随着作为政治制度形式的国家以及作为价值规范的伦理精神的确立——在这样的政治联结和价值约制下，公民的主体承认获得了最终的意义升华，由此达致整体层面的社会团结。① 霍耐特指出了当代欧美社会的团结承认，即各种少数族裔、亚文化群体、女性主义群体等社团要求反歧视、获得同等公民权利的诉求。② 如果从福利角度看，公民身份层面的团结承认其实也意味着福利的主体间性承认。正是出于社会团结的需要，不同身份、不同群体、不同亚文化团体的福利要求，因其共性身份而获得认同。社会团结意义的承认不同于前述之个体承认，而是群体性承认——不同群体作为承认的主体参与社会的价值建构与认同。

个体层面的平等诉求，体现为社会成员在教育、医疗、住房、养老、社会服务、社会救助等福利领域的社会权利的平等主张，并通过法定机构对福利资源的合理配置获得实现。由此实现的更为深厚的社会团结，其中既有承认因素，更含有深刻的再分配因由。

（二）福利承认的社会表征

在不同福利领域，福利欠缺的一个重要因素即承认没有足备的恰当性。比如我国存在区分城乡居民的户口制度，由此对应两种完全不同的福利体系。在城市居民中，市民享有各种养老保险、医疗保险、失业保险、住房福利以及其他社会服务，一个市民的基本生存可以从国家得到比较充分的保障。在我国大部分农村地区，除了医疗费用可以得到不同程度的补偿外（偿付程度因地而异）；现行养老体制对农民的保障作用非常薄弱（其中存在区域选择性差异，中西部地区较

---

① 见黑格尔耶拿时期著作，参见〔德〕阿克塞尔·霍耐特《为承认而斗争》，胡继华译，上海人民出版社，2005。
② 参见〔德〕阿克塞尔·霍耐特《为承认而斗争》，胡继华译，上海人民出版社，2005。

为明显）。①

家庭的保障功能依旧明显，由此体现的福利承认在农村社会更为显著。城市社区的社会保障较为完善，对于各种困难、弱势群体有着多层次的福利扶持，如低保、困难家庭救助等，居民年老后一般会有数额不等的养老金或生活补助。家庭的福利功能除了体现于精神慰藉、亲友交往形成的社会认同等情感、心理因素，家庭以及延伸开来的宗亲结构对成员的经济保障功能依然起着支柱性作用，或许后者在农村社会更为明显。人们通过家庭、宗亲联结的交往和扶持获得自性觉知和社会化的最初经验，从而形成对他人主体的认同。与此紧密关联，农村社会人们的基本生存资源、福利供给，也主要在家庭或宗亲联结中得以实现。比如农村老年人的养老，除了一些经济较发达地区已经基本实行社会养老，农村居民像城市居民一样获得足以维持生计的养老待遇之外，② 在我国大部分中西部地区，老年农民从国家获得的养老支持仅限于每月的基础养老金，大部分生活资源仍然依靠自己干一点农活以及子女、亲友的供养。

农村福利欠缺，既有市场初次分配的"应得"缺陷，也有社会整体层面的公民承认不足。前者在于务农所得较为菲薄并且难以获得福利改善。我们原先之所以在城市和农村实行两套不同的福利体制，一个重要前提

---

① 当前农村基础养老金每月在 80~100 元（2018 年国家给付标准为 88 元，各地依情况追加数十元不等），虽然这是国家对 60 岁以上农民的无偿补助，但是仍然象征性意义大于实际作用。现在我国实行的城乡居民养老保险，对象是农村居民以及没有参加职工养老保险、事业单位养老保险等就业社会保险的城市居民，实际上城市中参加这类保险的市民人数较少，主要针对的对象仍然是农村居民。现行新型城乡居民养老保险，除了每月八九十元基础养老金外，如要在 60 岁后获得更多养老金，还需每年自行缴费，分 100 元、200 元、300 元、400 元、500 元及以上数个档次，连续缴满十几年后即可每月领取一定的养老金。如果该项制度能够顺利推行的话，对老年农民还是会起到较大的保障作用。但是一方面大多数农民的缴费意识较薄弱，认为钱缴出去以后不一定拿得回来；还有就是养老观念没有转变过来，家庭养老在农村地区仍然普遍盛行。就笔者调查的江西永新来看(2016)，参加缴费的农民人数极少，老年农民只是每月从政府领到 80 元、90 元的基础养老金，生活来源仍然依靠自己干一点农活以及子女的供养。子女宁愿给老人一点生活费，既不愿替他们的父辈交养老保险也不愿自己交养老保险。在我国内地农村，社区的养老服务也几乎没有。在城市则大不一样。比如在杭州，推行智能养老、居家养老与社区养老相结合，70 岁以上的独居老人可以获得社区安排人员定期的卫生家政服务，政府投入资金为老年人提供智能手机，可以随时表达养老需求，等等。
② 湖州埭溪、江山农村福利调研、访谈；诸暨、富阳相关农村居民养老情况反馈。

是，农民拥有土地的基本生存保障，而城市居民没有相应的资产，在其面临失业、养老、疾病等生存困境时自然有理由从国家获得扶持。应该说，这一福利预设在计划经济时代、社会生产力尚未获得长足进步、社会分化尚不明显时期有其深厚的现实基础。当前我国已进入工业社会，农民仅仅依靠人均一亩三分地甚至更少的农田仅能维持生存，[①] 与务工收入相比，依靠承包地的务农收入是微薄的，土地的生存保障功能已经弱化。针对务农收入偏低，我国实行的新型城乡居民养老保险是比较符合实情的，应该说体现了农村居民的福利需要，并在江浙一带的农村尤其是近郊、农用地转迁地区的村民养老保险中获得了较为成功的实践经验。[②] 但是这项政策尚需获得更广泛的认同，并最终要通过大幅拓宽农村居民收入的途径来获得福利改善。因为未到年龄（一般是 60 岁），农村居民即便参加了新型保险也不能领取养老金，生存资源依然要靠工作劳动来弥补；此外还存在务农与务工社会保障的移续问题。而职业福利的改善涉及农业产业化、非农就业拓展、城镇化模式等诸多因素。

在身份层次上，农村福利的承认欠缺主要表现为两点：其一，福利资源分布不均使得农民福利受持不足；其二，农村户籍的城市务工人员（农民工）难以享受到市民福利待遇。教育资源的分布尤为典型。农村学校尤其小学的教舍、师资、教学设备远远不如城市，对农村小孩智识素质的提升乃至对他们以后的社会流动将造成极为不利的影响。在国外发达国家，乡村学校虽然规模较小，但教舍、设备、师资等初级教育资源在城乡之间的分布相差不大。我国中小学教育经费由财政拨款、地方统筹，而且偏于强调升学率，优势教育资源大都集中在重点学校、优质学校。此种资源布局的极不妥当也是造成教育不平等的制度性原宥。初级教育应是素质教育，注重为民众提供最基本的智识基础，考虑每一孩子的成长需要。现在国家有实力投入更多资源进入农村社会，教育应该成为首要之重。

医疗资源的分布也是如此。优质医疗资源集中在大城市的重点医院，

---

① 河南南阳籍、江苏南通籍农民工访谈。
② 如浙江湖州埭溪农民社会保险、浙江江山近郊征地村民社会保险等。

不仅农村地区医疗资源匮乏，即便中小城市的医疗服务也无法与大城市相比，差距主要体现在医疗设备、医务人员素质参差不齐。① 其中既有市场原因也有制度因素。我国实行医疗体制改革后，医院收入主要来自患者的医疗费用，国家对此予以贴补。有些设备好、医疗技术强的医院来看病的患者愈多、发展愈快，吸引的人才愈多。一些中小医院难以获得必需的积累，也无法为人们提供更佳的医疗服务。而中小城市、农村地区也居住着众多居民，有些病只能到大城市看，这就面临外诊额外花费、费用报销障碍以及自身承担的费用比例等问题。

身份承认的欠缺——就社会群体而言，典型即农民工的福利保障。我国的农民工群体是改革开放后出现的一个新的社会现象。在城市地区寻找生计的农民工等异地户籍从业者大致可以分为正规就业与非正规就业两种。正规就业指在有着合法登记注册的公司、机构就业或其中的自雇者、受雇者。这些从业者大部分已参加单位为其办理的社会保险。但这种社会保险大都是被动的，而且当受雇者回去过年或离开这个城市到另外城市谋生时他们往往选择退保。除了在正规的单位就业外，还有大量的农民工在城市从事着非正规的就业，如一些小摊小贩，没有单位的临时受雇者——如没有固定雇佣者的装修工人、保姆、零散的家政工、钟点工等。这些人收入有高有低，大部分没有积极参与城市的社会保险。

无论是正规就业还是非正规就业，对于其自身身份的认同都存在年龄的选择性差异。有调查发现，一些年龄较轻的农民工，即所谓第二代农民工（"80后""90后"），他们大多没干过农活，初中毕业甚至更早就随大人或亲友来城市谋生。他们人生成长的重要阶段是在远离家乡的城市里长大的，大部分人是不愿意回到农村家乡去务农的。然而他们又没有被当成城里人，一方面因为没有城市户口，另一方面其中的大多数没有在城市安家立业的实力。上一代的农民工（即"70后"、"60后"农民工），他们的乡土观念较强，大部分人来城市只是为了谋生和赚钱，不排除其中一部分人可能会有些积累后回到家乡的县城或镇上购置房产安家落户转变为城

---

① 城乡之间医疗资源分布不均，即便在经济发达地区，差距也很明显。郑功成主编《社会保障研究》2014年第1卷，中国劳动社会保障出版社，2014，第135页。

里人外，大部分尚未有在目前就业城市安家落户的切实打算。一方面除了家乡观念、老人赡养、小孩教育、亲熟环境的依恋外，更重要的原因还在于大城市的生活成本以及城市的融入，而户口以及养老、医疗等社会保险体系的身份碍滞是一个重要的因素。

在全国范围内放开户口可能并不现实，尤其大城市由于集中了许多优质社会资源而面临巨大的人口压力。这可以通过两个途径逐步解决。一是有计划地将基础性的社会资源逐步向中小城市扩散，或者说，改善中小城市的养老、医疗、就业、社会服务等公共事业，以及相关的基础设施、人文环境；其次，有步骤地放宽中小城市的入户限制，将中小城市、城镇作为我国城市化的基本方向。对目前在各大中城市就业的农民工，应给予其基本的市民待遇；同时健全养老、医疗、住房、就业等社会保险、公积金体系的转移接续政策，免除农民工参加社会保险的后顾之忧。对于农民工社会保障市民化，既基于社会权利的承认，体现着公民身份的平等原则；又必须充分顾及他们的生存所需，应着重体现基于贡献的应得原则。农民工既然在城市就业，他们就应该和城里人一样享受同等的工作福利。不但应该获得同等的工作待遇和劳动所得，还应获得相当的福利地位。大部分城市的脏、累、苦的工作都是这些农民工完成的，给予其相应的回报也是福利承认的应然要求。

（三）经由承认的价值实现

承认既是自性觉知，也是主体间性觉知；既是对他人主体的认同，也是自我经由他人镜像得以呈现的自我认同。福利承认经由一系列的社会过程，将自我、他人的主体地位以及相应的正义价值在社会交往中透达和完善。在黑格尔以及霍耐特的承认体系中，承认沿着人际关系亲熟程度的强弱而逐渐广衍。福利承认有着相应的扩散趋向——由家庭、家族等宗亲结构衍及社区、社团及其他价值共同体的团结；以黑格尔看来，还包括契约性的法律、习俗、惯例等规约，最后衍至整体层面的社会团结。

我国的福利现实中，上述福利不均衡的一些重要方面可以通过更充分的承认来克服。承认实现着需要，实现着应得，也实现着平等。家庭、宗亲结构中的福利需要体现着承认的初级形式——亲情之爱以及相应的照护、生存资源的共享；除此之外，还有更广泛承认形式。譬如，社会弱势群体的福利需要，一些年老体弱者、因为健康或失业、劳动能力等原因造成的生存困境，经由社会救助、困难帮扶、失业救济等获得支持；社区资源的共享、价值共同体成员的互助行为；等等，这是亲情之外的中观共同体的承认。

尤应重视的是农村社区的团结承认。譬如江浙一带一些经济较发达的农村，因为有着产业经济的强力支撑，村社、社区有着丰厚的集体积累。这些积累有可能是因城市扩张而导致的土地增值，也可能是由于农村经济的商业化而衍射的社区面貌的改善，有些则是因新的集体经济的发展而获得的财力增长，比如乡镇企业、社队企业以及后来遍地开花的个私业体。得益于这些新形成的经济支撑力，乡镇、社队有着丰裕的集体资产，有些村庄除了每年丰厚的集体"分红"，村民还可享有补充养老、医疗资助、农居拆改补贴等福利扶助。这些福利形式的要件是共同体（村社）的成员身份。虽然由于土地征用、流转、拆迁等因素，村民可能并不直接从事农业生产，纯粹的农业性协作也已弱化，但是我们仍然可以感觉到村民生活中依然存在的强烈的身份认同与情感联结。除了村落生活中的日常交往，他们还有一些年节性的庆祝活动，如舞龙灯、元宵会、花朝节、端午龙舟会等。村民在享有集体资产的同时，也共享着有着新的时代同应的亚文化气息。相较于家庭、宗亲的亲缘团结，农村社区的承认在实现着需要的同时，也蕴含更明显的平等因素。但这是就经济较发达地区的农村而论。在内地更广阔的地域，农村社区的团结承认可能并不具备这样丰厚的经济基础，但是亚文化的交往联结依然甚或更加紧固。

就城市社区而言，资产性的共享要薄弱许多。城市社区资源的共享一般与物业管理、社会管理交织在一起，有着城市特有的生活情境，如商业消费、文娱、交通出行等行为的介入。城市社区也有着一定的自治性、政治性，比如物业管理的选择与协商、地面车位的规划乃至社区的基层选举等。城市社区的成员因为来自四面八方，没有农村社区固有的传统文化以及浓厚的血缘、地缘联结基础，社区承认有待于时间的积淀而逐步形成。又因为没有类似农村的集体资产的积累，种种因素导致城市社区的黏合力也要薄弱许多。一些共有的资产如小区规划、开发时预留的建筑、物业等，小区居民往往并不清楚因而介入管理的力度也较薄弱。较为泛弱的经济、社会联结导致城市社区的团结承认不若农村社区那样强烈。

公民身份意义上的承认主要在于福利体系的整合。户口差别致由的福利区隔，尤其城乡居民户口规约的福利差别，如果一时无法彻底消解，应该使与之粘连的福利待遇"脱嵌"，简化乃至统合不同福利体系，形成统一的国民福利待遇——大体相当的养老保障体系、医疗保障体系、就业保障体系、社会服务体系。[①] 而福利应得也有赖于承认之完善。相对而言，职业性福利符合蒂特马斯指谓的"成就模式"，其福利价值既有需要因素，也有应得因素；或者后者的性质更为明显。为此，应该设置统一的职业社会保险体系，不仅做到同工同酬，也应做到"同工同福"，包括相同的劳动保险体系、住房公积金待遇、子女教育机会、医疗保障等福利待遇。工作福利的应得首先基于劳动者贡献、改善社会的努力，同时也应兼顾基于能力、禀赋和美德的应得。

在当代社会，宏观层面的福利不平衡难以仅仅依靠承认来消除。社会资源的配置往往屈从于强调经济效益的市场原则，或者强调整体利益的功利原则，而没有充分顾及需要原则和平等原则。比如一些高素质人才、优质社会资源往往趋向那些社会服务优越、生活便利、工资待遇高、人文素质好的地域。在这些方面，大城市有着中小城市无法比拟的优势。在市场经济条件下，这些优势又被再度放大，形成累积循环——优势资源愈来愈集中在大城市，农村地区甚至中小城市的资源分布与大城市相比差距愈加明显。在公民素质的提高、社会服务、福利支持所实现的平等中，我们更应该借重再分配的途径，尤其是对福利资源的再分配进行必要的干预。

二 区域差异和城乡差异中的再分配

（一）福利再分配

对于我国福利体系中的区域差异和城乡差别，更须进一步拓展、拓实再分配举措予以再平衡。现代意义的再分配主要是指在社会成员之间由政

---

① 户籍对农民工福利保障的影响，参见李荔歌《浅析我国户籍制度改革中的农民工公平问题》，《科协论坛》2010年第9期。

府或其他异于市场的力量（如慈善、公益组织等）对社会资源的初次分配进行干预，以达到资源的重置和重组。各项福利制度就是再分配在各社会领域的重要表现形式。有相当的研究集注于现行财税体制、社会保障体系对居民收入的再分配功能。① 在我国现行社会主义体制下，再分配应有更广阔的含义，它应该包括国家和社会力量对地域之间、城乡之间社会资源的宏观不平衡进行干预，以实现资源的重置和调适。

当前的福利资源主要以省级统筹为主，国家视各地财政状况予以协调。比如养老金的统筹与发放，一般是省级统筹，实行统账结合，由个人、用工单位、公共账户共同形成资金池。由于很多个人账户是空账运转，国家必须予以补充，此为政府主导的全国范围内的再分配。它既彰显着平等，也有应得因素。由于地方财力不均，国家视情况在地域之间进行调剂，这不仅是公民个人之间的再分配，更是一种区域之间的再分配。② 教育资金的投入也是如此。我国教育经费属于社会事业开支纳入政府财政预算，一般也是省级统筹，由国家视情况对老少贫弱地区进行转移支付。

应得、平等、需要这些价值要素的实现，不应仅停留在微观层面的社会个体，我们还应考察个体是在何种意义上实现了正义价值。基于前面的论述，当前福利尚且存在三种明显的不平衡：一是不同身份的福利差异，如户口、农民工、弱势群体；二是不同地域的福利差异；三是城乡二元分立的福利差异。对于第一项不平衡更应赋予同等的公民身份之承认；对于第二项以及第三项福利不均衡，在承认的基础上更须通过再分配机制予以拓实和完善。

区域再分配有着深远的必要性。其一，新中国成立已经 70 多年，一些

---

① 相关论述可参见许志涛《不同所有制企业职工基本养老保险收入再分配效应》，《财经论丛》2014 年第 4 期；阎坤、陈昌盛《财政分权中的再分配问题》，《财贸经济》2001 年第 8 期；蔡跃洲《财政再分配失灵与财政制度安排》，《财经研究》2010 年第 1 期；周志凯、金明明《基本养老保险省级统筹的收入再分配效应研究——以浙江省为例》，《华中科技大学学报》2013 年第 2 期；杨灿明 詹新宇《土地财政的再分配效应》，《经济学动态》2015 年第 11 期；徐强、叶浣儿《新型农村合作医疗的收入再分配效应研究》，《浙江社会科学》2016 年第 6 期。

② 在财政分权以及省级统筹为主体的社会保障体制下，省级预算首先在省内各地、市财政予以调剂，中央财政再视情况在省际平衡。也有中央财政对老少贫弱地区直接转移支付，但额度也是层层分解的。永新调研：2015 年财政预决算。

贫弱地区如果长期处于欠发达状态，社会主义优越性无法得到体现；其二，我国经济已处于起飞阶段，但东部强、西部弱的局面没有得到根本性改善。其实西部地区有些资源还是很丰茂的，如石油、金属矿产、水、电力、环境资源等，缺的是资金、市场、智识以及相应的工商业精神等"资源流"的促动因素。国家和社会的投入不应仅停留在维持基本民生的运转，还应考虑资金投入的方向如何有利于改善当地经济社会的发展基础。直接的福利投入当然是必要的；还须考虑如何最有效地改善当地的投资环境和人文基础。教育可以提高民众的智识基础，它本身也是高素质人员回流的基地；基础设施的投入，如道路、桥梁、铁路等交通设施、通信设施等，也是如此。拓展文化艺术领域的活动空间也甚必要——因为这可以陶冶人的情操，培育良好的道德基础进而形成良好的社会氛围。区域再分配在实现着平等价值的同时，还须兼顾基于生存和发展的需要与应得等价值。

对于我国老少贫弱地区，国家已经实行了力度较大的转移支付政策，对这些地区的教育、养老、医疗卫生等福利事业、基本建设进行了有力的扶助与扶持，有着明显的社会改善效应。[①] 但是这仍然属于一种基本的生存保障性质，有时在一些地区仅仅停留在"吃饭财政"的意义上，只能保证当地基本社会体系的运转，而没有使得这些地区获得一种更强的生产力，使其形成经济社会发展的良好基础，通过自身发展获取"自我造血"功能。一些经济社会发展的基础项目，如基础设施、人文环境的改善、良好风尚的形成等，有助于社会的良性运行，以及在此基础之上进一步促进民众的福利水平。生存型福利政策应向发展型社会政策迈进。[②]

广大农村地区的福利投入也应彰显社会资源的再分配效应。我国长期以来的城乡二元结构导致乡村地区的经济、社会发展远远逊于城市地区。福利资源的城乡不均衡既有一定的历史缘由，也有经济社会发展的阶段性因素。在计划经济时期，由于经济发展的水平不是很高，福利体系有着城市单位制和农村集体制双重结构，国家没有足够财力投入农村的福利事业。改革开放以后，我国逐渐走上了现代工业化的道路，基本实现了从农

---

① 永新调研资料。
② 国外对社会政策的发展功能研究，参见〔德〕安东尼·哈尔、詹姆斯·梅志里《发展型社会政策》，罗敏、范西庆等译，社会科学文献出版社，2006。

业国向工业国的转变。但是城乡二元结构依然存在，农村的社会服务和福利事业仍然薄弱。当然，农村的人口密度远比城市稀薄，医疗、教育、社会服务等福利事业的分布可能会比城市的密度要小一些。然而农村地区仍然居住着大量人口，常住人口中老人和小孩占据的比例较大，相应的养老、医疗以及学前、初级教育的需求仍然很高。在农村地区，学校、医疗卫生机构、养老服务机构等福利事业网点的分布、数量和质量都有待加强。从笔者初步调查的永新县农村福利情况来看，大一点的行政村有一个卫生所；几个行政村有一所小学；在交通便捷的乡镇街道上也有幼儿园等学前托护机构。[①] 这样的分布密度大致是合理的，但是其中的服务质量，无论是医疗设备、教学设备、教具，还是医护技术、师资力量，都有待于更长足的提高。[②] 这是经济处于中下游的内陆农村福利情况。在西部一些更贫弱的山区，情况可能更不乐观。由于地方财力的限制，国家的转移支付项目有必要进一步向农村福利事业倾斜，也应鼓励各种慈善组织、社会团体对贫弱地区的福利改善做出努力，尤其是开拓更为积极的社会政策、经济政策，鼓励、带动更多的技术力量以及师资、医护资源下乡、进村。

（二）再分配实现的价值

城乡之间的再分配首先基于应得原则。由于历史因素，农村为支援工业发展做出了很大的付出和贡献。现在国家和社会的财力有了大幅提升，也应给予农村地区适当的回馈。农村居民的福利需要因为生活资料相当程度的自给因而社会化成分不足。随着农业产业化的推行，其缺陷效应会逐步显露。平等意识随着城乡社会的融合以及观念、价值的潜替而会逐步强化，有形的藩篱正在消失，权利意识也在增强。需要和平等在城乡资源再分配中也有着显著的价值地位。应将资源再分配与切实的城乡规划设计相结合，通过积极的财政、经济政策，使得福利资源以及有利于经济社会发展的其他资源在城乡之间更为合理地配置。

我国城乡之间福利不均衡的调节涉及两个层面。其一，由于城乡不同

---

① 2016 年永新调研。

② 2016 年永新调研。据近期（2018 年 4 月）情况反馈，这几年政府对老区农村的投入对于农村面貌有着显然的改善，这是可喜的；然而尚待在福利价值层面进一步融合城乡区隔。

福利体系导致的福利差别，应该通过进一步整合予以完善；其二，由于城市和乡村不同的资源配置，应通过再分配机制来调整。就前者而言，整合福利体系重在逐步消弭城乡之间由于自然、历史、分工所致的区隔。尤其实行一体化的养老保障，更加普惠性的国民医疗待遇，在维护农民土地承包经营权、农村宅基地所有权的前提下进一步放宽农民进城落户的限制等举措。以改革"户口"为载体的福利形式作为打通城乡区隔、改善农村福利情势的突破口，这是基于公民身份的平等。后者作为福利过程，既实现着应得和需要，同时也彰显了深刻的平等意义——一种"资源平等"。以德沃金的观点，再分配之目的在于社会个体之间初始意义的资源平等，由此社会成员获得实现价值目标的大致相当的基础和条件。当然，资源平等更在于完善"资源流"的促动与平衡机制，将福利更契合地融入资源要素的流动。福利属于基础性社会资源，人们只有在获得基本的生存、教育、健康以及其他社会支持的基础上，才能获得进一步发展和完善自身的机会。这些资源在城乡之间的平等，意味着国家和社会力量通过再分配和承认进一步完善农村地区的教育、医疗、卫生、养老、社会服务等福利事业，关键是如何找寻、激发这些"资源流"的促动因素。

个体之间的福利行为既有微观的家庭、宗亲等亲缘联结，又有中观的宗教、社区、社团等地缘、价值共同体的承认因素，也有非营利机构（NPO）等组织的公益行为的再分配。二者的区别，一个是基于共同体的成员身份，另一个有着较为分散、模糊的身份边界。养老、医疗、教育、住房、就业、社会服务、慈善救济等公共福利领域以公民身份为标识的再分配，均以系统化的公民权利为保障。这些或承认或再分配性质的福利形式，都是以个体利益的调节为内涵的资源流动。此外，当前更宜赋予其重的是区域、城乡之间宏观的资源流动。如果说城乡之间的资源流动主要依托各行政区划之内的调制，资源在区域之间的平衡尤其依赖国家的主导性。

相对于城乡之间的资源平等，区域之间福利差异的平等诉求要复杂得多。因为城乡之间的福利再平衡有较强的地方性因素，而区域之间福利资源的再分配很大程度上取决于国家的调节功能。由于我国经济发展有着东部强、西部弱的格局，西部地区的福利改善有赖于更为积极的财政、经济以及社会政策，或者直接的福利投入，以获得必备的社会积累。要言之，宏观再分配有着三大政策支柱，一是以转移支付、税收减免与优待、财政补贴等为内涵的财税政策与杠杆；二是以重大项目、基础设施等投融资为导向的经济政策；三是直接的以民生改善、福利投入为内容的社会政策。简言之，以"优待性"的财税政策、"导向性"的经济政策、"普惠性"的社会政策作为区域"资源流"激发与促动的导引。

平等作为再分配的核心要素体现为如下原则。

其一，资格平等重于绩效应得。区域再分配的首要依据是基于公民身份的平等原则。由于各地经济社会发展水平的差异，地域之间有着不同社会保障水平和福利基础，这与各地不同的财力密切相关。福利的区域性差异虽然吻合于经济绩效的应得原则，但仍须通过平等原则来矫正，这是基于公民身份的福利平等。在血缘、亲缘、地缘或其他价值共同体的福利承认的基础上，国家和社会力量通过再分配机制将散布的社会资源予以重组和重置，实现区域之间福利资源、社会资源的大致平衡。

其二，积极平等重于消极平等。区域之间的再分配体现着福利乃至社会资源配置的更为积极的平等意义。如果按照消极平等原则，国家以及相关社会力量只需依照相同的福利规范、社会分配原则施行于全国各地即可。然而各地经济社会发展的不平衡，各地不同的财力和社会基础，决定着在不同地域施行不同的福利政策、不同的财政和社会干预政策，这是基于积极意义的再分配举措。

其三，机会平等与结果平等并重。市场经济原则主要强调机会平等，这是当前经济秩序的基础。为防止由此可能造成的分配悬殊，必须通过适度的再分配予以矫正。福利资源以及与之相应的社会资源在区域之间的再分配，力求在机会平等的基础上达成大体相当的结果平等——不同地域的民众可以享有大致相当的福利待遇，同时又不损于社会生活与经济生产的活力。

其四，兼顾资源平等与社会能力平等。区域再分配的首要目标是实现福利资源以及与此相关的社会资源的平等，使人们享有维持基本生存、健康、教育以及社会实践的条件。在此基础上，再分配还应使民众获得实现自身潜能、完善自我的能力。同时，再分配的发展指向不仅应涵括公民自身的发展和自我实现，还应涵括总体层面的社会发展和良序社会的形成。福利将就此发挥怎样的功能？

在福利资源的意义上，本书主张的再分配范域与弗雷泽再分配的意涵有所不同。弗雷泽的再分配主要指向阶级抗争的正义诉求，要求在经济领域获得阶级之间的利益平衡。[①] 为着福利正义的实现，社会再分配自然必须顾及不同社会成员、不同身份群体之间直接的福利平衡。更为重要的是，再分配还应着眼于更长远的价值，更宏观的社会结构之合理性——城乡之间、区域之间社会资源的平衡与再平衡。这就必然涉及社会发展的基础以及宏观社会结构的更深刻的完善要求。当前福利不平衡的调适与再平衡，说明福利正义的应得、需要、平等原则在这些方面仍然有着一些缺陷，这必须通过承认和再分配双重机制来改善。

（三）福利价值的特性

经由承认和再分配实现的价值既有历史承继性又有着现实应力性，由此三大不平衡可望得到逐步的纠正。福利需要的实现赋有着深刻的承认印迹。高夫和多亚尔曾指出过需要的基本内容：食物和水、住房、无害的工作环境、无害的自然环境、保健、童年安全、重要的初级关系、经济安全、人身安全、教育、安全的节育和生育等。我国福利需要的实现大致可分为两个层面：其一，家庭、亲友之爱、社区、社群以及宗教组织提供的基本生存资源、精神慰藉以及社会认同；其二，宏观的国家和社会机构赋予的福利认同，即由于户口（城乡身份差别等）、病弱或年老导致的弱势群体等群体性需求而予以的承认，包括健康需要、生存保障、教育和就业、困难救助等。马克思指出需要的满足是人的本质乃至社会本质实现的基本前提。在马斯洛的需要层次中，生存需要的满足是更高层次满足的条件。可见，"需要"有着基本性、生存性，是福利的基础性价值。通过一系列社会承认，家庭、宗亲、社区、社团、身份和职业群体、弱势群体的需要将获得满足，福利不平衡也由此可望得到有效缓解。

---

① 参见〔美〕南茜·弗雷泽、〔德〕阿克塞尔·霍耐特《再分配，还是承认？——一个政治哲学对话》，周穗明译，上海人民出版社，2009。

而福利应得的实现既有承认性质也有再分配性质。工作福利的应得不足涵括职业报酬不衡、工农业从业的报酬区异以及相异的福利待遇，这些都需要市场、国家和社会的协同努力。就应得而言，诺齐克强调源于产权的赋得观，沃尔泽将自由交换与受制于资格、能力和贡献因素的应得分配并置，而米勒的应得依据则是各种要素之于社会目标的"功绩"或功用。我国福利应得既体现了其中某些要素而又有自身特性，具有一种综合气质。产权和劳动贡献的分配是并置的，行业之间在社会分配中既有贡献因素，也有市场机遇以及供求之间的平衡和调节。农民工的福利保障以及劳动酬得受市场机制的影响明显，缺陷在于福利身份的承认不足。通过福利政策、社会政策的调整和完善，"同工同酬""同需同福"原则的实行，建立在市场机制之上的承认将使得交换与应得之间的协同更为充分。

福利平等的实现同样既有承认因素也有明显的再分配因素——就三大福利不平衡的调适力度而言，再分配色彩更浓重一些。综合起来看，福利平等的实现大致有三个层面。其一，即公民身份的平等。罗尔斯诉诸的平等本质上是结果平等，他主张社会资源应尽可能平等地分配，否则应倾向最弱势的社会成员。公民身份的福利平等当然并不排斥福利结果的平等，但是首要的基础性条件是福利的平等身份资格——社会成员享有大体相当的福利准入待遇。在公民身份领域，平等、需要与应得的价值是相互交融的，共同成为福利实现的基础。其二，在个体意义上即资源平等与发展平等并重。城乡资源和区域资源的再分配体现着资源平等基础之上的发展平等。这两种平等相融的意义就福利而言要甚于"机会平等"。因为后者更多指向一种创设和条件，而福利的本质要求一种结果的衡量与制衡。多种平等维度的交织标示着人们在切入福利状态时不得不有所取舍。其三，就宏观结构而言，即再分配既有初始意义的资源平等，更须在"资源流"中注重实现更高层次的平衡。福利资源、产业资源、社会资源的协同，将促使社会更高水平的平衡发展。发展诉求既寓意着人本身的发展，也含有社会的整体进步——一种较个体发展更为广涵的社会基础，实现良性运转的更为协调、和谐的社会进步。

资源分配既有顾护个体的生存、健康、教育、就业等扶持性意义，也为城乡之间、区域之间的平衡与再平衡创设了基础和条件，从而为经济、社会能够更加和谐有序地运行夯实基础。也是在此意义上平等是多维的。

亦如沃尔泽提出的不同的社会领域践行不同的分配原则：自由交换、需要、应得等，但是我国福利的平等多维质性与此有所不同。质言之，就资源而论，区域再分配体现了资格平等与绩效应得、机会平等与结果平等、积极平等与消极平等、资源平等与社会能力等众多维度的平等诉求，其实这也是总体层面的资源再分配的整合原则。

经由再分配和承认，福利内蕴的价值在国家、社会、个人的多重关系中，在多重福利体系构筑的生存、保障、自我完善与实现机制之中，在个人努力与社会支撑之间，在每个人的需要与作为社会整体的大生产之中，在资源的融汇、流通与分配的流转与运行之中——在整体性社会系统的运行之中得以透达、彰显和完善。在这些多层次、多角度的关系中，无论是再分配还是承认，均须充分虑及特定社会领域的具体环境，细化其政策、制度指向及其运行机制，方能发挥应有的实现功能。

三　福利完善

福利必须通过自身完善来实现其应有的社会价值。

其一，福利平等的现实应力。教育的本质是什么？升学、就业、学历等，都是教育的社会效果。教育的本质是人的素质的提升，获得社会化的能力，锻造社会实践能力，提升人的心灵和品质。教育作为人的发展的基础性条件，其本身的发展也应围绕这一本质。当然，这需要全社会的共同努力。社会的教化作用不只是来自学校，人们生存其间的环境的社会化作用在成年以后于此尤甚。教育及其社会化功能对于每个人都是不可或缺的。

在教育体系给予每一公民起码的社会教化的基础上，针对外来务工人员在城市大量就业，但又没有合法的市民身份，以致他们的社会行为缺乏基本的道德土壤这一情形，应该给予其适当的身份"承认"——使其融入城市生活，在所在城市获得市民身份，培养基本的道德意识，能够在城市落脚，还能生根。有些农民工的收入也不低，比如有些装修工人，每天工资有 300 元，排除干活的连续性因素，一个月最少能拿五六千元，多的时候能拿 10000 元左右。[①] 这些收入除了足以支付他们的日常开支，也足以

---

① 江苏籍、江西籍、河南籍等在杭务工人员访谈资料。

承担各类社会保险，如养老、医疗、失业保险，甚至可以承担住房按揭款。这是自雇者或类似自雇者的情形；一些在较大工厂工作的农民工，工资虽然低点，但雇佣单位一般会依法为其缴纳相关社保。应该说，农民工获得市民资格，融入市民福利体系的经济条件是具备的。主要障碍在于制度的统一没有完成，以及农民工参加市民保障体系的意愿，而这又取决于城市的生活成本，以及小孩的教育机会等因素。①

先来看住房政策。应该实行全民住房公积金，与养老保险、医疗保险、失业保险等体系一起成为强制性、普惠性的福利制度，由个人出资、雇主分担、国家补助相结合，为异地户籍务工人员在城市安家落户排除居住障碍。而且所有的社会保障记录都应该可以转移接续，即在一个城市参加的养老、医疗、住房、失业等保险可以随工作地的转移而延续，这样就排除了异地就业者参加社会保险的后顾之忧。农民工等异地户籍务工人员获得与市民一样的社会保障身份以后，他们才会成为真正意义上的市民，他们的家才会落在城市，生活也会渐趋安定，一些短期行为即会避免，经

---

① （1）王守恒、查晓虎：《进城农民工随迁子女的教育公平》，《安徽师范大学学报》（人文社会科学版）2011 年第 1 期。

（2）新生代农民工基本情况的描述统计：（资料来源：农民工权益保护理论与实践研究课题组，2010。转引自陈余婷、张丽艳《社会保障对新生代农民工迁居城市的影响分析》，《社会保障研究》2012 年第 1 卷，中国劳动社会保障出版社，2012，第 69 页。基于广东省广州、深圳、东莞三地农民工调查，获有效样本 1332 个。）

变量	频数（N），百分比（%）		频数（N），百分比（%）	
性别	1. 男	738，55.4	2. 女	594，44.6
是否农村户口	1. 是	1114，83.6	2. 否	218，16.4
婚姻状况	1. 已婚	618，46.4	2. 未婚	690，51.8
	3. 离异	19，1.4	4. 丧偶	5，0.4
受教育程度	1. 小学及以下	171，12.8	2. 初中	587，44.1
	3. 高中	259，19.4	4. 中专、技校	184，13.9
	5. 大专及以上	131，9.9		
是否有务农经历	1. 有	870，65.3	2. 否	462，34.7
打工单位性质	1. 国有	60，4.5	2. 集体	23，1.7
	3. 股份制	29，2.2	4. 私营	509，38.2
	5. 个体	58，4.4	6. 其他	653，49.0
居住情况	1. 企业员工宿舍	617，46.3	2. 出租屋	610，45.8
	3. 借住亲友家	18，1.4	4. 工作场所	34，2.6
	5. 自购房	40，3.0	6. 其他	13，1.0

济领域中的失德行为也会弱化。农民工子女也应该享有在城市接收教育的机会。

目前的城镇企业职工养老转移接续暂行办法规定："基本养老保险关系不在户籍所在地，且在每个参保地的累计缴费年限不满10年的，将其基本养老关系及相应资金归集到户籍所在地，由户籍所在地按规定办理待遇领取手续，享受基本养老保险待遇。"这会给劳动力流出地在未来养老金支领时带来巨大财政压力，可能又要国家的转移支付来补足。可考虑设立全国通用的公民统一社会保障账户，依据缴费记录按统一标准领取养老金。好比公民在银行存款，可以在银行的不同网点存款，也可自由地在不同网点取款，而费率、利息是一样的。在缴费时参照工作地点的缴费标准以及自身的收入情况；在领取养老金时，主要参照应得原则，按照统一标准计算出每月养老待遇，同时兼顾平等原则和需要原则，由国家财政预算对公共资金、统筹账户予以调剂。

养老、医疗、就业、教育、社会服务、慈善等领域的福利平等首先要求"公民身份"之平等（职业、行业、社会阶层的同等福利资格）。在这一意义，福利正义之实现并不仅体现在农民工等异地就业人员的福利承认上，也体现为不同职业、行业以及不同阶层之间的"同工同酬""同需同福"。为此须弥合福利区隔，简化、整合不同的福利体系。当然，不同领域福利完善的途径和方式也有区别。譬如，医疗保障应贯彻需要和平等原则，国际通行的全员医保可以结合我国国情加以借鉴；养老体系也应尽量简化、整合以实现普惠型发展；就业体系应逐步消除身份区隔和各种就业歧视；教育、社会服务、慈善等福利领域应贯彻需要原则，使得相关的资源配置进一步合理化、均衡化。需要、应得、平等的落实将在不同群体实现新的福利平衡。这将为保障贫弱者的基本生活、缩小社会差别、拓展生存和发展的空间、实现社会的公平正义，奠立坚实的制度基础。福利完善还将充实社会的价值、规范基础，使得社会生活和交往更加理性而有序。

其二，福利资源的再平衡。鉴于资源不均以及城乡二元结构短期内尚难以消除，社会资源应该逐步向中小城市扩散，向农村地区扩散。实现教育平等的首要措施在于提升中小城市的中、小学教育质量，放宽孩子入学的户籍限制；加大对中小城市、农村地区医疗卫生资源的投入；医疗资源、社会服务也应在城乡之间依照需要原则就人口密度、构成等因素实现大体的均衡。就城乡福利而言，福利本身的完善离不开经济政策、社会政策、财政政策的协同，而再分配和承认依然发挥着枢纽性功能和角色。直接的民生投入可谓"治标"。彻底根除二元结构，城乡福利的区隔自然迎刃而解，此谓"治本"。须以经济建设带动社会建设，以社会建设促进福利建设。再分配不仅是福利过程的显质，也是财税杠杆、公共服务等形式与投融资等经济政策一道引导着资源向农村地区分流与蓄积，从而改变资源的分布与流向。其次，实行积极的城镇化政策。改善城乡融合的关键是积极的城镇化，而不是被动的自发的人口流动。以城镇而不是大城市作为弥合城乡区隔的要设；为此须以更为积极的再分配举措延及公共领域，以城乡之间交通、社会服务、公共资源的共享实现城乡融合，尤其注重城镇的"伸缩性"功能。最后，新型农村建设必然注重"新"的社会结构形塑。这可从两方面来理解：一是因地制宜的农业产业化；二是农村的宜居化。较之欧美农村，我国农村有着与日、韩等东亚国家相似的社会基础，如人口密度、人均耕地占有量、文化基质、家庭意识等方面。无论是农村产业化还是农村宜居化，均须立足这些基本特点，发挥我国农村社区特有的团结功能，将血缘、亲缘、地缘等承认因素融入新的农村社区形塑。这些措施可谓消弭二元格局的核心环节。但是必须明确的是，消除城乡差别并非取消其本性差异，如产业形态的差别、社会构成的异别，而是消除城乡对立的福利格局以及缩小收入分配、社会服务、人员素质等差距。农村社区有着自身的亚文化和生态特点，这些文化特质是社会多样性的必然映显。农村社区的团结模式有着显著的血缘、亲缘、地缘共同体的承认因素，也是传统文化传承的重要延脉。

我国地域辽阔，自然条件、社会、经济状况有着较大差异。福利平衡也有赖于国家和社会通过更为沉实的再分配举措夯实欠发达地域养老、医疗、教育、住房、社会服务、慈善救济等福利事业的基础，这不仅体现着公民身份的平等，也是对民生需求的更深顾全。福利资源在城乡之间、区域之间的再平衡，除了国家的主导性角色，也应鼓励个人、社会力量参与福利事业，形成多层次、有序、互补的福利局面。

区域之间的资源再平衡首先在于更强有力的经济政策与社会政策的协同与引导。一是国民经济在地域之间的深度融合期待着再分配更高效率的资源配置与社会协同功能。福利建设离不开全社会的努力，需要政府、社区、企业、个体等主体的共同参与。在经济驱动力之外，再分配将对资源重置起着必要的弥补和促进作用，更有利于经济的深度融合与社会协同。二是发挥区域中心与次中心的资源吸纳与扩散效应。区域中心与次中心的辐射效应不仅体现在经济增长方面，在文化建设、医疗卫生、教育、就业以及其他社会服务上也有着类似的"吸聚"与"共享"效应。三是分配结构的重塑应贯彻初次分配与再分配机制的协同。资本、技术、资质、人力、智识等分配要素应由合理的应得设计来调节过度与不足；而社会系统自发的平衡与宏观的结构性调适需要市场工具与再分配政策的双重引导或直接的贴补。此外，平衡区域级差还在于促动欠发达地区的"资源流"。以强有力的产业布局和直接的投融资导向激发欠发达地区资源要素流动的同时，在经济社会发展和民生改善的力度上，更为发挥市场诱导和再分配的协同和互补功能——直接的转移支付仍将不可或缺，然而须将调适方向进一步扩延至"资源流"的促发动力。

相较于社会个体的需要、应得、平等价值的微观实现，福利资源的宏观均衡直接着眼于宏观社会结构，为个体的福利保障拓展更充实的社会、经济基础。两者——微观和宏观的福利实现都将有利于社会发展更为有序、理性和均衡。福利完善不仅有赖于直接的福利投入、取决于各项福利事业本身的进展，还取决于分配秩序、经济效能、资源流动等基础性秩序的充实、巩固和提高。质言之，福利之完善除了自身的再结构化还在于福利与其他社会体系的协同交融，有着类似帕森斯之谓"系统"与"环境"之间的交流融汇，涉及整体社会基础的改善。在多种社会关系的融汇之中，再分配和承认在深深融入福利过程的同时，也在多重结构本身的内在应力中、在福利"系统"与"外境"的融通之中，不断再生出新的福利实践。

其三，充实福利基础。福利的区域性差异在很大程度上缘于各地经济社会发展的不均衡。例如，埭溪等地的农民福利主要基于当地经济的发达为福利开支提供了比较充足的财政支持。① 欠发达地区的福利完善也应建立在经济社会发展的基础之上。实际上，这两者之间是互为影响、相互生成的。基本的福利保障建立起来之后，社会、经济发展可以免除后顾之忧；后者又转而为福利发展创设条件。譬如，我国江浙一带的经济发展，尤其是浙江的台州、温州地区，有着这样一些特色：形成了颇具规模的集聚性产业群落，如汽配、摩配、机械制造等轻型加工业以及与此相关的物资贸易、港口、交通运输；在此基础上，有比较发达的民间信用网络；悠久的经商传统；等等。② 其他地区的发展，未必有条件完全照搬这种小工业（在产业的下游是家庭作坊式小工业）带动的经济模式。或许有些经验可以借鉴，但有些条件无法复制，如毗邻海洋，有港口码头；家庭作坊式生产；建立在经商传统之上的民间信用网络，等等。不同地域都有各自优势和特点。夯实福利基础，实现经济社会更平衡、更充分的发展，在于因地制宜、扬长避短，找到合宜的经济增长和社会发展道路。而国家以及具有团结意义的公民社会，有资源之引导、调节、平衡以及社会规划的法理和道义责任。充实福利基础还得益于中观层面的承认机制的拓实。譬如，可以在土地流转、征用补偿环节预留充裕的集体资产；开拓社区资源的保值、增值途径；完善社会团体管理办法，保护其资金筹集的合法来源；等等。承认机制的拓实有利于分散的社会资源更有效率地流转，发挥社会规范的团结和整合功能。

当代中国经济起飞已经初步实现。一些较大规模的企业在经济发展中，尤其在工业经济的发展中，起着愈加重大的作用。应通过各项社会政策和经济政策，将这些企业布局在中小城市，尤其是县级城市，以实现我国经济社会的平衡发展。但是这必须在中小城市改善其社会环境和

---

① 该镇将临近镇府的四个行政村居民集体搬迁到一个规划好的新农村居住区，房子很宽敞整洁，交通也便捷。农民是无偿入住的，唯一条件是以原宅基地置换。该镇一个村庄的老年农民，除了每月领取国家的基础养老金，镇里有财政补贴，村里如有收入也会补贴，每位老年村民每月大致可领取 2000 元，基本生活无忧。埭溪镇较好的农民福利主要缘于该镇经济较发达，有充足的财政收入。4.5 万人口有数家上市公司（含新三版），镇里每年可支配收入约 4 亿元，足以进行一些住房、养老、教育等福利投入。埭溪的福利模式给我们一个提示，在国家财力保障基本生存的情况下，农民福利要想获得提升，还在于地方财力是否充裕，而这又与经济社会的发展程度密切关联——2016 年 3 月湖州埭溪调研资料。

② 依据笔者早年工作经历回忆整理。

人文基础，形成有利于人才集聚的社会氛围。比如，我们在大城市可以感觉到人们较高的文明程度、较整洁的市容市貌、较完善的社会服务、较丰富的文化生活，如藏书丰富的图书馆、丰富的文化艺术生活、设备齐全的体育场馆等。中小城市也应该健全、完善这些社会设施，在提高市民素质的同时，也能够让广大大中专毕业生等人才愿意在这些地方就业、安家落户，资金投入也有一个比较可靠的安全感和价值体现。通过各项再分配举措的拓实，在民众基本生活获得保障的基础上，基础设施、人文氛围、精神生活上更优质的投入、更完善的规划，这是福利的长远价值。

除了必需的经济支撑，除了"资源流"更有力、更高效的融汇与流转外，福利基础的夯实还在于这些经济因素运行其间的社会环境的完善。观念、价值、伦理等意识基础构成的社会团结一方面促进了经济绩效；另一方面，福利本质上仍然属于一种社会关系，也因此必然"镶嵌"在文化、制度、规范构成的上层建筑之中。正义作为秩序的价值意涵必然与更广涵的社会基础——伦理、规范、制度等构成的交往秩序乃至更泛远的文化基质之间，有着深刻的互衍——或者可以说，一种更为深远的团结意义。这些基础是什么？

概言之，我国福利事业既为社会发展夯实了基础，它自身的提升和更高程度的实现，又有赖于社会的整体进步与发展。经由再分配和承认，资源按照正义原则在不同地域、不同阶层之间获得更为公平合理的配置，更加良性、有序的社会运转，以生存和发展为意涵的现代公民权利才能真正实现。可以这么说，我国福利在不同领域、不同程度地实践着应得、需要、平等的正义价值，同时也存在身份差异、城乡差异以及区域差异等层面的福利不平衡。再分配和承认之拓实，以及与之相应的更为积极的经济政策、财政政策、社会政策的协同，可以使得这些不平衡因素得到有效的矫正和缓解，福利正义也因之有着更为深厚的社会基础，可望得到更高程度的实现和完善。福利正义之实现必然有赖于权利的实施和保障，有赖于经济、社会更为协调、全面、充分的发展。就我国而言，权利的法理基础与保障，又有哪些新的意涵？

第二节　福利与权利

一　福利的法理基础

(一) 权利要素的涵化

马歇尔认为可以将公民权利划分为三个要素：公民要素，即人身自由、言论、思想和信仰自由、拥有财产和订立有效契约的权利以及司法权利，与此相关的机构是法院；政治要素，即作为政治权力实体的成员或这个实体的选举者，参与行使政治权力的权利，与此对应的是国会和地方议会；社会要素，即从某种程度的经济福利与安全到充分享有社会遗产并依据社会通行标准享受文明生活等一系列权利，与此对应的是教育体制和社会公共服务体系。[①]

公民权利的三个要素之间也体现着福利正义的三项价值原则。公民要素的基本自由以及自由订立契约的权利，对协约的遵守及其实际效果，无疑体现着应得原则——由此人们根据对某项社会行动的贡献，通过自由的交换和让渡，获取某种权益。政治要素体现着平等原则，不仅是身份平等，也包含共享资源和权利的平等。两者作为坚实的法理来源，共同为第三种要素——社会权利的实现夯实其合法性基础。这些权利保障着社会资源的再分配，以及主体间基于心理、情感、规范、道德之承认，实现着不同层次的社会团结，从而实现着需要、应得和平等这些价值的交融与衍通。福利正义最终的实现结果，即彰显社会权利的教育、医疗、住房、养老、就业以及其他社会服务等资源依照需要、应得、平等的原则分配给社会的每位成员。换言之，公民权利既为再分配和承认之路由确立了坚实的法理保障；同时，需要、应得和平等价值的实现也将成为衡量公民权利是否彰显的重要标尺。

在当代社会，我们可以将公民权利进一步概化为两个要素：生存之权利和发展之权利。如果从福利角度来看，马歇尔勾勒的欧洲尤其是英国公

---

① 郭忠华、刘训练编《公民身份与社会阶级》，江苏人民出版社，2007，第7~8页。

民身份的演进历程，其实质不外乎指出民众两种基本权利的确立：生存与发展。17、18 世纪之交的自由经济秩序刚刚确立之初，摆脱了封建桎梏但同时也失去传统荫蔽的民众，面临贫穷、疾病等生活风险侵袭下的生存问题；在基本生存有了保障以后，民众还面临如何在公共领域更充分地实现、完善自身。也是基于公民权利的承认，国家和社会才会天然地兼顾每位社会成员的发展和自我实现的需求。公民身份三个要素的实现其最终的效果也即这两种基本权利之实现。公民权利的这两个基质对于我们理解当今时代尤其是我们当今的中国，有着极重要的借鉴意义。

在当代中国，公民权利蕴含的生存和发展实质与福利正义实现的基本路由——再分配与承认是相互契合的。通过国家和社会的再分配，资源流向处于弱势、有着妥应和正当需求的地域和人们。这既是建立在对其作为一个共同体的成员，对特定的身份和需要予以承认和认可的基础之上的，也是对公民权利的认可。依霍耐特所论，社会秩序的确立无法离开爱、法律和团结这三种承认形式;[①] 我国也深具这三种形式的社会基础，但有着不同于西方的表现形式和更深厚的文化因素。比如，我国长期以来的乐善好施的传统；我们的集体主义精神；由于没有西方传统社会严格的阶级区隔，我国社会早就蕴含身份平等、互助互爱的特质；等等。我国福利正义也必然经由再分配和承认这两条途径而实现，同样也秉承着以生存和发展为内涵的公民权利之保障。

出于每位成员生存权和发展权的尊重和认同，福利资源的流转和分配才有着坚实的法律保障。比如，我们的养老保障体系、生活救助体系、最低生活保障等福利设置，既有应得因素——根据领受人过往的贡献或者缴费情况，发放相应的补助和待遇；更有基于需要和平等的原则，无须考虑任何过往贡献和承付，仅须具备公民身份，就有权利拥有基本的生活保障和困难救助。在教育、医疗、就业及其他公共领域，基于公民身份——或者说基于公民之生存和发展权利，人们即可拥有政府或其他社会力量提供的平等福利支持。

---

① 〔德〕阿克塞尔·霍耐特：《为承认而斗争》，胡继华译，上海人民出版社，2005，第 100 ~ 135 页；〔美〕南茜·弗雷泽、〔德〕阿克塞尔·霍耐特：《再分配，还是承认？——一个政治哲学对话》，周穗明译，上海人民出版社，2009，第 105 ~ 114 页。

在当代中国，生存权和发展权为福利正义之实现奠立了坚实的法理基础。如果说，计划经济时代人们享有福利待遇主要基于单一的全民所有制和集体所有制经济基础，公共积累满足了人们养老、医疗、住房、教育、就业等多方面的需求；那么，在现今多种经济成分并存的市场体制下，生存权和发展权便成为福利资源以合乎正义的方式在社会成员之间分配和流转的正当性基础。出于生存和发展的尊重，国家和社会通过再分配对人们的收入和所得进行调剂，满足不同阶层民众的福利需求；家庭、社会、职业等亲缘、业缘性团结承认也同样基于成员生存乃至更完善的自我实现与发展需要。这些或隐性或显性的合法权利在不同的社会阶层、不同群体乃至公民社会的交往形式、公共生活得以透显与交织。权利在福利过程中有层次、有步骤显现的同时，它自身的保障功能也渐行而有序地发显出来。那么权利之保障功能其具体的社会过程是怎样可能的？

就再分配而言其保障大致映显为以下方面：其一，个体的生命周期——幼年、成年、老年三个阶段的受得、积蓄与受领等行为之接续承受着公共秩序的担保；其二，福利体系内不同公民之间的调节如所得税、个人调节税等税收支出以及补助、补贴等各项收入的平衡同样受到公共秩序以及相关权利的保障；其三，资源在省内与省际的平衡受到国民经济社会发展规划的调节而纳入公共财政预决算，受着主权的保障义务；其四，城乡福利的平衡受制于各地社情的不同，在社会治理的多主体如国家、地方政府、社会机构、相关个体的协同中，公共安排的主导性不可忽略。

就承认而言，权利的保障形式表现为三个层面。血缘、亲缘性初级承认的情感、规约等因素既受着惯例、习俗、舆论等隐性社会规范的道德担保，有些准则已列入明文的法律条例而有着正式的法理依据；中观层面的社会团结如行会、职业协会、公司章程、乡规民约等，有着正式或非正式条文的约束效力，反射着共同体所规约的成员所享有的相应权利与义务；而公共领域之社会遗承的共享承受着公民身份之社会权利的保障。

这些不同形式的权利保障其实有着不同的逻辑机理。权利是社会环境的产物，深受文化、价值观念以及社会联结方式等外在因素的影响；同时，它的内涵又随着社会变迁而发生深刻的变化。

（二）权利的保障层次

亚里士多德的公民观与近代社会契约论之间有着某种程度的一致性——前者将公民权利设想为自然原则；后者将其视作自然权利，两者都具有"自然"属性。不同的是，古希腊由于相对狭小的城邦地域，公民"自然"地享有并且"自行"保卫着这种权利；在社会契约论里，公民权利受到主权者或政府的保障，这在现代社会是福利权利的显著特色。不仅如此，两者对个人和共同体之权利地位的不同理解分别衍生出两种权利传统——共和主义传统，强调公民对公共事务的参与以使个体和共同体相互受益；自由主义传统，倾向于权利的个体主义本位。[①] 马歇尔的公民身份理论可视为两者的融合，纵然受到新保守主义以及后现代主义的挑战，[②] 仍然不失为迄今为止在学理上界定公民权利最为清晰的。

公民权利的福利保障功能可以划分为两个层次：权利的外生保障和权利的内生保障。前者由霍布斯、洛克、休谟等社会契约论者做了深入阐释。依据此论，人民让渡主权以后，国家（主权者）赋有维系社会秩序以及保障公民权利的职责和义务；权利之内涵也由起初的生命、财产、安全延及基本自由、有尊严地生存、政治参与以及共享社会发展的成果，现代以来发展为福利国家。权利的外生保障为福利的外部正当性以及福利国家奠立了法理基础；但是权利作为现代社会福利正义实现的保障机制还得益于在此之上的进一步细化——权利的内生保障，即权利不仅作为外在秩序环境为福利正义赋予法理基础，权利要素之间也有延递发展和互为基础的性质。

先就权利的外生保障而言，即一种外在秩序的担保力，也即公民由国家或社会那里获致的确保福利运转的法理权威或惯例、习俗等社会规范达致的保障效力。我国社会由于福利主体及其社会行为的复合性，不同福利过程承受的外在支撑也日益多样化。相对而言，再分配受着国家、政府、正式机构的保障力较大；而承认受惯例、习俗、规范等社会规约的保障效

---

① 〔英〕德里克·希特：《何谓公民身份》，郭忠华译，吉林出版集团有限责任公司，2007，第1、43页。
② 〔英〕莫里斯·罗奇：《重新思考公民身份——现代社会中的福利、意识形态和变迁》，郭忠华等译，吉林出版集团有限责任公司，2010，第65、148页。

能明显。依齐美尔之形式社会学，交往行为自身也内蕴着"天然"的规范要求，这些或正式或非正式的规制、法律、规范共同保障着多色多彩的福利运转。

权利的内生保障即权利要素之间互为协同、相互衍透着以完成福利的实现保障。如果说外生保障是福利所处的外在环境给予其的秩序保证，内生保障则更多指涉福利本身内蕴、潜透的权利基因——福利过程本身特有的基质天然地"隐喻"着某些"层层递进"的互为基础的性质。这些性质与民众在社会生活中必然享有的公共利益的伸张有关。可以说，相对于外生保障的秩序性，内生保障是内在于福利过程之中的，与福利行为之进行深深融汇在一起。譬如，贫弱者的"生计"保障就内蕴着多种要素的交织。在远古时代虽然就有着种种"济贫"措施，但是这一行为的权利义务关系并不清晰。直到现代社会，作为福利的救济行为被纳入社会政策之后，它的主体、受体以及操作流程才有着明晰的规定性，贫弱者的利益以及避免生存境迫的社会承诺因此成为机制性的内在诉应。"他"必须获得的生存条件、维持生活的基本物质与非物质待遇，这是他所为"社会人"而不仅仅是"自然人"所具备的合法权利。

权利要素的经典划分是马歇尔的权利论。以正义视角观之，马歇尔权利观的前两个要素体现着交互正义与权职正义，第三个要素即社会权利体现着福利正义。在马歇尔看来，社会权利建立在公民要素与政治要素的实现基础之上。不仅如此，马歇尔通过公民身份的发展尤其是社会权利的实现来缓解乃至消除社会阶级之间不平等的构想，与再分配和承认这两个维度是兼容的。首先，公民身份的社会要素蕴含着主权主导下的福利权利，其实现依托的社会机构与再分配机制相应；其次，作为社会权利基础的公民要素和政治要素的实现蕴含着身份平等的要求以及公民合法地位的认同，因而与承认的团结和法律诉求相合。权利保障之完善是渐进的社会过程，权利三个要素之间的递进也同应着正义三项价值。公民要素的基本自由、订立契约的权利、对和约的遵守及其社会后果，无疑体现着应得原则，由此人们根据对某项社会行动的贡献，通过自由交换和让渡，获取应得权益；政治要素体现着平等，不仅是身份平等，也包含着共享资源和权利的实质平等；两者为第三种要素——社会权利的实现——在福利价值上尤显为需要，奠定了社会和政治秩序的基础。经由资源再分配，以及主体间基于情感、规范、道德的承认，需要、应得和平等等价值通过社会权利的彰显而获得实现。

（三）权利的概化

公民权利可以进一步概化为生存权和发展权。三项权利要素表明，人民首先具有维持基本生活、立约以谋生、享有生命财产之保障等生存权利，在此基础上还享有基本自由、获得教育、知识、社会化、治理国家和社会等发展权利。基于公民权利，国家和社会应然顾及每位成员之生存、发展和自我实现的诉求，公民权利最终的实现结果也即生存权和发展权获得尊重和落实。

生存权有着深远的理论源流，譬如，霍布斯、洛克、休谟等社会契约论者阐明的公民享有生命财产安全的权利；马歇尔基于公民权利的变迁史梳理了生存权利的由致；多亚尔和高夫立足于人的需要指出了生存权利的合法性及其基本内涵。① 申言之，生存权是指公民为满足自身生存所需，具有从外界获得生存资料以及自主选择实现方式的权利和自由。

福利视角下的发展权大致也有三种经典表述：其一，马克思、马斯洛指出人的自我实现和全面发展的价值诉求；其二，阿马蒂亚·森阐明社会政策和经济政策必须以提高个体的可行能力为宗旨；其三，关于社会协调、可持续、科学发展的理论。② 发展权可以视为公民依自身意愿从社会获得知识和技能的培育，接受文化和道德的熏陶，从而得以社会化、完善自身、实现自身潜能和价值的权利和自由。

相对而言，生存权是初级的、基本的权利，因而也是具有"保守"性质的权利，是社会运转之基础。它的最初雏形在社会契约论中已有较为完整的表达，涵括生命、财产、安全、基本自由这些基本形式。生存权是公民社会的基础，在现代社会，其契约性由主权的合法性原宥逐渐延递至治权与民众

---

① 〔英〕莱恩·多亚尔 、伊恩·高夫：《人的需要理论》，汪淳波、张宝莹译，商务印书馆，2008，第118～120页。
② 《胡锦涛文选》第2卷，人民出版社，2016，第104～105页；《胡锦涛文选》第3卷，人民出版社，2016，第1～9、93～100页。

生活的交互性。随着社会变迁，生存权在保留着原先的基本形式的前提下，其内容愈加丰富，也有着与现代社会相应的丰富内涵——生命、安全的含义、财产保障的指代、基本自由的意义均有着新的扩延。总体而言，价值更为多元、释义更加宽广是现代生存权的基本特征——生存的含义愈加深刻、愈加富有人性、生命质量要求更高。相对于生存权的"保守"立场，发展权是更为积极的权利。如果说生存权要求"底线"保证，发展权则要求社会进步，要求更为完美的生活。粗略来看，生存权与契约论的诞生紧密相连，而发展权之渊源要复杂得多。譬如功利主义的"幸福"指向即对契约"保守性"的超脱；马克思主义之于人的本质的理解更赋予发展以更彻底的"人性"诉求；而现代政治哲学又将发展视角回归到社会的"秩序"性，要求社会为人性诉求背书。要言之，发展一般有两种视角——一是指人的发展；二是指社会发展。二者显然不可割裂，而是互为基础的。发展权一般是就人的发展而言，即个体潜能的充分实现，但这必须在社会化中才有可能完成这一过程。因此我们讲发展，既是指个人的发展，也必然涵括社会发展，归根结底是社会赋予其个性自由实现的条件。就发展权而言，这些条件必须有利于个性的充分发扬，自我的充分实现，也是马克思指出的人的"全面的自由"。

公民权利的生存和发展实质，与再分配和承认之正义实现路径相互契合。体现着再分配和承认的现代社会政策和经济政策，如所得税、收入调节税、转移支付、养老津贴、最低生活保障、医疗保障、教育事业、慈善事业等，其合法性主要基于民众生存和社会化等发展要求。进而，再分配和承认增进了社会整合，充实了生存权和发展权的道义基础。生存和发展既是事实判断也是价值判断——有尊严、体面的生存，和谐有序、和平共存的良性发展应该成为社会政策的目标。涂尔干认为，社会整合可以促进有机团结，从而避免社会失范、道德失序；[1] 霍耐特认为，社会秩序的确立无法离开爱、法律和团结。[2] 再分配和承认实现了平等、需要和应得等价值，形成深层次的社会团结，赋予生存和发展新的道义意涵。

---

① 〔法〕埃米尔·涂尔干：《社会分工论》，渠东译，生活·读书·新知三联书店，2000，第14页；《职业伦理与公民道德》，渠东、付德根译，上海人民出版社，2001。

② 〔德〕阿克塞尔·霍耐特：《为承认而斗争》，胡继华译，上海人民出版社，2005，第100～135页。

马克思认为人的全面发展和实现是社会进步的价值所在，① 这与现代权利内含的生存和发展基质是相应的。在当今中国，在保民生、保基本的基础上，为着社会进步、人的全面而自由的实现，社会政策应延展到基础设施、科教文卫、人文环境、精神素养、公共服务、慈善公益等诸多层面。福利之意义不应仅体现为个体生存，还应有助于实现人的发展、社会进步。发展的含义也不应局限于个体可行能力的提升、个体的自我实现，还应该涵括社会发展和进步，这是个体发展和自我实现的条件和土壤。福利举措可以弥补和矫正社会生活中的利益失衡：通过生活救助保障底层民众的生存需要；通过福利承认实现社会认同；通过地域间资源平衡，实现社会平等。福利正义的实现将为社会进步从而为每个人全面而自由的实现铸就坚实的社会基础。

二 福利之于生存权与发展权

社会资源由国家以及社会力量，通过再分配和承认这两个基本途径，以应得、需要和平等的原则合理、恰当地分配给社会成员，福利正义由此实现。我们还须进一步明确，使得再分配和承认得以成立的法理基础何在？即人们因何要将自己的劳动所得的一部分交由一个被共同认可的公共机构、政府或其他社会力量，由其分配给那些需要或对其有资格拥有的人？在现代社会，除了家庭和情感关系蕴含的爱；除了契约、合作关系蕴含的责任和义务；在更广阔的社会团结形式中——主体间承认，一种相互间人格和需要的认同，还应具有怎样的规约？

这些问题涉及现代性的一个主要表征——公民社会以及相应的公民权利。正因为我们拥有一个共同的公民身份，一个被共同认可的共同体之成员资格，在成员之间以平等、需要和应得的原则分配、流转福利资源以及相关社会资源才是合乎情理、正当的。生存权和发展权为福利正义的实现铸就了坚实的法理基础。如果说，在计划经济时代，人们享有福利待遇主要在于单一的全民所有制和集体所有制经济基础，因为公共积累既满足了人们养老、医疗、住房、教育、就业等多方面的需求；而在当代社会多种经济成分并存的

---

① 《马克思恩格斯选集》（第 1 卷），人民出版社，2012，第 422 页；《马克思恩格斯选集》（第 1 卷），人民出版社，2012，第 308 ~ 309 页；《马克思恩格斯选集》（第 2 卷），人民出版社，1995，第 239 页。

市场体制下，基于公民权利的生存和发展的需要更成为福利资源以合乎正义的方式分配给社会成员的正当诉求。出于对每一成员生存和发展的尊重，国家和社会通过再分配对人们的收入和所得进行调剂以满足不同阶层的福利需求；经由不同性质、不同类属的承认，彰显着不同社会阶层、群体的合法权利。

要言之，福利之于权利有着三种层次的意义。

其一，福利将成为权衡、判断生存权和发展权的重要标准。权利在不同时代、不同国度有着不同含义，它涵盖政治、经济、社会生活诸多层面。如何衡量一个具体的社会共同体之生存权和发展权？福利正义大致可作为一个重要的参照。换言之，我们可以通过福利正义在一个特定时点、特定地域的实现程度，来判断民众的生存权和发展权是否得以彰显？乃至于判断公民权利是否得以实现？由于福利益品的分配广涉诸多层面，涉及人们的生存状况、生活质量以及人的发展状况和自我实现的程度。这就为我们观瞻权利之实存提供了多角度多层次的参照。诸如养老、社会救助、最低生活保障等福利情势，大体反映着人们的生存状况；在现代社会，人们的生存质量如何，很大程度上体现在这些领域的福利保障程度如何。医疗卫生事业也是如此，它不仅为民众生活提供了必需的健康条件，也为人的发展提供了必备的身体基础。此外，教育、各类文化、社会事业的进展必然映现着公民素质、社会风气等人文环境的发展程度。

其二，福利必将促进社会发展，也将促进作为社会个体的人的发展。福利供予的基础性物质、非物质条件满足了民众的生存所需，福利内涵的日益开拓——如食品、水、健康、生育、住房等物质生活条件的日益提高以及各类文化事业的丰富，福利必将日益深入社会生活而大大拓展生命的意义、生存的含义。尤为重要的是，福利事业为人的发展准备了充分的物质基础。关于人的发展，诸多学者有着不同理解。大致看来，人的发展可以视为人的潜能的实现——在一定的社会环境之中，人能够从外界获得知识和技能的培育，获得价值观的熏陶；在现代社会，还能获得与现代性特质的契合，从而能在社会中实现自我，使自我的潜能获得拓展和实现。[①] 如果从这个角度来理解，教育为人的自我实现供予了必备的智识基础，自身也是福利正义价值

---

① 参见谢立中、孙立平主编《二十世纪西方现代化理论文选》，三联书店，2002。

的体现。教育培育了社会成员基本的价值观，为他们注入了对自然、社会、世界的基本知识，为人们提供了社会沟通和联系的基本技能，如文字和语言。教育使得人之所以为人，是人的社会化的重要形式。当然，教育的教化作用不只是限定在学校——一些校外活动，如人际的交往、自我的求知，也能起到潜移默化的教化作用。但是学校的教化作用无疑是最基础的。作为一项福利事业，教育对人的发展起着基础性、不可替代的作用。

在其他福利领域，如社会救助、慈善、医疗、养老、就业等，对于人的生存和发展的基础性地位同样不容忽视。就业对于人的发展和自我实现所起的作用可能更是决定性的，因为人的社会潜能最终要在社会实践中得以呈现。教育、医疗、救助等福利支持为人的实现和发展培育了潜能，它的最终实现还要通过人在现实生活中的职业活动和成就获得表达。而就业，即一个人的职业行为往往成为其潜质实现的重要表征。当然，人的发展并不只是通过职业性活动才体现出来。马克思曾经构想了一个理想自由人的社会生活：上午劳作，下午打鱼或狩猎，晚上从事批判。当前的物质生活当然远远没有达到马克思所说的那样的丰裕程度，人们的生产经营活动必然是人的全面而自由实现的前提，这一切都有待于我们的辛勤劳动来创造。在社会主义初级阶段，基于公民身份的平等和需要是福利分配的核心原则，如教育、医疗、社会救助、慈善等；在其他一些重要领域，如工作福利、养老，应得原则仍然起着不可替代的作用。按照自己的劳动所得，按照对社会大生产的贡献获取报酬，仍然是社会主义市场经济秩序不可或缺的指导原则，但须对此按照平等和需要原则进行调节，以使正义在各项福利领域得到更完整、更全面的体现。

其三，福利必将促进权利本身的充实和完善。马克思指出，未来社会是自由人的联合体，每个人的实现是自我实现的前提；理想的社会状态就是每个人全面而自由的发展。这是人的发展的最高目标，也是社会发展的最终目标。党的十六大以来，我国提出了科学发展观，主张以人为本的发展，实行人与自然、经济、社会的协调、可持续的科学发展。[①] 党的十七

---

① 《胡锦涛文选》第 2 卷，人民出版社，2016，第 104 ~ 105 页；《胡锦涛文选》第 3 卷，人民出版社，2016，第 1 ~ 9、93 ~ 100 页。

大提出，要加快建立覆盖城乡居民的社会保障体系，努力使全体人民学有所教、劳有所得、病有所医、老有所养、住有所居，不断促进社会和谐。① 党的十八大以来，党和政府基于新的国内国际形势，为科学发展赋予了新的意义，以供给侧改革为转变经济生产方式的切入点；以精准扶贫作为改善民生的基本方向。党的十九大提出以人民为中心的发展思想，坚持创新、协调、绿色、开放、共享的发展理念。② 这些马克思主义的理论、观点和方法为我国的福利事业建设赋予了坚实的法理基础。

一方面权利保障了福利，另一方面福利又促成了权利实施的基础和条件。这是因为福利本身就是社会过程，必然依托于所处的制度、文化、观念背景，也必然与社会机制内涵的权利要素紧紧交织在一起。福利与权利天然是相互支撑、互为基础的。从权利衍变史看，契约性生存权由"纸上"变为现实的过程中，福利至关重要。发展权的三种经典表述，前两者着重于人自身的本质实现与自我完善；后者着重于社会的全面进步与发展。两者是相依相存、合而为一的。马克思指出了人的本质实现以及由此获得的全面自由、阿马蒂亚·森提出的社会成员的"可行能力"的提升，均是指明发展须以人为本的终极诉求。而我们提出的科学发展观以及"创新、协调、绿色、开放、共享"的新发展理念正是为着社会的全面进步、人的全面发展夯实社会基础。这些权利理念有待于福利事业的进展来拓实其内涵。个体发展离不开社会发展；社会发展同样也不能脱开个体发展。那么就福利而言，社会发展将为人的发展与实现创设怎样的条件？福利自身又将得益于怎样的社会进步基础？它又将如何促进这些基础？

第三节　由不平衡到平衡

福利不平衡既有历史缘由，也有结构层面尚待完善的因素；既有经济增长中必然出现的社会、经济结构之间的张力与不适，也有社会发展过程中制度、规范与价值观念之间潜在的更为协调、和谐的本质要求。三个层

---

① 《胡锦涛文选》第3卷，人民出版社，2016，第211～212页。
② 《决胜全面建成小康社会　夺取新时代中国特色社会主义伟大胜利——在中国共产党第十九次全国代表大会上的报告》，人民出版社，2017，第21页。

面之间的福利不平衡的缘由各有不同——区域福利的平衡发展更多地依赖于经济社会的均衡发展，要求着更高层次的资源平衡；城乡福利的发展既有资源的整合要求，也有福利体系的整合期待；个体层面的平衡有着更为深厚的团结因素——一种更具综合性的社会评价。

如果对这些因素做出更深层次的透视——或者说以"正义"视角来观省，我们将看到这些不平衡因素有着深刻的价值不彰缘由。需要、应得、平等，这些福利发展必须遵循的"应然"，须结合具体情境做具体分析。或者说，它们的实现必然立足于一定的社会经济条件，以此为基础方能找到切实可行的实现途径。再分配和承认，作为正义实现的必由之路，在我国社会有着独特的制度和规范基础。在不同层面的福利不平衡中，它们有着不同的倚重，也有不同的制度、政策或社会规范、社会关系的调适要求。

再分配和承认各自不同的社会基础要求不同的社会支持。前者的制度性显质要求较为硬性的政策配套——财税改革、资源与产业布局、区域与城乡规划等；后者要求更为广泛的社会参与——家庭、宗亲、社区与社团乃至公民社会。如果说前者是"由异趋同"的过程，注重社会政策的"平等"效果；后者则是"以异促同"，含有对社会异质性的尊重。现代权利的实质与再分配、承认这两条路径相互契合。生存和发展既是事实判断也是价值判断——有尊严而得体的生存，和谐有序、和平共存的良性发展应该成为现代社会的目标。解决福利不平衡，既需产业政策、经济政策的优化，还需结合具体情境，拓实再分配和承认的福利功能，深化政策、制度的革新，保障福利权利，夯实福利基础，以更平衡、更充分的发展实现社会的公平正义。概言之，福利正义指谓着福利分配的恰适性——公正、适当、恰如其分，含有需要、应得、平等三项价值要素以及再分配、承认、权利三项实现要素。我国福利不平衡既有历史成因也有现实因素，其实质为正义价值不彰，是当前福利建设之所急。

公平、正义、平等、需要、应得，这些价值的现代诠释要求更为积极的平等主义——福利应充分顾及个体不同的禀性与能力，获得适合自身的发展条件——以马克思的话——形成更完美的自由人的联合。现代社会的多元分化使得福利内涵愈加丰富。人们的需要由生存衍及文化、艺术乃至自由的实现，价值也更为多元，福利目标不限于个体需求而是延及整个社会。

质言之，需要、应得、平等的实现意味着公民获得更充分的自由。马克思指出，社会联合体的最终目标是每个人全面而自由的实现，从而实现人的本质。柏林的"消极自由"旨在免除一切外在的束缚，"积极自由"旨在获得自主行动的选择性。福利价值兼有两种效应，既可摆脱贫穷、疾病、无知等带来的困扰，也可带来自由的提升——如以阿马蒂亚·森的理念——社会成员的"可行能力"。无论是罗尔斯、诺齐克、哈耶克、德沃金、沃尔泽还是米勒，纵然观点各异，均将自由视为分配的前提与宿归，而权利正是这一过程不可或缺的保障。

就个体而言，福利正当体现为依法享有的各种权利；而福利公平指向公民的自由。需要、应得、平等的实现，以及因之获得的生存条件、参与社会的机会和能力，使得个体更好地发展自我、实现自我，同时也带来社会改良。在这一过程中，无论是主权赋予的福利权利，还是宗教、宗亲、社区、慈善机构或其他个人的承诺和保障，均意味着福利与社会关系的高度契同——社会团结的人格和意义建构，以及共同体或者更为广阔的公民身份。对于国家而言，这是一种契约义务；对于社会而言，这是一种社会责任。正是基于公民权利，国家和社会才合乎情理地在成员之间调剂和分配资源，给予贫弱状态的人们必需的保障，为公民拓展发展的条件。如果概括起来，权利是福利的合法性支撑，需要、应得、平等是福利表达的价值，而自由是福利最终的社会后果。

正当的两种意涉导向不同的福利指诉。"权利论"强调政府和社会的职责和义务，要求更为沉实的政策和制度依凭；"价值论"将目光投向民众之间公平、公正、合理的分配。依据后者，如果需要、应得、平等这些价值获得充分体现，福利正义可谓实现。但是两种正当须臾不可分离。公民权利要求治权的合法性建立在民众之生存得到保障、基本自由获得实现的基础上，公民由此获得幸福生活的指靠。申言之，权利内涵的生命之尊严、自由之实现——生存权和发展权的彰显，为福利奠定了坚实的法理根基，由此权利合法性延伸为福利恰适性。从另一面看，福利价值的实现也成为衡量权利的标尺——平等、应得和需要成为检验权利的标准。可以这么说，福利体现着权利——透过价值在某个时点、地域的实现程度，可以了解民众的生存和发展状况，乃至于观省公民权利的实质。福利正义愈发深衍，价值与权利愈加紧密而相互弥合。

当代社会转型仍然存在不可回避的矛盾，诸如收入差距、贫富悬殊尚未根本缓解、公平与效率的两难、生存境迫与生活的得体与尊严，以及国民素质的提升、公民道德的形塑、社会潜力的发掘等，都要求对社会的公平正义及其可能途径进行深刻反思。在人类前进的步伐中，福利至关重要。建设什么样的福利？我们能够通过福利达成什么样的目标？福利的正义以至正当性考察，可予其有益的启示。对福利内涵之价值及其权利基础的申思，不仅有助于判明个体幸福之源数；也有助于观瞻何为整体层面的社会整合与团结，一个充溢着正义与道德感的良序社会的形成。

福利的社会意义，或者说，更高层次的"秩序"意义——在于良序社会的形成。何为良序社会？从福利的角度，即在基本生存获得保障的前提下，还能按照每个人的禀赋和能力获得全面而自由的发展，进而在此基础上实现着社会的团结和进步。福利的本质说到底即人们就社会生活将要实现的合理与平衡而达成的共识，也就是人们就社会秩序如何安排，如何消解不平衡因素以形成更深层次的社会团结，而找寻切实的制度和规范途径。就此而言，福利的形成和发展，既得益于深植其中的社会发展所带来的所有物质条件和价值、规范、制度等文明成果；它又将促进和改善这种基础和条件，带来更深刻的社会团结。就社会团结而言，它有哪些具体意涵？福利从中可以萃提哪些滋成因素？又将如何回馈、促进这些社会基础？

第八章　社会发展的基础：正义与道德

第一节　现代性与社会团结：几种经典社会思想之辨义

福利之意义不仅在于社会个体，它也有助于整体层面的良序社会的形成。当代社会之急要何在？公平、正义、平等、需要、应得，这些价值的现代诠释要求更为积极的平等主义——福利应充分顾及个体不同的禀性与能力，获得适合自身的发展条件——以马克思的话——形成更完美的自由人的联合——一个理想的社会共同体。现代社会的多元分化使得福利内涵愈加丰富。人们的需要由生存衍及文化、艺术乃至自由的实现，价值也更为多元；福利目标也不限于个体需求而是延及整个社会。

从发展角度来看，在经济领域取得一系列重大进步的同时，现代性问题却在凸显。诸如，社会分配不公所致严重利益失衡；伦理规范的解构、传统价值的失落；一些失信、失德行为不时困扰着人们的生活；传统伦理与现代价值之间的张力日渐显现。理性与欲望、个性与规约的冲突，既可能产生整合的愿景，也可能带来失范的危境。在其中，福利将有哪些作为？必须克服哪些现实矛盾？权利将为此赋予怎样的检验？进而，福利将获得怎样更为深厚的社会基础？

一　文化与现代性

何谓"现代性危机"？不同学者倚重各异。如果以吉登斯的观点，现代性危机是一种"反思性"危机，即个体的自我反思与外界构造的不协调，或者说是本体安全感的缺失；而福柯（Michel Foucault）认为权力谱系的扭曲导致规则的失效；德里达（Jacques Derrida）将其归为社会的解构；哈贝马斯（Jürgen Habermas）认为交往行为的非理性牵制导致秩序的合法化危机；等等。这些"后现代"思维其实可以归结为两种因素——或"结构"的，或"道德"的。如果再往前溯及，韦伯基于宗教伦理的文化解读以及涂尔干的道德主义范式可谓现代性解释的鼻祖；我国学家梁漱溟、费孝通的文化和社会述论在不同层面与之形成"道德对话"，对于理解、省察我国的社会团结具有深刻的文化透视力。

韦伯认为现代社会的症结在于价值理性日渐式微，而目的理性日益盛行。韦伯区分了四种不同的社会行动：①目的合乎理性，即通过对外界事物的情况和其他人的举止的期待，并利用这种期待作为"条件"或者作为"手段"，以期实现自己合乎理性所争取和考虑的作为成果的目的；②价值合乎理性，即通过有意识地对一个特定的举止——伦理的、美学的、宗教的或做任何其他阐释的——无条件的固有价值的纯粹信仰，不管是否取得成就；③情感非理性，即由情绪或即时的情感影响的行动；④传统理性，即由约定俗成的传统和惯例影响的行动。① 韦伯认为，路德宗的天职观以及加尔文教的命定论赋予了世俗行为以永恒的动力，这是新教社会的伦理基础；但这种伦理精神却日益受到目的理性的侵蚀，以至于西方现代社会堕入了无价值信仰的状态。② 这一道德判断立足于西方文化的土壤，他对东方文化的考察也不乏类似的悲观色彩。

韦伯认为，以儒教为代表的中国传统文化体现着一种激进的现实乐观主义，它坚定不移地彻底消除现世同个人超现世的规定之间的悲观的紧张关系。这种伦理中缺乏自然与神、伦理的要求与人类的不完备、今世的作为与来世的报应、宗教义务与政治现实之间的任何一种紧张关系，因此只是一种纯粹受传统与习惯等精神势力影响的生活方式。其中最强大的力量是以鬼神（祖灵）信仰为基础的家孝。③ 这种建立在宗亲联结之上的团结难以向外扩散，尤其表现在信任关系难以在陌生人之间建立。韦伯强调，在中国，一切信任，一切商业关系的基石明显建立在亲戚关系或亲戚式的

① 〔德〕马克斯·韦伯：《经济与社会》，林荣远译，商务印书馆，1997，第56页。
② 〔德〕马克斯·韦伯：《新教伦理与资本主义精神》，龙婧译，群言出版社，2007，第172～173页。
③ 〔德〕马克斯·韦伯：《儒教与道教》，王容芬译，商务印书馆，1995，第288页。

纯粹个人关系上面；而伦理宗教，尤其是新教伦理与禁欲教派的伟大业绩就是挣断了宗族纽带，建立了信仰和伦理的生活方式共同体对于血缘共同体的优势。① 中国传统社会虽也不乏对财富的追求，但这种对物质福利的强调本身就是终极目标，而不是像新教徒那样视为彼岸世界的手段和义务，因此很难将之与资产阶级的生活方式联系起来。韦伯认为清教伦理倾向于"理性地创造世界"；而以儒家为代表的中国传统文化倾向于"理性地适应世界"，由于与宗亲结构的紧密契合，亲源信任难以在陌生人之间扩散。②

齐美尔（Georg Simmel）指出，信任是社会团结的基础，没有信任的社会将是一盘散沙。③ 在此意义上，信任与承认的心理基础是相通的。承认的主体间性，意味着相互认可对方的主体资格，认可合理的需求，这正是信任的前提。以福利为表征的利益关系，在社会团结的意义上即主体间的相互契认；而信任既是关系模式，也蕴含秩序的心理基础。信任意味着在面临风险、不确定性的情形下对未来交往行为的认循，即未来关系和交往延续的确肯。就此而言，信任离不开承认的主体间性。那么，以韦伯的观点，中国社会或文化是否缺乏这一基础？

与这一悲观判断相反，梁漱溟和英国学者罗素（Bertrand Arthur William Russell）与之持论迥异。梁漱溟指出，在物质生活方面，中国人很安分知足，享受他眼前所有的那一点，而不作新的奢望，因此物质文明不发达。这有利也有弊。坏处在于科技之落后制约了社会的进步与发展；好处在于可以形成人与自然的和谐共处以及一种快乐的人生态度。在社会生活方面，中国传统社会的种种道德秩序，如父慈子孝、兄友弟恭等，虽强调双方调和相济，但由于礼法的存在，以致这种秩序往往含有一种压迫的态势。由于中国人总是持容忍的态度，对自然如此，对人亦然，绝无西洋对待抗争的态度，因此古代的制度一直没有革新。数千年来，中国人一直未能从种种威权下解放出来，个性不得伸展，社会性也不得发达，这是最大

---

① 〔德〕马克斯·韦伯：《儒教与道教》，王容芬译，商务印书馆，1995，第289页。
② 〔德〕马克斯·韦伯：《儒教与道教》，王容芬译，商务印书馆，1995，第293、289页。
③ Simmel, *The Philosophy of Money* (*London and New York：Routledge*), Tr. By Tom Bottomore and David Frisby, 2011, p.191.

的不及西方之处。但西方重个人权利的伸张，人与人之间的界限划得很清，父子夫妇也是如此，实不合理，而且太苦。中国人则与此相反，不分人我界限，不讲权利义务，所谓孝弟礼让之训，处处尚情而无我。虽因礼法的存在而致儒家的理想没能完全实现；但在家庭里、社会上，处处都能得到一种情趣，不是冷漠、敌对、算账的样子，于人生的活气有不少的培养，因此不能不算一种优长与胜利。而在精神生活方面，梁漱溟认为中国人较为欠缺。原因在于，中国的宗教尚福祸长生之念而无伟大尚爱的精神；文学虽多聪明精巧但缺少伟大的气概、深厚的思想与真情；艺术虽然可贵，但只是偶然一现之文明而非普遍流行之文化；大众哲学也较浅薄等；而崇尚快乐的人生态度的孔子精神却难以给社会大众普及。①

梁漱溟指出，世界主要文化大致有三种不同路向：西方文化向前求索寻求意欲的满足；以儒家为代表的中国传统文化向内着力寻求与外界的调适；佛家代表的古印度文化向后退转寻求利欲的灭绝。② 虽然这一归类与韦伯基本相合，但两者赋予中国文化截然不同的价值前景：韦伯认为儒家传统会产生阻碍现代性的因素；而梁漱溟指出了为韦伯所忽视的儒家"仁"的要旨及其发散出来的广衍的社会仁爱和信任。他认为，随着西方路向不断向外索取必将产生的人与自然、人与人之间紧张关系的加剧，人类文明必将转到中国文化向内调适的路向上来。③ 这一判断与英国学者罗素的预测是一致的。④

韦、梁二人之现代性研判虽然均基于文化路径，但其于中国文化的价值判断却大相径庭。差别在于其对中国社会的承认质性有着迥然相异的判断。前者从文化质性出发——更确切一点，以宗教伦理的禁欲彻底性为基准，认为中国传统文化缺乏终极的道德约束。而梁氏指出，中国文化的早熟性早已冲脱道德的神性依赖；人与人的"情义"——社会的"伦理"为交往行为赋予深切的稳定性。这与黑格尔的"承认"的主体间性是颇有类通的。因为梁氏的"伦理"即伦偶之意，也就是互以对方为存在而约束自

① 梁漱溟：《东西文化及其哲学》，商务印书馆，1999，第 155～158 页。
② 梁漱溟：《东西文化及其哲学》，商务印书馆，1999，第 61 页。
③ 梁漱溟：《东西文化及其哲学》，商务印书馆，1999，第 204 页。
④ 参见〔英〕伯特兰·罗素《中国问题》，秦悦译，学林出版社，1996。

身的行为驱动。在社会团结的意义上，这种约束机制是如何呈现的？更进一步，伦理的承认性质将为福利创设怎样的条件？而福利将如何促进这一基础？

不同文化赋予社会不同的道德特性，现代社会或将如何取舍？这些特质或延续，或综合，或潜移，或消弭？然者如何综合？如何兼收并蓄？而在其中，福利何为？韦伯的行动理性续延着康德的道德自主，他承认人应该对自身的实践行为负责，同时也承认外界加予理性的标向作用，但他的判断是悲观的。在他看来，现代危机在于欲望冲脱了理性的羁绊——尤其价值理性的消融，致使"专家没有灵魂，纵欲者没有心肝"这样物欲横流的悲惨境地。①而中国的危机在于"信任"之危机，在于宗亲结构之于社会信任的抑制。可以说，这两个判断各有得失；而于后者，梁漱溟的回应是有力的。那么，以梁氏观点，社会危机何在？于此，须顾视其与涂尔干的契合。

二　社会失范与整合

19 世纪末 20 世纪初，西方资本主义体系已然普遍建立，生产力获得极大发展，但工人运动风起云涌，各种矛盾日益尖锐，社会处于裂解、混乱状态。涂尔干认为最根本的原因在于社会失范或称道德失范（anomie）。② 由于社会分工，团结形式必然由同质性的机械团结向异质性的有机团结过渡，与此相应的集体意识也必然被要求作相应的转换。当社会的组织方式已经发生重大变迁，而与此共生的道德规范还停留在原初状态，或者正处于变迁之中时，社会就会出现失范，这就是现代性困境的根源。③

韦、涂二人虽然有着社会唯名论与社会唯实论的歧义，但二者的现代性研判却有着共同的道德关怀，其实梁氏视角与此也是相通的。民国时代也是近代中国最动荡不安的阶段。清王朝已被推翻，但整个社会反而更加无序。专制皇权在形式上虽已被共和政体取代，但军阀割据、各自为政。

---

① 〔德〕马克斯·韦伯：《新教伦理与资本主义精神》，于晓、陈维纲译，三联书店，1987，第 142 页。
② 〔法〕埃米尔·涂尔干：《社会分工论》，渠东译，生活·读书·新知三联书店，2000，第 14～15 页。
③ 〔法〕埃米尔·涂尔干：《社会分工论》，渠东译，生活·读书·新知三联书店，2000，第 354～366 页。

资本主义经济因素挟外国强力之势渗入中国，但其势力基本上只是通达于沿海大中城市；与此对应的是广大乡村自给自足的小农经济与之分庭抗礼。在新文化运动以及外来文化的双重冲击之下，传统文化、道德秩序岌岌可危，价值观念处于极度的混乱和失序状态。

梁漱溟指出，中国问题在于其千年相袭的社会构造已崩溃，而新者未立，或说是文化失调。一个社会的文化要以其社会之组织构造为骨干，而法制、礼俗则是文化的最重要部分。梁漱溟认为，中国文化的一大怪谜，在于社会构造历千余年而鲜有变化，社会虽有时失掉秩序而不久又能复归，根本上没有变革，其文化像是盘旋而不能进。然而现在，这种相沿不变的构造却已根本崩溃，原先的法制、礼俗悉被否认，固有的文化失败摇坠不堪收拾；同时一种新的秩序又没有建立起来。① 此即中国现代性问题的原因。

涂、梁的现代性察判有着深刻的一致：其一，现代性问题表现为某种社会混乱和失序；其二，这种混乱和失序都是由于社会结构发生了急剧变迁。前者认为，由于社会分工，西欧社会的团结形式由机械团结向有机团结转变；后者指出其时中国的问题是由于外来文明的冲击导致传统结构失去效能，而新的构造又尚未建立，以至于发生社会的断裂。其三，与此相应的是道德体系的崩溃。涂尔干再三强调了经济生活中法律和道德体系的失范；② 梁漱溟指出中国在西方文明的冲击下出现了文化失调——传统文化老衰性和幼稚性并存的弱点导致礼俗社会和教化体系的崩解。③ 不仅如此，二者提出的解决方案也不无类似：前者寄望于职业伦理和公民道德；后者主张从乡村建设入手，通过重构礼俗社会来重建伦理秩序和道德文化。

现代性问题与资本主义生产方式是一对孪生子，但不同学者的理解大为不同，他们提出的解决方案也大相径庭。马克思看到了社会大生产的合作性与资本主义占有的私有化之间的矛盾，他认为应该废除资本主义私有制，以此获得人的全面解放；韦伯看到了工具理性的全面宰制，但认为这

---

① 梁漱溟：《乡村建设理论》，商务印书馆，2015，第23页。
② 〔法〕埃米尔·涂尔干：《社会分工论》，渠东译，生活·读书·新知三联书店，2000，第14页。
③ 梁漱溟：《乡村建设理论》，商务印书馆，2015，第65~67页。

是无可奈何的社会进程中的铁笼；涂尔干从社会分工的角度，认为现代性窘境的根源在于道德秩序的堕落，因此他的解决方案是重建道德体系以适应现代社会的经济和生活方式，具体的途径则诉诸职业伦理和公民道德。在涂尔干看来，有多少种不同的天职，就有多少道德形式，从理论上说，每个人只能履行一种天职，于是，这些不同的道德形式便适合于个人组成的不同群体。这种道德特殊主义没有给个体道德留出任何地盘，它体现于家庭道德之中，在职业伦理中发展到了极致，因此可以认为，职业伦理在家庭道德和公民道德之间找到了自己的一席之地。① 涂尔干强调，经济生活必须受到规定，必须提出它的道德标准，只有这样，扰乱经济生活的冲突才能得到遏制，个体才不至于生活在道德真空之中。因此，在社会秩序中有必要确立职业伦理，规范必须告诉工人他有什么样的权利和义务，为职业群体赋予一种它们从未得到过的稳定性。

职业伦理还只是一个中观层面的道德体系，在其之上还应该有一个整合所有社会成员，为所有成员共享的价值体系，涂尔干冠之曰公民道德。因为，在个人、家庭、职业群体之上，还存在一个范围更大的社会团结形式——国家，与之相对应的是政治社会，运行其中并得到全体成员认可的规范就是公民道德。公民道德理念实际上试图在公民的个性自由与国家权威之间寻求一种平衡，以爱国主义和民主制为形式体现出来。涂尔干指出，启蒙以来，个人的权利声称逐渐得到尊重和承认，这似乎对国家的权威构成某种挑战。一方面，人们的个性自由和权利并不与国家相对立；相反，它是国家的产物，是国家解放了这种个性。国家的作用绝对不是消极的，它将在社会状态允许的范围内保证实现最完整的个人化。另一方面，尽管我们为国家而共同协作，没有国家我们将一事无成，但是，我们却不能成为外在于我们目的的代言人；我们绝不放弃追求非个人的目标，这种目标属于超越于我们所有私人目标的范围，不过，私人目标也与之紧密相连。国家的基本义务就是：必须促使个人以一种道德的方式生活。② 在此，

① 〔法〕埃米尔·涂尔干：《职业伦理与公民道德》，渠东、付德根译，上海人民出版社，2001，第 7 页。

② 〔法〕埃米尔·涂尔干：《职业伦理与公民道德》，渠东、付德根译，上海人民出版社，2001，第 74 页。

我们可以看到涂尔干公民理念中康德道德观与黑格尔国家理论的深刻印迹，在某种程度上是两者精髓的综合。不过，作为社会学家，涂尔干认为，要使公民道德作为解决个人与国家之间张力的平衡性力量得以实现，仍有赖于两个次级的社会组织：地方群体和职业群体。①

在这里，涂尔干的团结意涵已由韦伯的个体的社会行动转化为以群体为单元的社会结构。有着相似基质的个体相互联结成一个个不同的群体——涂尔干尤其强调职业共同体。群体内部有着为成员认循的价值——共同体内蕴的承认；不同群体共享着超然性的公民道德，两种团结形式将社会成员紧紧黏合。这是涂尔干隐隐勾勒，已经粗具雏形的公民社会，社会整合表现为两种层面的承认——共同体成员的联合以及公民的道德主义团结。其中，立足于职业群体的团结形式，其实是欧洲"法团主义"福利模式的价值渊源，如行会、职业协会的互助性质，甚而影响到俾斯麦的社会保险改革。中国的社会团结定然与其相异，其于福利的支撑有着哪些自身的文化基因？

涂尔干看出了启蒙以来，由于社会分工，也由于由此而来的公民权利的主张与民族国家的实质性权威同时获得生发，西方社会的现代性困境在于个人与社会、个人与国家之间的张力而导致的集体意识的混乱和失序，或者说是道德失范。不同于康德（或者还有卢梭），也不同于黑格尔，涂尔干并不主张强势的个人主义，也不赞成强势的国家主义；他希望在二者之间找到一种平衡，即能够实现公民道德，同时自身也是集体意识要素的职业伦理，以此重构社会秩序，分解或缓和社会矛盾。这一思想与梁漱溟的方案颇有类通。

梁漱溟看到了道德体系的崩溃是现代性问题的关键，他也看到了职业分工在社会构成中的核心地位。在他看来，中国早已轶出一般的国家类型，并自有其特殊之政治制度。本来是阶级的"卿、大夫、士"，战国以后阶级性渐失，变成后世之读书人和官吏而职业化了。他们亦如农、工、商其他行业一样，在社会构造中有其职司事务，为一项不可少之成分。此

---

① 〔法〕埃米尔·涂尔干：《职业伦理与公民道德》，渠东、付德根译，上海人民出版社，2001，第101~102页。

观于士农工商四民之并列，及"禄以代耕"之古语，均足为其证明。古时孟子对于"治人""治于人"之所分，绝不说人生来有贵贱阶级，而引证"百工之事固不可耕且为"之社会分工原理。可见此种职业化之倾向，观念上早有其根，所以发展起来甚易。① 这一职业"分工"的强调，而淡化其阶级对立的属性，与涂氏观点是契合的。但与后者将解决途径直接诉诸职业群体及其伦理不同，梁漱溟还看到了中国异于西方社会的另一个不同点，即以宗亲关系为本位的伦理社会。

梁漱溟指出，吾人亲切相关之情，发乎天伦骨肉，以至于一切相与之人，随其相与之深浅久暂，而莫不自然有其情分。因情而有义。父义当慈，子义当孝，兄之义友，弟之义恭。夫妇、朋友乃至一切相与之人，莫不自然互有应尽之义。伦理关系，即情谊关系，亦即相互间的一种义务关系。每个人对于其四面八方的伦理关系，各负有其相当义务；同时，其四面八方与他有伦理关系之人，亦各对他负有义务。全社会之人，不期而辗转互相连锁起来，无形中成为一种组织。这就是中国人就家庭关系推广发挥，以伦理组织社会的原理。②

基于上述认识，梁漱溟认为，解决社会失范的关键在于借鉴西方的团体精神，重构中国的礼俗社会。这种新的礼俗社会必须体现中国的固有精神与西方文化的沟通和融合。这是因为，其一，中国近代以来受西方文化的强势介入，与世界渐成沟通交往之势，如不吸收西洋文化的长处，无法仅以原有文化特质自立于世界民族之林；其二，中国社会又有着不同于西方文化的要素，对外来文化的借鉴和吸收，必须建立在本土文化的根基之上，才有其生命力和可能性。具体的途径是要形成一种融合两者精神的新的团体组织。

综述之，我们可以对涂、梁的现代性因应之道略做总结。其一，他们都认为现代社会发生种种失调和冲突乃至解构的原因在于社会失范或称道德失范；其二，都在国家和个人之间寻求一种中间性的团结形式来重构社会的道德体系：前者强调重新发现职业群体及其职业伦理的影响力；后者

---

① 梁漱溟：《中国文化要义》，上海人民出版社，2005，第138页。
② 梁漱溟：《中国文化要义》，上海人民出版社，2005，第72~73页。

也看到了职业分立的基础性作用，主张在国家和个人之间寻求一种新的礼俗社会。

　　信任、伦理、职业，乃至国家、公民社会，不同层次的社会团结可谓众彩纷呈。从微观的主体间性，到中观的群体性共同体，再到作为整体的公民社会或社会共同体，承认可谓贯蕴其间而为显然的团结因素。福利的社会基础也正是滋成于此，也必将促进、改善不同层面的社会团结。这些经典社会思想对于我们理解当今社会现实有哪些可贵的借鉴？对于我们察判当前的福利情势有哪些独具的观照？

　　黑格尔提出的团结理念寓涵着深刻的承认因素，但是在他看来，团结最终的价值指归是超然于社会实存的"伦理"——一种将社会联结起来的"绝对精神"。我们可以看到，韦伯、涂尔干、梁漱溟甚至费孝通等经典学家标识的社会团结也同样有着深深的伦理质性，而且赋予伦理以血肉丰满的文化异质性——在这里，承认不仅仅是超然的精神因素，而是深深扎根于丰茂的社会事实。这样，团结就不仅仅有着共俱的内在质性与结构；它在不同文化中的映现也必然有着各具色彩的承认形式以及与之相应的不同社会交往。

三　福利与社会团结

（一）福利的文化异质性

　　可以这么说，无论是世界还是中国，现代性进程仍在进行之中而远远没有完成。它们提出的现代性命题，纵然由于时代变迁，具体内容或许有着不同程度的衍变——如职业分工的具体形态、国际关系的重构、社会结构的分化等，与那个时代已然有质性的不同。但是，现代性问题的核心——秩序的德性基础与社会结构之间的张力，仍然没有改变。

　　而文化乃至文明虽然历经迁衍，其基质在当代社会仍然或隐或现、或强或弱地续延着。譬如基督教文明在中世纪的滥觞之后，历经路德、加尔文的宗教改革，后又经过近代科技理性的洗礼，但是直至今日仍然是欧美社会不容忽视的价值源泉。而中国的传统文化，也经过近代外来文明的冲击、新文化运动的革新，一些重要元素仍然遗存下来，如"家"文化、宗亲理念、人伦差序、重现世而轻彼岸的"福报"观，等等。这些特质对福利理念均产生了深远的影响。

概言之，中国文化重承认；西方文化重分配。中国文化重道德；西方文化重权利。近代以来，国外民众重视通过抗争获得自身权益，而中国传统倾向于通过调适达成与外界的和解。国家与社会的福利主体地位在中西文化中也有不同的衍变。儒家传统的士大夫"以天下为己任"以及"率土之滨，莫非王土；率土之人，莫非王臣"的理念、"治""乱"的忧患意识使得国家自觉承担起民生的道德义务，这一义务与基层的宗亲结构紧密相连而形成上下相依的"治世"保障。而中世纪以前西欧的福利义务，一方面有着宗教机构的救济传统，二则封建农庄也承顾着庄农"生劳病死"等事责；各种行会也为手工工人给予各种互助和接济。在现代民族国家纷纷成立以后，尤其二战之结束，国家的福利责任日益凸显。无论是中国还是欧美，国家都成为理所应当的福利主体。但是民间福利并没有弥失，而是各有倚重、各有分工——宗教、宗亲、职业、社团、社区等福利行为不仅有着不同的价值取向，也有相应不同的福利理念。就其中的伦理社会与职业福利而言，中西社会不仅有着不同的价值基础，也有不同的行为表征。

（二）社会的伦理基础

在梁漱溟看来，中西社会的文化变迁，西方以基督教为中心；中国以非宗教化的周孔教化为中心；而此后两者社会构造演化不同，悉决于此。周孔教化"极高明而道中庸"，与宗法社会无所骤变，而润泽以礼文，提高其精神。中国逐渐以转进于伦理（人伦）本位，而家族家庭生活乃延续于后。西洋则以基督教转向大团体生活，而家庭以轻，家族以裂，此其大教。[①]

梁漱溟指出，基督教在西方社会的兴起有两大功能促成了团体生活的质性：①它推翻了各家各邦的家神邦神，反对一切偶像崇拜；②它打破了

---

① 梁漱溟：《中国文化要义》，上海人民出版社，2005，第46页。

家族小群和阶级制度，人人如兄弟一般组合成超家族的团体，即教会。①
这种团体文化延续到中世纪，在农业地带表现为以庄园为单位的集体生
活；城市则有各种同业公会或行会。② 近代以来，西欧的政治经济中心逐
渐移向城市，除了以往的行会，其他各种社会组织，如协会、俱乐部、宗
教团体、慈善机构等，一道构成了社会生活的色彩，并且一直延续到现代
的西方社会。③

梁漱溟认为中国人恰恰缺乏团体生活。其一，中国人大部分都不从属
于某个宗教组织。他们于圣贤仙佛各种偶像，不分彼此一例崇拜。其二，
其他社会生活也很缺乏。比如地方组织，中国有乡治而没有市治；地方自
治欠明确欠坚实，与官治有时相混。又如职业团体，中国农人没有所谓农
会；城市中有些同业组织，也大都乡党意识重于行业意识，况且还有"同
行是冤家"的说法。④ 因此，传统社会的特点是"伦理本位、职业分途"。
伦理关系始于家庭而不止于家庭。何为伦理？伦即伦偶之意，也即人与人
都在相互关系中。人一生下来就有与他相关系的人（父母兄弟等），人生
将始终在与人相关系中而生活，并由此而发生情谊。伦理关系即情谊关
系，也即表示相互间的一种义务关系。西方的团体生活讲求纪律而不讲人
情；中国的伦理关系则重视情理而不重纪律。在伦理社会中，人们在情感
中皆以对方为主（在欲望中则以自己为主），一个人似不为自己而存在，
仿佛互为他人而存在，表现在社会、经济、政治中，都有各自的义务将每
个人联结在一起。⑤

伦理承认构成传统中国社会团结的基础。爱、法律、团结，黑格尔、

---

① 梁漱溟：《中国文化要义》，上海人民出版社，2005，第50页。
② 梁漱溟：《中国文化要义》，上海人民出版社，2005，第54~55页。
③ 梁漱溟：《中国文化要义》，上海人民出版社，2005，第57页。费孝通对中西社会之差异
　　的理解与梁漱溟颇为相似。他形象地比喻，西方社会有些像我们在田里捆柴，几根稻草
　　束成一把，几把束成一扎，几扎束成一捆，几捆束成一挑。每一根柴在整个挑里都属于
　　一定的捆、扎、把。每一根柴也都可以找到同把、同扎、同捆的柴，分扎得很清楚。在
　　社会，这些单位就是团体。团体是有界限的，谁是团体的人，谁是团体外的人，分得清
　　清楚楚。费孝通将这种社会结构成为团体格局。费孝通：《乡土中国 生育制度》，北京大
　　学出版社，1998。
④ 梁漱溟：《中国文化要义》，上海人民出版社，2005，第70页。
⑤ 梁漱溟：《乡村建设理论》，商务印书馆，2015，第28~31页。

霍耐特标识的现代承认的三种形式，在中国传统社会是合之而一的。亲友之爱、宗法律令、天道人设，在血缘、宗亲、国家三个层面统合为家国一体的关系伦理。"义"赋予伦理关系不同的承认形式。父义当慈、子义当孝；兄之义友、弟之义恭。在传统宗法社会，夫妇类同父子而别上下，"举案齐眉"。"家"文化是伦理社会的基础，宗族、交游乃至同乡，以此类推，而别尊卑、亲疏、远近。家庭、宗亲、交游、同乡等不同的关系形式中，"义"的含义虽然不同，但是相互的主体性承认是共俱的——每个人都认同对方的主体资格和需要，并以此担当自身的道义责任，无非这一责任随关系的性质、深浅久暂而有不同。

在费孝通看来，中国社会以"己"为中心，像石子一般投入水中，和别人所联系成的社会关系，不像团体中的分子一般大家立在一个平面上的，而是像水的波纹一般，一圈圈推出去，愈推愈远，也愈推愈薄。中国社会的人伦，就是从自己推出去的和自己发生社会关系的那一群人里所发生的一轮轮波纹的差序。伦重在分别，在《礼记》祭统里所讲得十伦：鬼神、君臣、父子、贵贱、亲疏、爵赏、夫妇、政事、长幼、上下，都是指差等。"不失其伦"在于别父子、远近、亲疏。孔子最注重的就是水纹波浪向外扩张的"推"字。他先承认一个己，推己及人的己，对于这己，得加以克服于礼，克己就是修身。顺着这同心圆的伦常，就可向外推了。在这种富于伸缩性的网络里，随时随地是有一个"己"作中心的。这不是个人主义，而是自我主义。[①] 费孝通把中国社会的这种结构称为"差序格局"。[②]

（三）职业、福利与国家

不同于欧洲的阶级社会，中国传统社会还是"职业分立"的社会。土地自由买卖、遗产均分以及机器大工业的不发达，导致中国未能出现垄断的大生产，也没有出现社会经济地位悬殊的阶级对立，而是各人做各人的

---

① 费孝通认为，个人是对团体而言，是分子对全体。在个人主义下，一方面是平等观念，指在同一团体中各分子的地位平等，个人不能侵犯大家的权利；另一方面是宪法观念，指团体不能抹杀各人，只能在人们所愿意交出的一份权利上控制个人。这些观念必须先假定团体的存在。在我们中国传统思想里没有这一套思维体系，而是自我主义，一切价值以"己"作为中心。参见费孝通《乡土中国 生育制度》，北京大学出版社，1998，第28页。

② 费孝通：《乡土中国 生育制度》，北京大学出版社，1998，第24~30页。

工，各人吃各人的饭，只有一行一行不同的职业彼此分立。① "伦理本位""职业分途"两个因素交相为用，共同构成中国传统社会一大特色。②

传统社会的"士、农、工、商"，各行各业有着相异的酬报系统。中国古代的官制实行薪俸与镐赏。职俸是个人和家庭生计的主要来源，生老病死、红白喜事等家庭大事，依例予以恤补。在机器大工业进入以前，中国的手工业大致分为两类：一类即官营，如大型的官窑、兵器、官服、军服以及一些重要矿产等；另一类零散的私营工场大多与衣食住行相关，还有大量的家庭手工业。除了食盐、制币、军事、政治等要涉领域，与民众生活有关的贩售经营均由私商承载。官制薪俸之外的民间职俸大多实行月钱与年薪制。雇工如有急需，雇主可予预支或不定资助，并无定例。股东收获营利与分红，给予掌柜、经理人员相应酬赏。传统职俸制反映着社会积累的缺失。雇工的生计着落随着雇佣关系的结束也终止了，相关的福利义务也回转到家庭、宗亲、宗族等伦理社会；而后者的经济来源，除了农业生产、自身的劳作所得，很大程度上也得益于家庭、家族成员所获职业薪俸之后的献赠。在此意义上，伦理社会与职业福利其实是交相为用、互为补足的，职业福利的"应得"元素在伦理社会中替转为共同体成员的亲熟承认。

国家是民众生计的最后依归，不仅体现为灾荒年份钱粮的减免与赈济，还在以下方面构成民生秩序的基础：其一，周期性的土地调整、租税制度为土地关系人如业主、佃户、经营人、租户、种植者规定了特定的分成机制；其二，工商税捐、厘金及其地方用度的协调；其三，作为伦理社会、雇佣关系的最高协调者；其四，国家还是道德体系的最终旨归。如此，在传统社会中国家的福利义务虽然象征意义居多，其功能也不似现代国家那样条分缕析，但仍然是福利秩序的有力保障者。而职业福利的角色转换——在个人与国家之间建立起来的中介义务，使得国家的福利功能得以细化；传统慈善与救济往往因事而异，而且与同乡、邻里或宗亲等地缘或血缘因素紧密相连。

---

① 梁漱溟：《乡村建设理论》，商务印书馆，2015，第32~33页。
② 梁漱溟：《乡村建设理论》，商务印书馆，2015，第34~35页。

可以认为，伦理社会仍然有着显然的承认色彩，实现着共同体成员的需要；而职业福利有着浓重的分配应得性。伦理社会注重德性调节，职业福利注重权利伸张。传统职业社会的非纯粹性——伦理因素的广泛渗入使得社会获得整体的平衡与安定。现代性道德危机动摇了这一价值基础——譬如，职业伦理的弱势地位；传统宗亲关系的解构；价值的功利化；等等。在现代性因素下，社会秩序呼唤着怎样的权利诠释？价值理性将获得怎样的重构？福利的社会功能究竟如何？

第二节　福利之于社会发展

经典学家的研究之于我国当代社会具有重大的理论和现实启示：其一，文化须与其时的社会构造紧密结合，才能发挥价值、规范的效力。文化浸润着社会交往、商业行为，乃至行动理性与价值观念之间的协同和互构，有着强烈的现实借鉴意义。如果文化不能与其时的社会结构相契，有可能会带来社会解构及价值混乱。其二，道德有着强烈的社会整合功能。涂尔干和梁漱溟均指出了伦理道德作为"集体意识"之于社会整合的必需，强调社会结构与价值规范变迁的不同步造成的社会失范，这也为理解社会的不和谐因素提供了一把钥匙。其三，社会构造及其变迁有着切实的福利表征。不同文化共享着一些现代性基因的同时，伦理、道德的异质性赋予各具色彩的福利实现方式与渠道。而福利价值作为上述视角和领域的浓缩和融合，可以回应上述学者的现代性关切。诸如，它的实现涉及社会分配的道德取向；需要、应得、平等这些价值镶嵌于观念、伦理、文化、社会组织和团结机制所构成的社会承认之中；社会制度为福利行为提供的显性条件；等等。可以说，福利的正义性透视，不仅有助于理解何为社会整合，还有助于深入察判社会发展的意涵。

一　我国当代的伦理未达

社会形态深处的文化基因构成不同社会结构的稳定器。费孝通指出，维系中西传统社会的是两种不同的道德体系。在团体格局中，道德的基本观念建基于团体和个人的关系上。团体是超于个人的实在，是一束人和人的关系，是一个控制各个人行为的力量，是一种组成分子生活所依赖的对象，是先于任何个人而又不能脱离个人的共同意志。在团体格局的社会中才发生笼罩万有的神的观念。团体对个人的关系就象征在神对于信徒的关系中，是个有赏罚的裁判者，是个公正的维持者，是个全能的保护者。西方团体格局中的道德体系是与其宗教观念密不可分的。宗教的虔信不但是他们道德观念的来源，而且是支持行为规范的力量，是团体的象征。在象征着团体的神的观念下，有两个重要的派生观念：一是每个人在神前的平等；二是神对每个人的公道。而中国的道德体系则建立在差序格局这一伦理本位的社会形态之上，最主要的是"克己复礼""修身为本"。① 从己向外推以构成的社会范围是一根根私人联系，每根绳子被一种道德要素维系着。社会范围是从"己"推出去的，而推的过程里有着各种路线，最基本的亲属：亲子和同胞，相配的道德要素是孝和悌；向另一路线推的是朋友，相配的是忠信。而统率各种要素的共同的道德核心是"仁"。仁者，爱人。但即便是仁，也是从个人的伦理关系中生发出来的，也不得与人伦相冲突。② 在梁漱溟看来，伦理本位与职业分立交相为用，人们在这两种结构中不断调整、完善自身，以呼应外在以宗亲关系为基础的伦理秩序的要求。然而这两种结构在现代性因素的冲击下，发生着剧烈的解序和分化。

改革开放 40 多年来，我国取得了举世瞩目的成就，经济、社会、文化各领域发生了翻天覆地的变化，人们的生活获得了长足的进步。但与此同时，现代性因素的介入也带来剧烈的伦理冲击，一些严重的失德行为给社会生活带来极大不便，甚至危及整个社会的道德秩序。诸如某些经济活动中的欺诈行为，如合同签订以后的违约；有时干脆就是以一些虚假的合同来套取利益；一些电信、网络的诈骗，等等。还有一些损人利己的行为，比如"地沟油"的收购、加工、销售和使用；在食品加工过程中违规使用有毒、有害的清洁、着色剂、添加剂；某些生产及经营中的偷工减料、以次充好；等等。

---

① 参见费孝通《乡土中国 生育制度》，北京大学出版社，1998。
② 参见费孝通《乡土中国 生育制度》，北京大学出版社，1998，第 31 ~ 36 页。

这些失德现象究其原因，主要还是不当"利欲"的诱发，其中隐含着两个道德缺陷：缺乏对不当利益欲的抑制；对他人的正当权益和主体资格缺乏认同和承认。对于第一个道德缺陷，无须赘述；对于第二点，尚需稍加说明。经济交换是对等主体的互惠交易，体现着交互正义。① 在黑格尔的承认理论中它属于法律关系中的团结②——交易双方在获取自身利益的同时，也认可他人的主体资格与正当诉求，双方权益获得法的规定性。由于不良利益的贪求，行动者漠视、无视对方的合法权益，一味寻求自身利益最大化而导致利益失衡——或许可以称为现代的"霍布斯困境"。

在社会机理上，承认与伦理是相通的——前者强调主体间性，是主体间的一种"共在"；后者则反映这种共在的结构性，在此，主体性已若有若无地消弭了，而更为突出超然的社会结构。就此而言，中国社会的伦理质性可予承认以更有益而贴合的补足。对于不当的利益欲，让我们看看古今中外在道德上如何对其进行抑制。马克斯·韦伯基于资本主义生产方式的发生学原理做了阐释。韦伯认为，路德宗的"天职"观以及加尔文教派的"命定"论为新教徒的世俗生活注入了永恒的动力，也为蕴含着节俭、进取、精打细算、守约等品质的所谓"资本主义精神"注入了终极的伦理关怀，使得尘世的获利动机有了终极的价值意涵——新教徒通过履行世俗生活的职业操守以完成天职的要求；通过寻求世俗世界的成功来获致得救的确证。③ 这些宗教定义不仅为新教徒寻求成功和财富赋予了永恒的动力，也为财富的获取方式及其使用赋予了教义的约束。为了荣耀上帝，新教徒的逐利行为天然带有道义性，这是对利益欲强大的内心制衡。

我们虽然没有类似对利益欲的彻底的宗教规约，但是我们的传统价值观、社会规范中不乏对利益欲的道德约制。譬如，传统经商伦理中"童叟无欺"的诚信观；在缺乏外力制约的商业经营行为中，我们也有"是非无人问，诚信有天知"这样的自我约束；我们传统文化中历来强调正当的义

---

① The mutual advantage in social exchange, see Colin Farrelly, *Contemporary Political Theory* (London: SAGE Publications), 2004, pp. 53 – 71.

② 黑格尔对承认的三种形式——爱、法律、团结的界定，参见〔德〕阿克塞尔·霍耐特《为承认而斗争》，胡继华译，上海人民出版社，2005，第30页。

③ 〔德〕马克斯·韦伯：《新教伦理与资本主义精神》，于晓、陈维纲译，三联书店，1987。

利观，所谓"君子喻于义，小人喻于利"。[①] 而且这种义利观、诚信观与传统的儒家伦理、君子之道、王圣之道相合，与儒家的家国一体以及社会基层的宗亲结构一道构成伦理秩序的基石。在当代社会，有两种因素导致传统义利观的裂解，以致经济领域时时可以看到一些败德行为。一是传统道德秩序、社会规范的衰落；二是利益、金钱的追求成为主宰性的价值目标。由于不当利益欲的自我约束弱化，在法和制度无力企及的领域，失德行为严重滋生。

如果以现代性视角来看，这些败德行为还有两个深层次的原因：伦理社会的变迁以及职业伦理的未达。先来看前者。当代的社会转型迥异于梁漱溟其时的社会——那时是外来冲击之下的社会解序；而我们现在则是依据国际环境的变化——和平与发展成为新的时代主题后，主动选择的"变法"。通过经济、社会、政治各个领域的制度变革，我国已然获得了崭新的社会活力，有着不同以往的国际地位。就像古今中外每一次重大变革一样，社会结构的重塑要求内外各种要素的重新调适，这必然是一个或长或短的过程。

经济先行的社会革新给予伦理社会的冲击，首先是传统乡土社会的衰落。由于工业化主要发生在城市、城镇，尤其是沿海地域的城市群落，广大内地农村的大量青壮劳力外移而使农村"空心化"。即便经济较发达的沿海农村，也已呈现不同程度的城镇化、工业化。由于人口、产业结构的变化，原先已经有些残缺的礼俗社会愈加衰落。在某种程度上，"挣钱多是本事"成为价值标准，原先崇尚的"礼、义、廉、耻"悉有不同程度的破坏。其二，表现在社会团结的形式上，即宗亲团结、宗法制度的弱化和消弭。其实，传统宗法制度在清末民初、新中国成立初期、"文革"等时期已经受到累次的冲击。但由于农耕社会的本质未变，一些基本的宗亲关系仍然保留下来，如红白喜事、婚嫁丧葬，传统礼俗的成分依然保留着。即便走亲访友、礼尚往来等习俗，伦理差序仍然明显。但是这一特点随着工业社会的来临、农业人口的减少、农村经济的凋敝而淡化。可以说，这既是时代变迁之所然，也造成伦理秩序的冲击，需要相应的价值重塑。其

---

① 参见《论语·里仁》。

三，家庭结构也由原先的联合、主干家庭向核心家庭过渡。个体经济独立性的提高，也意味着社会交往逐步逾出血缘联结而向业缘、地缘或更广泛的互陌地带迈进。价值愈加多元、个性愈加伸展的同时，意味着社会关系和约束机制的弥散化。

至于职业伦理的未达，主要表现为：其一，不同性质的经济主体相继出现以及与之相应的社会分层的复杂和多元。私营经济、民营经济已经在国民经济结构中占据半壁江山；国营企业向国有控股或独资的现代企业转型；外资、港澳台企业的地位虽有所弱化，仍在汽车、电子、精密仪器等高技术含量的产业中有着明显优势。其二，与之相应的职业保障的社会异质性。国企、大一点的民企、私企大多参与了国民保障体系，其员工除了公共的社会保险还有数额不等的企业年金、补充养老等福利待遇；外资、港澳台资企业也逐渐纳入进来。然而大量的小微企业尚存明显的福利缺位，而且随着企业性质、员工户籍、盈利水平的不同，福利的普及和覆盖程度有别。其三，小微业体脱开了乡土的亲熟约束，有着明显的职业伦理缺位。这些业体大多与民众生活密切相关，如餐饮、食品、服装、农贸、家庭装修等，从业人员要么是自雇者要么是临时受雇者，缺乏规范、稳定的雇佣合同与恰当的福利支撑。前些年大量披露的"地沟油""假冒伪劣""以次充好"、电信诈骗、虚假合同等行为大多与此有关。其四，企业的社会责任理念未能跟上时代步伐。这一理念在20世纪末21世纪初获得国际社会的广泛推崇，有着公认的行为规范和标准，涵盖企业的国家、法律、社会、人权诸种责任和义务。发达国家尤其将之作为社会道德的风向标和平衡器，也成为企业获得公众认可的重要参照，成为企业生存的必备。近些年来，这一理念逐渐在我国获得愈加广泛的认同。但是当前业界奉行的规范与公众期待之间还有不少的差距，主要在于：员工福利是否会损伤企业的盈利能力？如何平衡股东的获利驱动与企业福利的关系？企业是否要承担员工利益以外的更广泛的社会义务，如社区建设、城市环境乃至社会建设？企业要担当何种道德责任？

在现代社会，家庭的结构和功能发生变迁，但它的基本保障功能依然存在，特别是大部分内陆农村地区，老人的养老依然主要靠子女的赡养以及自身劳作。随着社会经济发展方式的变迁，大多数年轻人外出打工，农村剩下的大多是老年人和小孩，这些群体得不到亲情的温暖，会对他们的人格和精神带来许多严重问题。与此对应的是流动群体，他们远离家园，来城市只是为了谋生和获取经济利益，也缺乏家乡亲熟规范的人际认同和道德约束。很多人为了赚钱，不惜坑蒙拐骗，甚至违法犯罪，诸如地沟油、欺诈、偷工减料等恶劣行为与此不无关系。如何给予这些微型经济行为有效的道德规约？如何为农村的留守人群延续基本的情感关爱？社会政策、福利政策能够为此做些什么？

对这些问题的回应我们并非无能为力，还是先从小的方域说起。对于经济领域的败德行为，除了加强法和规则的约束，经济交易的延续性和透明性也会对失德行为产生制约。大卫·高瑟认为，一个短期行为的逐利者，从长期看所获得的利益不如一个遵守契约、顾及对方利益的守约者。①其实，我们也可从互联网购物这样的经济行为中看到制约败德行为的曙光。互联网作为一种虚拟性的远程交易，在一些正规的网购平台，欺诈行为却很少发生。其中的原因，一是商户为了维护长久的生意和信誉，不会为了贪图小利而损坏自身的声誉；二是网店的经营成本较低，只要商户诚信经营，一般都可以营利而谋生甚至可以获得不菲的利润。一方面诚信足以获利而谋生；另一方面失信却会损害长久的生计，这两个因素导致互联网经营较少发生败德行为。

这给我们一个提示，在一些交易延续性不强的领域，往往是一次性交易的领域；或者违约和败德会产生不菲的不当收益，而守约则不会带来很大当前利益甚至还会付出较大的成本，人们约束自身行为的道义支撑在哪里？对此应有怎样的制度设计？福利能为此起到什么作用？

福利的意义不只是体现在作为社会成员个体的生存和发展。福利正义还有一个更广阔的价值体现——对于宏观的社会发展，对于一个良序社会的意义。其实，经济领域乃至其他领域内的自我约束，很大程度上取决于行动者对道德、价值观的内在认同，取决于这种价值观和道德观与现实社会的契合程度和方式。正如上文已经述及，韦伯指出在资本主义生产方式的起初阶段新教伦理为经济理性注入过永恒的宗教动力；在我国传统社

---

① David Gauthier, *Morals by Agreement* (Oxford: Clarendon Press), 1986.

会，诚实、守信、合作、共赢等义利观作为对利益欲的制约在商业经营活动中发挥了重要作用。我们现在提出了社会主义核心价值观：富强、民主、文明、和谐；自由、平等、公正、法治；爱国、敬业、诚信、友善，这些国家、社会、个人三个层面的价值规范会对道德秩序起到显著的引导作用。应该将这些核心价值连同传统文化的道德风范一道，融入现实的社会生活和制度设计；其中，福利制度及其再分配和承认是重要的一环。因为福利的实现可以改善和缓解个体的生存困境，消弭不良利欲的诱发，有助于个体人格与尊严获得承认从而改善其社会处境。

再分配和承认的意义，除了个体的福利实现，还有一个更远大的目标——为社会团结以及整体进步夯实发展的基础；为良序社会的实现提供切实的可能条件。如此，公民的生存才有一个切实的保障，个体的发展才会有一个价值的升华，才有一个真实的自我实现。具体而言，其间的契合性将如何表达？

二　社会发展的基础

大体而言，影响社会发展的因素可以归纳为三个层面：其一，经济发展的方式。马克思主义指出经济基础决定上层建筑，社会结构必定建立在社会生产以及与之相适的社会关系之上。具体来说，社会竖立其上的要素涵括社会生产力、生产要素的结合方式、生产关系以及分配方式；以马克思主义的观点，生产力和生产关系以及两者的适应程度是决定性的。其二，价值规范。梁漱溟和涂尔干指出了决定社会整合的价值体系和道德标准；韦伯将之纳为价值理性，含有家庭和宗亲伦理、社会公德、职业伦理以及公民道德等。其三，社会规范。相对于价值规范的自我约束的倚重，社会规范是指外在的为社会成员一致认可的行为准则、规则和标准，大致可分为两个层次：正式的如法律、制度、社会守则等，具有明确的条文可循；非正式的包括人际交往的惯例、习俗和约定等，一般没有成文规定但被广泛认可。这三个层面相互制约、相互生成，有着整体性和协同性的特征。经济生产方式是价值、规范等道德体系的土壤，不同社会有着不同的文化色彩，惯例、习俗和规范正是繁育其中。一致认可且广泛施行的伦理、价值和规范指引、规约着经济和交往行为，社会秩序因之可能。

就此而论，现代性困境宥于三个层面之间的张力和不谐，以及因之所致的社会失序。其具体表现，一是经济要素之间的紧张：如生产力与生产关系之间的不调适；生产与分配之间的矛盾与冲突；生产力与生产要素的不协调等。二是规范与经济基础之间的张力。社会生产的变革带来相应的结构变迁，而价值、伦理体系有着一定的历史延续性和稳定性。当道德不足以规约社会行为时，失范便产生了。三是文化变迁导致的价值震荡。经济、政治、交往方式的改变均会带来文化的变迁，既有内生性因素也有外生性因素。文化、价值、观念、伦理等意识形态，具有较强的历史承延性，由于时空环境的转移，其变迁有不可逆因素；或许存在某些回潮，但总体而言要适应新的社会结构，但是两者往往不同步。一般而言，物质性因素的变化要快于精神因素；外来文化的冲击也会迫使内在结构做出调整，其间的不适将带来激烈的社会震荡。可以说，伦理、规范等道德体系与结构的不适是社会失范的重要原因；而"正义"在其中将起到何种作用？在社会整合中，正义有哪些现代品质？

古典美德正义的德性基础重在公民的个人美德，即勇敢、节制、智慧、正义等，这些美德构成了秩序的基础。现代社会的德性基础偏于社会层面，即为社会成员一致认可和遵循的伦理要求，这仍然与个人的美德品质密不可分，但其内容已大为拓展——除了上述勇敢、节制、智慧等美德外，还包括善良、忠诚、信义、公正等品质，与公民美德一道构成社会的德性基础，成为社会有序化的衡准。神性正义的现代伦理品质，在不同文化、不同宗教中有不同的色彩，并被赋予不同的角色和地位。在基督教世界，虽然尼采早就声称"上帝已死"，但是基督信仰仍然是西方社会的道德基石，也是其中许多慈善、公益行为的重要精神动力。伊斯兰世界的财富观也有着类似宗教共享基因；佛家、道家的"善""恶""舍""得"的福报观也是信众世俗行为的道德指引。可以说，宗教信仰仍然构成世俗行为的重要价值源泉。即便主张积极入世的儒家，虽然有着"不知生，焉知死""敬鬼神而远之""子不语怪力乱神"等理念，回避彼岸世界的观想，但并不回避祖灵崇拜、宗亲祭祀等神性活动，而且在这些方面与道家、易学有着深深的互衍。中国的宗教传统不仅有着神性依归，其个人品质的人伦德性或许较之西方的美德传统更为深厚。

契约正义是现代社会体系的法理基础，其正当性由人民与主权者之间的立约已然转为人们就社会治理相互立约。如果说美德正义、神性正义旨在赋予人们的世俗行为以价值的约束和指引；而契约正义旨在赋予人们以权利之申索，为人的需要、欲求赋予法的规定性。古典契约论以主权与人权的位移奠立了公民的人权保障；现代的契约正当是法、制度以及社会规则和规范的合法性来源。

因为这一契约正当，在传统道德不断弱化的同时，国家的福利角色不断凸显。勇敢、智慧、节制、正义等古典美德观，要求社会精英具备异于常人的品格和禀赋。现代分工和分化使得阶层再结构化，团结体现为与分工、分化相应的新的社会整合。除了古典道德的身份、禀赋等差序在现代职业、阶层等伦理续衍，现代社会还要求能整合所有成员的共性道德，如公德意识、公益精神、国家认同、尊重与自尊、团结与合作、承认与爱，等等。特定时代产生特定的道德体系，可以说，从古希腊到今天，公民道德有着由特性美德到共性规范的渐替。与此同时还伴随着权利的衍变。亚氏权利主要指政治权利，虽然立足于城邦本位，就享有者而言却是分立的——权利不仅分割为司法、行政、军事、神职等治权体系，权利的享有也是不可让与的。"契约主义"延续了这一传统，主张公民平等甚至排他性地享有经济、政治等权利。然而现代权利的主体边界趋于模糊，尤其是社会权利的实现要求资源共享，纯粹的产权排异向社会平等让步。简言之，权利有着由界限严明的分立向共享过渡。

现代正义的核心意涉转向分配之后，其对社会发展的意义逐渐趋于权利、义务、道德、法制之间的秩序建构与平衡；民众利益的协调；乃至公民社会的可能。分配是秩序的重要部分，是经济诸要素获得平衡和协调的社会基础，也是价值规范和社会规范的效力保证。概言之，交互正义体现着社会生活的衡等和平衡；权职正义关涉政治生活中的权利和公共职位的致由，乃至于社会运行的政治基础；而福利正义关涉民众生存乃至社会发展的基础。

三　福利的发展意涵

其一，福利使得经济发展的基础更为扎实、合理。福利再分配使得资源分布更为均衡，通过完善市场的资源配置而致产业结构更为合理。社会个体的需要、应得、平等价值的实现，在提升民众生活品质的同时，也将这些社会效果延至公共领域，促进了生产要素的合理流动，从而提高社会生产力。社会的利益表达也更为有序，经济秩序更为清晰、合理。由于生产力与生产关系更高程度的调适，生产要素之间更有效率的整合，社会也因之获得新的活力。

福利的社会改善功能首先见之于经济领域。譬如，小微业体是当代经济活力的体现，但是普遍存在社会保障不力、覆盖不全等现象。福利在这些业体的普惠将为这些从业者带来新的稳定和安全感，由此促进生产要素的合理流动从而增强经济活力。在宏观领域，福利在"资源流"的分配和再分配之间架设了一座桥梁。现代福利无法"脱嵌"于以市场为主要驱动的物质基础，市场赋予资源的流动、补偿与平衡以某种"自发"的应得绩效。也正是这种"自发"性给予社会应得一种外在的干预与再平衡；而福利及其相应的社会政策、社会事业可以实现经济绩效与社会效益之间的一种平衡。福利既源于初次分配的基础，其再分配的质性又将改善、完善这一基础，促使经济运行更加合理、有序。以"资源流"的视角，再分配是一种要素补偿机制；承认亦是，然而只不过更具间接性，更为注重社会关系的调节——或者说更注重资源的共享。再分配之于宏观资源的引导更为显著，它已超出纯粹的经济绩效，着力在区域之间、社会不同成员之间实现着资源由丰盈到稀缺的流动与平衡，从而实现着一种动态的社会平等。

其二，价值理性更为彰显。广义的社会规范涵括亲缘、宗亲、宗教、社区、社团等共同体的规约以及职业伦理、公民道德等价值观念体系，有着深厚的历史和文化继承性。社会变迁倘若存在某些因素与社会构造的不适，福利正义可以弥合这些罅隙。譬如儒家"仁"的理念在现代社会由宗亲基础扩散到更为广远的交往形式之后，传统文化因此有了更强的时代"承认"质性。因为我国文化寓有浓厚的伦理质性，无论是儒家的伦理基质，还是道家、释家的义理阐释，均将目光投向人际关系的调适；伦理的道德因素所指涉的规范价值即人际的和合——在传统文化中，即以"十伦"为指代的关系模式。由于结构分化以及诉求的多元化，以及因之而致的个体的社会自主性的提升，现代社会有着新的价值整合要求，即一种由"关系"伦理到"结构"伦理的衍变——或者可以说，要求着能够实行适应于现代交往特征的为不同社群接纳的共同道德秩序。

公平与正义作为衡量秩序正当的价值，不仅寓涵于社会分配所必须遵循的原则之中，同时也要求制度、规范之意义基础的重构。权利的"民本主义"契约性、规范的伦理质性均要求在利益与价值之间实现社会关系新的平衡。作为公平与正义之价值互衍、融汇的结晶，需要、应得、平等不仅反映着社会分配的必适原则，而且反映着它的制度、规范基础的应然价值。但是这种价值重置既无法脱嵌社会的文化与道德土壤，也将改变这些宏观的社会环境。

利益冲突是社会失范的重要促发因素。传统社会的多重伦理结构将这种因素限制在一层层不同的关系结构之中；而现代社会的解构，使得不当利欲有可能冲脱原先的价值规范因而导致道德失范。需要、应得与平等，既为欲求的正当性界定了合理的范围，它们构成的价值体系也赋予原子化的个体利益以新的可能约束，使得社会利益重新达致恰当的平衡，从而消弭可能的潜在冲突。在这个意义上，福利价值以及由此实现的社会公平与正义，可以重塑现代性条件下新的价值整合。福利正义的实现，既会削弱不良利欲的土壤和缘由，使得价值规范和伦理道德更具社会效力；也可以这么说，正义本身就是当代价值的提炼，不仅夯实了家庭、宗亲、职业伦理、公民道德的根基，也与这些道德因素共同构成社会生活的德性品质。

其三，促进社会团结。随着需要、应得、平等价值的实现，职业伦理、公民道德也会获得更为深厚的团结基础。在亲缘关系、熟识规范的层面，家庭、社区等福利资源的共享可以形成良好的亲熟联结。在职业规范、工作伦理的层面，工作场所等"合约"性承认体现的社会应得，使得"劳"与"得"、付出与回报之间实现着平衡。在社会整体层面，一则福利承认促使资源在城乡之间、区域之间、不同民众之间实现新的平衡，带来更扎实的公民团结；同时也会带来更高层次的社会整合——社会差别的缩小可以消弭阶层的差距，资源的合理流转又将提高社会运转的效率。

家庭是人们基本价值观和道德感的最初来源。共同生活蕴含的关爱和照护给予每一个个体爱的承认，这种主体间性意识渗入个体的人格，扩及社会交往的其他成员，成为社会团结的基础。家庭向来是我国社会道德的根基，儒家伦理与宗亲社会结构一起构成传统社会秩序的基础。现代社会的家庭、宗亲等亲缘团结仍然有着浓厚的承认因素。在这些初级关系中，基于情感、亲缘的交往和互助，在实现着成员需要的同时，资源的共享也寓涵在交往规范之中，其中既有情感的沟通、需求的表达，也有人格、心理、秉性的塑成。在这个意义上，家庭、亲熟等初级承认可谓个体社会化的首站；以此为基础，人的生物性被赋予群体生活的社会适应性，并成为其后成长、职业活动以及更广泛的社会交往的基础。

在社区或社团或宗教、慈善等中间层次的地缘或价值共同体中，社会团结仍然富含着承认质性，只不过更为复杂多样。社区资源的共享以及地缘性的身份认同，成员在共享着共性的价值理念的同时，还有着互助性的帮扶。宗教、慈善机构立基于特定价值的捐赠、资助以及其他信仰行为，将自身的人格与行为范式融入共具的信仰体系之中。在这些团结形式中，一个显性的要质即共同体的身份及其理念的认同——每个人都意识到自身的"归属"，这种自性觉知并为其他成员觉知和认同。由此，承认的中观意义并不具有国家或公民社会的含义，但仍然成为社会团结的重要基础，以此避免"原子化"个体标识。而福利在这些共同体的实现，既得益于这些基础；经由福利过程表现的交往和互动，又加深彼此的了解、信任和互助。在这些承认形式中，主体间性有着需要与奉献的动态不均衡性——共同体的每位成员既可能是"需要者"，也可能是"奉献者"；资源循着共性的价值理念而流转。在成员需要实现的同时，也实现着蕴含在一个个共同体之中的社会团结。

在国家和社会的层面，承认有着为不同族群、不同职业、不同身份等人口和社会异质性的社会成员共具的价值质性。黑格尔将承认划为爱、法律和团结三个层面，它们是层层延递、逐渐扩延的。在黑格尔看来，终极意义的团结价值即"绝对精神"，或者说是"绝对伦理"——在封建制已然解体、个性获得解放的条件下将社会成员团结在一起的精神力量。而这唯有在民族国家中才有可能。就此而言，黑格尔可谓民族主义者，其时的德意志历经中世纪长期的诸邦分立，而宗教改革带来的信仰对立以及其后理性主义在欧洲大陆的崛起又造成价值观念的裂解。黑格尔寄望于以一种超脱传统宗教信仰的终极理性——"绝对精神"为民族国家完成秩序的塑形，从而形成国家层面的最高意义的社会团结。[①] 黑格尔既可谓启蒙理性的完成，也可谓其转折；后世关于社会团结及其秩序意义的重要解读，都没有回避黑格尔的价值预设。

马克思批判了黑格尔的"颠倒"，他指出，并非意识决定存在而是存在决定意识；但是并没有否认社会团结的价值。马克思的社会团结是"自由人的联合"——建立在每个人全面而自由实现之上的社会共同体；其物质条件即社会财富充分涌流、生产力高度发达、每个人的需要得到充分满足。马克思既是理想主义者，也是现实主义者。自由是社会的最高价值，其实现是社会团结的基础。马克思同时强调，任何社会都不能超脱既有的生产力发展及其与生产关系的相适性构成的现实基础，因此社会进步也必须以物质文明及其竖立其上的意识形态共同构成的这一基础为转移。

而涂尔干着意的社会团结是道德的整合，融合着康德的道德主义与黑格尔的伦理精神。一方面，涂尔干主张社会不应失去个性的自由；另一方面，又要求不能忽视公共秩序。像黑格尔一样，涂尔干寄望于国家的道德整合力。但是，与前者的市民社会的伦理隐晦不同，涂尔干主张赋予职业群体本身的伦理禀赋，即一种中观层面的社会团结，如各种行会、职业协会的互助行为以及对个体的伦理约束——这种社会交往，在黑格尔看来，其中承认的法律因素要重于伦理。至于公共层面的社会团结，两者都强调赋予国家以超然的地位，但是有着不同的主体边界。黑格尔的"绝对精神"的唯一性，在涂尔干这里是多元的：其中既有国家权威，也有民主制等合作因素，当然也有为社会共同认循的"集体意识"——一种综合的公民道德。如果就福利承认来看，"爱、法律、团结"，或者说，初级、中观、宏观三个层面的社会团结，黑格尔主要着意于第一个层面；而涂尔干更着意第二个层面，即职业团结的互助功能与承认。马克思主义的需要实现，更注重第三个层面，即社会本质的实现。社会联合的本质是每个人自由的实现，因而是彻底的积极平等，需要充分实现的平等。马克思主义的自由是摆脱了"异化"的人的本质，因而也是社会的本质。

---

① 〔德〕黑格尔：《精神现象学》，贺麟、王玖兴译，商务印书馆，1977。

第三节　在正义与道德之间

自柏拉图提出"正义之问"以来，正义最初指"做其应做""为其应为"的确当；后来亚里士多德将其引申为"得其应得"。经过中世纪神性正义、启蒙时代契约正义、功利正义的合法性演绎，现代正义理念逐渐沉淀为"分配正义"，即权利、自由、资源等社会益品的分配应贯彻的正义性。

正义（justice）的英文词根是 just，即"恰好如此"，"正好如此"之谓。正义即缘由与结果的合理与平衡——一种恰适性——表现在个人层面，即"为其应为"（柏拉图）、"得其应得"（亚里士多德）；在社会层面，即秩序的适当、公正、恰如其分。或者说，"正义"也就是社会行为或社会政策、制度的"应当如此"的效果。比如，法律的宗旨即"正义"——"善"有善报、"恶"有恶报，尤其让坏的、恶劣行径受到惩罚——矫正正义。社会分配的公正、适当、恰如其分即分配正义，其中福利恰适性以需要、应得、平等价值的彰显为表征。如果再往前溯及神性正义、契约正义，都是对秩序合理的"应然"期待，无非前者诉诸神启而后者诉诸契约。可以说，正义注重行为、政策、举措的社会后果，注重秩序的"正当性"评判。

而道德强调秩序本身——以伦理表达的社会规范，关注人们的行为是否符合这些规范；至于这些规范可能的后果是否合理，并不在其评判之列。依照道德最终的价值依归，可将其分为两种类型：神性道德与人性道德。前者要求人的行为符合神的意旨；后者以人或者社会本身为目的。人类最初的道德体系大多具有神性特质。诸如，基督信仰的"摩西十诫"、圣经中善行与恶行的区分，以至于后世教会的教谕、牧师的布道，都体现着"神启"。古希腊神话故事对人的行为的指引不容小觑，甚至影响到柏拉图的社会本体观。经过中世纪的漫长积淀，神性道德虽历经近代思想启蒙的洗礼，但直到民族国家的确立，仍未真正脱魅。康德的道德观尝试以人的自由摆脱道德的外在规定；但他仍然承认上帝的存在，将其视为秩序的最终原因。韦伯、涂尔干的道德论都回避这一"终极"性，不仅有着社会唯名、唯实之歧义，而且隐含了不同的道德假设——前者赞赏禁欲主义伦理（如清教、新教）；后者受着黑格尔的启发，以国家主义的公民道德为统领。可以说思想启蒙赋予道德浓重的人性色彩，经过近代资产阶级革命、现代治权体系的确立，道德基础亦然转向人本身的理性反思力。

而中国的情况有所不同。中国的道德体系向来以人为价值本位。儒家"未知生，焉知死""子不语怪力乱神""不能事人，焉能事鬼"的强调，均含有人本身的价值设定，拒绝对未知的世界作深切的观想。儒家道德体系以宗亲伦理为基础，"天地君师亲"的尊崇同时要求人伦的和谐。孔子说："吾十有五，而志于学。三十而立，四十而不惑，五十而知天命，六十而耳顺，七十而从心所欲，不逾矩。"可见，儒家并不否认"天意"的存在，同时认为"天意"与"人事"是相合的。换言之，只要人世和畅，万物有序，这就是天意。最根本的标准是"仁"。仁者，爱人。夫妇有节、长幼有序；长而不恃，幼而有恭；社会各按其份，这就符合天意。因此，儒家主张积极的入世主义，以现实世界的和谐达成天人合一。道家的主张略有区别。"道可道，非常道；名可名，非常名"，认为决定宇宙秩序的是"道"，即万事万物必须遵循的规律，但是"道"的本质是"自然"。"人法地，地法天，天法道，道法自然"。何谓"自然"？就是事物本该如此，而不矫为，所谓"顺其自然"。后世渐崇福祸长生之念，主张趋利避害，依据事物本身的性质以作调适，出发点虽仍然是"天道"，落脚点仍是人事。且其"善""恶"之分，就世俗伦理而言，儒、佛、道颇有类通。"天意"与人的"善行"是不相悖的；不仅如此，主张扬善抑恶可以说是中外几大宗教的共性。

道德有着历史的承继与稳定，是人性的秩序表达，含有两种性质：德性与道性——前者关注人的品质，后者关注行为的规约；前者着重"善"，后者着重"行"；道德即善的品质，即"好"的、"良善"行为的社会规定性。可以这么说，现代社会的道德，人性成分渐重，愈以人世的善恶判断道德的是非，这与正义的衍变历程是吻合的。但是正义是多元的，不同情境有着不同指涉；况且，合乎道德是否一定合乎正义？道德是否需要正义作支撑？

合乎正义未必合乎道德。比如战争。如果一方屠戮了对方手无寸铁的百姓，另一方是否也应这样报复？按照正义的原则，"以牙还牙，以血还血"，这么做似乎无可指责。但这是不道德的。为何？他错了，你也跟着错！那么合乎道德是否一定合乎正义？也未必。因为道德除了德性的追求，还有"道"的合规——法律、制度等强制性规则之外的较软性的社会规范，一般与习俗、惯例等传统密切相连，而后者有着历史、地域等时空异质性。譬如"嫂溺于水，救焉与否"？"男女授受不亲"，儒家伦理的道德两难，以"正义"观之是不存在的。因为不作为将导致生命的丧失，缘由与结果的不合理显而易见。因此，道德似可弥补正义的缺陷；反之亦然。

那么在分配领域，道德与正义的张力何在？二者的融汇点又在何处？

在分配领域，正义强调权利的伸张，要求获得"应得"的社会益品，隐含着对"利益"的认同，其最终目的是实现"需要""平等"等价值。虽然"平等"在不同情境有着不同指涉，但是在特定时空背景中，何为"平等"是可以达成共识的。而道德重在对利益的约束，质疑"利益"的合法性，主张"利""欲"的节制。可以说，正义注重分配的合理性，以益品为"标的"来衡量；道德注重社会"过程"的正当，以规范来印证。

正义价值的多元，既是一种优势——可以覆盖社会生活的不同领域，有着极强的解释力；同时也遗留下价值冲突的空间。沃尔泽不同领域践行不同原则的主张、米勒的关系性质视角都有现实的实践难题，因为社会领域是相互交织，不是那么泾渭分明。必须立足具体情境考虑具体的适用原则，而且往往是多重元素的综合。在这种多元的取舍中，道德可以发挥超然于正义而又与之相衍的平衡功能。它可以抑制不良的利益动因，也可以抑制某些因素的"矫枉过正"。

就福利而言，福利正义也将改善社会道德。经济领域的不合理现象会带来生存环境的恶化、社会关系的紧张、生活质量的下降。其中的缘由，在上文已经有所述及，即对金钱的不良贪求而导致的社会失序。社会资源的再分配，既要有助于形成经济成长的物质基础，如道路、桥梁、生产技术、生产资金的投入；还要有助于形成经济成长的良好社会基础。再分配和承认，使得困境中的弱势群体足以维持生存；实行更加普及、更高水平的素质教育，使得民众不但获得必备的知识技能，还能培养出公民意识、职业伦理；改善社会的人文氛围，使人们的生活更有安全感、价值感；实现更广泛层面的社会团结，等等。

正义的实现尤其是福利正义有助于增强经济伦理，夯实习俗、规范的德性基础，提升社会的道德品质，抑制失范的风险，达到新的社会整合与团结。而道德将赋予正义以伦理支撑，避免某种价值的"脱缰"，使得正义更具"人性""伦理"反思力，因而使之更有全面、深厚的正当性。

福利有着现代适应性要求。现代社会有着更为细致的结构分化，而价值更为多元，传统、文化的延承要求着伦理关系的新的重构。在我国传统社会，儒家伦理有着深厚的宗亲基础，两者的弥合甚至衍至更广阔的社会结构——士农工商，无论职业分立，均体现了这一伦理基础。现代社会由农耕社会向工业社会的迁替，尤其商业社会的来临，社会益品的流通与分配——或者说，资源的流转及其诸要素的平衡与整合成为社会运转的显质。与之相随的是社会结构的深刻变迁，如职业、身份、群体的分化及其经济、社会指征和观念异质性的显现。这些变化产生新的社会整合要求，要求一种能够适应这些变化的社会团结。资源的流转实现着社会要素的平衡与补偿；社会分配成为协调不同利益诉求的关键；福利既作为分配的显性表达，又宛如一个"杠杆"，撬动着经济、社会诸机制的运转。

正义理念有着历史的衍变历程，这些不同的基质或多或少仍在现代社会映显着。比如公民美德有着更为多样的染重；而宗教的神性义释在不同社会不同程度地规引着人们的观念。契约正义在中西社会均构成权利的合法性基础，也因之构成福利的正当性基础，无非依社会情境不同而有差异。功利正义将社会诉求指向幸福的追寻，正义的重心逐渐由形式转向实质。这些理念都对社会分配、对于福利有着多层面的衍射，福利正义也因而有着价值及其实现路由的纷繁色彩。大体而言，美德以及神性正义倾向于伦理支撑；契约正义具有更为强烈的权利伸张；功利正义的幸福实质转向，都使得现代分配的正义诠释更注重价值之多维彰显。

如果说，道德有着强烈的秩序规定性，而正义旨在探求这种秩序的合法性与正当。现代政治哲学大多拒绝将利益冲突悬置，而单纯分析道德变异。有趣的是，他们或多或少回到了亚氏起点，立足于剖解社会分配之"正义"——如何确保一种适当、公正、合理的社会秩序，一种"现代契约主义"。譬如，罗尔斯并不否认康德的道德自省，但他的正义原则终究立基于立约人对于利益的理性权衡；诺齐克、德沃金、阿马蒂亚·森、沃尔泽、戴维·米勒等学者，纵然持论各异，均将财富、权利、自由等社会益品作为正义之标的。即便与涂尔干同时代的斯宾塞，也将权利与自由的分配作为观省正义的主要视域。① 桑德尔指出，功利主义对于原子化个体利益的矫正虽然强调总体利益，但是存在对少数群体的无视；康德虽然主张将人作为目的而非手段，但其理性反思往往面临多维而难以取舍；罗尔斯试图综合以上趣向，其基于"无知之幕"的理性自利尚难以弥合与秩序所必备的"道德感"之间的罅隙。颇有殊义的是，桑德尔与麦金太尔言称的正义秩序，已不仅仅局限于社会分配是否平等、合理、恰当，而是指向其是否具有道德正当；他们对平等、正义的理解，既拒绝功利主义的社会总量原则，也拒绝康德的道德自省，而主张向亚氏回归，视共同体为分配的本位。② 麦金太尔更强调将正义置于具体情境中考量，以"叙事主义"对秩序做出道德判断。③ 无论是桑德尔还是麦金太尔，他们都以亚氏德性作现实观照，主张一种整体主义的道德正义观。

平等诉求不仅体现为政治权利的平等，还广涉经济、社会、文化诸领域，衡量平等的标准也更加多维。譬如德沃金主张实行社会资源的平等；沃尔泽的复合平等主张不同的领域践行不同的分配原则以避免权力与金钱的超然地位；阿马蒂亚·森认为资源的配置应有助于实现社会成员可行能力的平等；等等。如果以社会过程视之，自由主义偏重机会平等；福利主义偏重结果平等。无论其现代意涉如何衍射，平等不再局限于权利自身的分配；社会益品的分析——自由、安全、福利、服务、权职等，使得权利成为社会平等的法律保障。公民要素、政治要素既为社会要素的实现夯实了基础，分配之公正、适当、恰如其分也成为检视公民权利是否彰显的衡准。而道德日益规则化，日益由德性价值向可操作、可衡量、共同认循的行为范则潜替。德性——尤其是美德，可视为积极的道德，意味着行动者主动选择一种高尚的情操、良善的品质；而规范是消极的，意味着行动者被迫服从一种外在的秩序。不无遗憾的是，现代社会的行为范则愈益细

① 〔英〕斯宾塞：《论正义》，周国兴译，商务印书馆，2017。
② 参见〔美〕桑德尔《公正》，朱慧玲译，中信出版社，2012。
③ 〔美〕麦金太尔：《追寻美德：道德理论研究》，宋继杰译，译林出版社，2008，第246页。

化，然而德性却有着不同程度的淡化和消退，无论是大众还是精英。这是道德平等化的缺憾。此为社会演进之必然？抑或还有更合理、更优质的途径？无论是权利还是道德，两者都为实质的社会平等赋予其实现的可能。然而这绝不意味着个性的泯灭、自由的消缩、美德的弥失。共同体的完善将助益个体更充分的实现；美德不应仅仅体现在精英阶层，也须扎根于普普通通的民众。理想的共同体中，既有共同意志，也有个性自由；既有德性发扬，也有权利伸张，这是社会运转的保证，也是文明的基础。

正义与道德，可以说既是福利的基础，也是社会发展的基础。福利带来的社会进步将如何改变人们的生活？它自身又如何得益于社会的整体发展与进步？我们尚不能就此给予详确的答案。有一点是确定的，唯有立足具体国情，在国家、社会和个人三个层面构建良序运行的共生依存关系，一种普惠的、体现公平正义的福利体系才能确立起来，一个良善的福利社会才会呈现于我们眼前。

第九章 结语：福利正义之题的应有义涉

一 理论意涵

本书以福利正义的价值内涵及其实现的社会基础作为本书的核心意涵和贯穿全文的基础，力求对柏拉图、亚里士多德、奥古斯丁、阿奎那、霍布斯、洛克、卢梭、休谟、斯密、康德、边沁、密尔、斯宾塞、空想社会主义者、马克思、霍布豪斯、马歇尔、奥克肖特、哈耶克、诺齐克、罗尔斯、德沃金、阿马蒂亚·森、沃尔泽、米勒、黑格尔、霍耐特、弗雷泽、韦伯、涂尔干、梁漱溟、费孝通等政治哲学、社会哲学思想作脉络性的回顾之后，尤其着重其正义指涉，梳理了正义的理念架构，尝试提出并阐明福利正义的理念。

（一） 由美德到分配

正义理念的衍变可谓思想荟萃，众星闪耀。柏拉图的城邦本体观赋予正义以集体主义的先驱性考问；事物是否具有正义性取决于其是否有利于人们生存其间的共同体之安全，乃至于一种良善的秩序。纵然柏拉图、亚里士多德师徒有着视角之建构性与自然性属的截然歧义，但是就"正义"之质性而言，亚氏可谓深随其师精髓——他同样以吻合于良善生活的公民之美德作为正义的天然禀性。奥古斯丁距柏、亚时代不远，但其时的社会思想已然深深浸染着基督教义的神性光辉；他虽然没有抛弃古希腊思想之于公民美德的称许，然而转向强调正义的最高判准——已然由城邦本体转向上帝之法。中世纪阿奎那的社会情境与古希腊时代已有本质的区异，但是其时意大利诸邦林立的情势却与古希腊颇有几分相似。或许正是这个因素导致阿奎那正义观带有浓厚的教权主义之下的德性伦理基质。

16、17 世纪以来的"思想启蒙"是首个根本性的转折。自奥古斯丁已降,漫长的中世纪社会思想充溢着浓重的神启色彩。这一情形随着地理大发现、资本主义生产的萌芽以及近代工业体系的矗立而逐渐改变,新兴工商业阶层愈趋要求摆脱封建与神权的双重束缚以追逐自由自在的生活,社会契约论于是应运而生。如果说霍布斯、洛克都是为主权及其统治寻找合法性依据,而卢梭的契约说意在为人民的自由寻找合法的实现途径。尽管霍布斯、洛克、卢梭等思想家的契约观各有不同,但其共同点是——人民将主权或治权让渡给主权者之后,政府因此具有保障公民合法权利的责任。在现代社会,这一契约合法性延伸为政府的福利供给义务:政府保障民众基本生活、满足民众基本需要;公民享有自由、生存、安全的权利,这因之成为福利正义的法理渊源。

休谟、斯密甚至康德都可视为古典自由主义的先驱。苏格兰启蒙思想是社会契约论的自然沿承,但是其思辨重心已由权力(主权)的由来合法性转向如何为民众导向更充分、积极的自由,人们可以从中获致怎样自主的生活。基于这一初衷,休谟提出了"正义三原则",要求主权赋予财产的获予与转让基本的保障,以及相伴而生的民众之忠顺义务与自主、自由的秩序意涵。斯密与休谟的思想颇相类通,他既强调自由交换之于秩序的基础性,又祈望在社会层面形成共俱的道德与伦理责任。因此斯密的秩序观具有双重性——维持经济活力的同时又不允许道德越轨。康德的道德观是更为根本性的超脱,他将秩序的基础引向内心的自求,以每个人精神的崇高性和自我约束达成共同的道德共识,并以此实现完全的自由。因此康德的自由是选择自由,并不意味着行动者的社会生活将因之获得怎样深刻的良化与切实的利益,而更指谓着内心的道德升华。

如果说古典自由主义以全新的秩序意涵延续着契约论者提出的自由命题;那么以边沁为翘楚的功利主义者赋予主权更积极的意义,意味着契约合法性由形式正义到实质正义的重大转向。边沁在质疑契约说之历史实存的同时,提出道德与立法的根本原则在于人民的幸福生活,这比消极的保护意义无疑更进了一步。但是何谓"幸福"却存在诸多争议。葛德文认为真理、德行与真诚等社会交往的基础构成幸福社会的要素;密尔强调正义感源于人类本具的道德情感,如同情、对美德、良知的渴望等;人际共处及其共同的利益分配要求着正义必然含有天然的功利性——能够增进全体福祉。边沁之后的社会功利倾向大多融入了康德的德性命题，要求赋予社会诉求以德性约束，以道德作为秩序的指归。但是以斯宾塞为代表的较为极端的自由主义立场回绝了这一道德声称，而以纯粹的自立与主体性作为自由秩序的宗旨；"社会竞争"于是脱离了斯密祈望的道德约束而以社会有机体的结构应力作为个体利益冲突的制衡。葛德文、密尔的社会思想表达着功利主义与古典自由主义的交融，而斯宾塞的社会竞争以自由的"外视"摒绝了行动者的道德"内省"。

在古典自由主义与功利主义之外还存在社会契约说的第三种"扬弃"——黑格尔的法哲学思想。回应着契约说之自然法色彩，黑格尔的"法"有着三种层次：自由意志借外物以实现自身即"抽象的法"；在内心的实现即"道德"；既通过外物，又通过内心获得充分的现实性即"伦理"。① 契约被限定在个体之间可被让予的所有权关系；而国家并非建立在契约之上而是建立在伦理之上。应将伦理——某种决定社会运行的绝对精神，与道德区分开来。黑格尔由是贬抑了契约而尊崇伦理，主张主观动机与客观结果的统一，就此而言较之康德更进了一步。联结市民社会的是个体的"需要"，而承认作为需要与手段之间的抽象，也即市民社会的主体间性；社会需要是直接或自然的需要同观念的精神需要之间的联系——由此，人与他自身的普遍性而不仅仅是与他人的外在必然性发生关系。

马克思批判了黑格尔的"颠倒"，指出是存在决定意识而非相反，但是继承了事物之间既对立又统一的辩证性。马克思将"自由人的联合体"而非"民族国家"作为社会发展的最高形式，其中，每个人的全面而自由的实现是一切人实现的前提，并由此提出按劳、按需的社会分配原则。如果说黑格尔的秩序本体是伦理精神主导下的民族国家；马克思的秩序本体则是每个人的自由获得全面而充分实现的社会共同体。马克思社会观既承自费尔巴哈等唯物思想、黑格尔的辩证法，也是空想社会主义思想的扬弃，尤其以欧文、圣西门、傅立叶等为渊源，后者的社会思想其实是"幸

---

① 贺麟：《黑格尔〈法哲学原理〉一书评述》，载黑格尔：《法哲学原理》，范扬、张企泰译，商务印书馆，1961，第14页。

福"命题在那个时代的呼应。其时，自由竞争带来的社会无序与深重灾难饱受诟病，自由主义者要么选择无视要么主张在维持私有财产神圣性的前提下进行某种社会改良，而社会主义者要求根本性地变革财产秩序。这两种观点的对立其实仍然属于两种社会本体观的抗衡——前者是个体主义的而后者为集体主义的，这一对抗甚至延续至20世纪的思想交锋。

现代自由主义必须面对时代的双重召唤，一是如何面对自由竞争的负面困境；二是如何面对社会主义思想的冲击。当然，现代自由主义思潮有着古典自由论尤其是苏格兰启蒙思想的深刻印迹，而霍布豪斯是介于两者之间的不可或缺的衔接。霍布豪斯的思想略为带有社会主义倾向，他首次对分配要素做了深入、细致的分析，虽然这些要素之间尚存一定的叠合性。如果说霍布豪斯的分配思想已经含有一定的过渡性质，这一性质在罗尔斯这里就已具有更强烈的综合性。罗尔斯的正义论相类于帕森斯思想之于社会学理论——他也尝试综合多种理论指诉，以新的"社会契约"回应康德主义、功利主义以及马克思主义等理论关切，因而是一种较为"温和"的自由主义。正因为这种综合气质没有损及自由竞争的经济实质，而是对那些无法忽视的社会阴影进行某种"祛魅"，以实现尽可能的社会公平。由于这种综合性，罗尔斯正义论获得的回应也是多方位的，大致可分为左、中、右三翼。在自由主义阵营中，左翼以德沃金等为代表，主张更彻底的再分配；右翼以诺齐克等为代表，主张更彻底的自由放任；罗尔斯本身属于中性思想，阿马蒂亚·森、沃尔泽、米勒等学家虽然观点各异，均持较为温和的分配立场。这些思想之间有着激烈的对话和交锋，但是主流趋势是福利的秩序意涵在社会生活中愈发透显。

在自由主义阵营之外，或者说与之相交织的，围绕社会分配和福利的思潮还有着更为多元的对话。譬如，批判性质浓厚的所谓"左派"——在理论上有法兰克福学派，关注实践意义的有考夫曼、奥菲等"工团主义"者；秉持中间路线的有马歇尔、蒂特玛斯以及吉登斯等；后现代主义者有丹尼尔·贝尔（Daniel Bell）等；社群主义者有泰勒、桑德尔等；"复古主义"者有麦金太尔等。这些福利观点有些倾向于积极干预，有些主张对秩序作根本性的解构，有些主张温制的调和，其背后均有或激进或温和的思想基础作支撑，反映着愈趋多元的价值诉求。但是总的看来，社会的民生诉求获得愈来愈强烈的回应是当代社会不争的事实。

（二）正义的脉络以及福利的价值与实现

在这些不同时代思想家的正义理念中，结合历史情境的演变，我们可以找寻出一条大致清晰的衍变脉络：在古希腊时代，与城邦政治生活紧密联系的是"美德正义"；基督教成为人们精神和世俗生活的价值源泉之后，与此相应的秩序的意义基础是"神性正义"；近代思想启蒙以后，社会契约思想为秩序寻找到另一条世俗的合法性道义基础——"契约正义"；功利主义对社会契约既质疑又承继的双重诠释开辟了"幸福"成为社会的价值指诉；资本主义生产方式的确立并获得深入发展以后，财富占有的极端悬殊导致正义诉求定位于分配——以马克思主义的出现为转折，分配正义由此成为现代政治的核心理念并延绵至今。

对于诸种分配正义理念，有两个至关重要的人物贡献良巨。首先是马克思，他开创了分配成为现代正义核心诉求的先河；不仅如此，马克思的分配思想还是福利正义理念的重要源流。其一，马克思按需分配的思想突破了财产权利的局限，使得民众的生存需要获得法理依据，是现代福利思想的源泉。其二，福利正义的三项价值要素需要、应得、平等在马克思分配思想中已有体现——譬如，按需分配的需要观、社会主义初级阶段按劳分配的应得观、生产资料社会所有、消除阶级差别的平等观。其三，法兰克福学派、批判理论对于再分配和承认的正义诉求最早可溯源至马克思主义的阶级抗争；马克思主义的发展理论是福利正义的现代法理基础——生存权和发展权的源流之一。另一位在社会分配层面奠立福利正义学理基础的哲学家是罗尔斯。罗尔斯正义论有着"承上启下"的角色，他融合马克思主义平等价值、康德的道义论以及理性选择理论，提出了一种新的社会契约论并且型构了"正义二原则"，由此成为福利之正义意涵的重要学理渊源。

本书将分配正义划为交互正义、权职正义以及福利正义三个范域：①交互正义，即体现着对等原则的经济生活的自由交换、社会生活的互惠以及对不当行为的相应惩罚；②公民依法享有的一系列政治权利和自由以及获得相应的公共职位：我愿将其称为权职正义；③教育、医疗、住房、养老、就业、社会救助、社会服务、慈善事业等领域中相关社会益品的分配：我愿将其中运行的正义称为福利正义。分配正义三个范域之间既是平行关系，也是互补关系。交互正义体现着社会生活的衡等原则；权职正义是社会生活的政治基础；福利正义作为社会分配的显性后果，体现着福利益品分配的公正、适当和恰如其分。本书关注的正是福利正义的理念与运行逻辑，以及如何在我国现实生活中得以透达和彰显，以致它对于社会良性发展的意义。

福利有着两种正当性基础：福利的外部正当——作为主权施政的合法性基础；另一种正当——福利益品在社会成员之间恰当、合理地分配即福利公平。二者与福利正义有着深刻的理念相衍：前者构成福利正义的法理基础，而后者作为制度、秩序的合理效果与正义有着深重的价值衍通。罗尔斯之后，诺齐克、德沃金、阿马蒂亚·森、沃尔泽、米勒等学者对正义理念作了多角度的阐述和解析，大致可以将这些义释归为正义的价值要素或称价值原则。其中，诺齐克提出了"赋权"应得或资格理论；德沃金基于"资源平等"关注正义的平等质性；阿马蒂亚·森提出"可行能力"的平等。对于社会分配的正义原则做出多层次、复合分析的是沃尔泽和米勒，前者的复合平等观融合了自由交换、应得和需要；后者将平等、需要和应得并列，共同视作分配的正义原则。

可以认为需要、应得和平等三项原则基本上可以概览福利正义的价值诉求；即便是诺齐克的赋权论或资格论，也大致可视为一种应得要素。三项要素构成一个价值体系，共同对福利分配的正义性做出解释。作为分配正义的价值，三者在福利正义中是互补而相融相照的。需要是基础性价值，反映着人性诉求与社会本质；应得是福利受得的"资质"因素，涵括功绩、贡献、荣誉、能力、资格、禀赋等元素，以社会情境而转移；平等是核心价值也是多维的体系，不仅有着自身特性还能对前两者进行调节与平衡。

福利正义的实现——或者说，福利正义的价值要素，经由再分配和承认的基本路由而以彰显。再分配是制度性因而也是硬性的福利途径——除了公共福利政策、社会保险体系在个体之间实现的保障与平衡，还含有宏观的资源再分配举措。而承认是软性、非制度性的，倚重情感、心理规约等主体间性的关系调节，注重在亲缘、地缘、业缘或其他价值共同体中实现资源的共享。再分配和承认作为福利正义的基本路由，其背后隐含着深层次的合法性支撑——权利，既源于福利的契约正当基础；其现代概化——生存权与发展权，又赋予福利多重的保障。公民权利一方面是福利正义实现的保障和法理基础；在另一方面，福利正义——其价值要素的实现又成为衡量权利彰显的标尺。需要、应得、平等构成福利正义的价值内涵；再分配、承认和权利构成其有机的实现机制，大体形成福利正义的理念架构。当然，这些要素并不是与社会其他领域割裂开来，而是必定共存于一个具体的社会语境。诸如交互正义形成的社会基础；权职正义的政治基础；乃至公民美德、神性伦理的价值导引；福利正当的法理基础——治权的契约性及其在现代社会种种义释，均与福利的社会过程有着不可裂解的络连。

（三）正义的同一与异质

纵然正义之理念有着随历史情境而有不同的衍变，但是其内涵的质性却有着深刻的一致，即正义始终意味着缘由与结果之间的某种恰当、合理与平衡。它始终预示着一种正当的秩序，一种"终极"性的、根本性的价值，因而成为社会运行的基础。就福利而言，即福利秩序的恰当、合理与平衡之正当。这是正义之"同一性"的表现。正义的价值多维决定其意义还深蕴于它的"异质"的一面。这可从两个方面看：一是正义随时代的不同而有纵向的异质，不同时代有着不同的秩序正当主导；二是由于文化的不同，不同社会也有着横向的正义异质。正义的脉络彰明了历史迁延过程，但是在这些粗线条的勾勒中还存在一些细致的节点。譬如黑格尔之秩序的伦理质性更强调着一种精神因素，已超然于契约的纯粹外在性，这种主观与客观的统一为正义的文化异质性之彰显铺垫了道路。又如马歇尔与欧克肖特、哈耶克的福利歧义呼应着集体主义与个体主义两种主体假设；而弗雷泽与霍耐特之再分配与承认的争议又似乎重新回到了黑格尔命题。那么，正义的主体意义究其何谓？如何权衡其主观与客观的协调？

如果说黑格尔之道德与伦理的区异点出了正义的文化异质的雏形，那么韦伯、涂尔干、梁漱溟、费孝通则将这种文化异质作了详析。中西社会既有着正义的同一，也有着显然的文化异质。同一性即正义有着相似的价值分解，也有着相同的实现质性提炼；而异质性蕴藏于我们须将正义质性尤其是福利过程置于不同的文化背景考量，以观省不同社会的伦理与道德品性。两者的结合将为我们提供一个立体的视角，以此中国福利的现实表征、现代性分化导致的伦理缺位乃至由此导致的愈来愈多样化的福利诉求成为可观察的社会现象。就本质而言，道德与正义虽然有着一定程度的叠合，但前者偏主观而后者偏客观；或许，借助黑格尔的伦理质性，正义的实现更寓望着某种主观与客观的协同与一致，而置于文化背景中考量正义，将不可回避地导向社会的团结与承认命题。

二　实证意涵

以正义视角观省我国福利情势，既有理论延承也有着自身特色。福利的实证研究既可谓理论架构的检验，也是正义理念尤其福利正义理念的印证和再提炼。理论与实践的衍合过程——将这些理念置于我国的福利现实，透过这些社会映显，不仅给予我们切实的观感和认识；是否也可能为实践探寻一些更为理性的价值指引，而理论本身是否也将获得升华和启示的可能？

（一）福利价值的复合性及其路径选择

权利的契约性可谓现代社会共具的治权基础，无非不同社会有着不同微相、有着不同的义释。我国主权的人民性质既是福利权利的来源，也是社会政策的目标指向。权利的法理基础与治权的施政方向是一致的，均以人民福祉为依归。我国福利的契约性有着两个"一体"：其一，主权与治权的一体——以人民政权为指代；其二，人民既是立约者同时也是受益人。这与传统的契约论既有不同，但是在社会政策的施政方向上却有着一致——均以民生诉求为实现表征。

而国家有着愈趋积极、更为全面的功能。虽然考夫曼、吉登斯等学者一度质疑福利国家的功能，主张更为多元的福利主体。但是即便是在西方社会，国家的福利主体并未弱化，只是福利功能愈向社会渗延，如各类慈善、公益机构乃至企业、个人。这首先缘于福利的法理基础——现代意义的契约正当仍未改变。而且，随着权利意识的增强，治权合法性及其施政方式的科学化、专业化愈趋需要公众的认同和参与。我国的福利基础有着更为深厚的人民质性，这与政权的执政基础、历史渊源及其现代社会的民生诉求均是分不开的。我们"以人为本"的执政理念以及党的十九大以来提出的"以人民为中心"的发展思想均要求政权的设立和运转必须围绕人民的福祉，这因此赋予国家更为深厚的福利主体地位。

我国地域辽阔，社会构成较一般国家复杂，因而福利价值有着复合性特征。首先在于不同领域践行着不同的价值主导；同时，价值的实现也有着"路径依赖"——再分配和承认有着不同的价值倚重。如果概略而言，前者更注重"平等"，而后者更注重"需要"。在公共性社会积累中，如社会保险等保障体系，"应得"因素更为倚重再分配。从历史来看，在计划经济时代，平等是核心价值，与需要、应得原则一道保障着民众的基本生活。改革开放以后，应得因素趋重；随着经济、社会诸领域的深刻变迁，各种社会协调和团结机制逐步完善，需要与平等诉求也日益凸显，共同构成福利正义的价值基础。在不同福利领域，三者所起的作用和功能不尽相同；就整体福利而言，三项价值互为补充、相得益彰。

分配正义三个范域的社会功用不可割裂。交互正义之于福利的支撑在资源配置的市场机制下是多方位的：其中既有资源的供给因素，也是积累性社会保障体系的运行规范——既是制度性的，也有心理规约的社会支持。而权职正义体现着福利分配的政治基础，尤其是国家的福利功能必须经由具体的施政、社会治理举措来体现，其中既有平等诉求，也有职权益品的应得性权衡。权利作为福利的法理基础，它本身遵循着平等价值以及社会适得的平衡。这些或资源或交往或法理的价值衍射，在构成自身正当的同时，也影响着福利价值的多重质性。当然福利价值的复合性并非仅仅取决于种种外在因素的衍射。福利益品本身的多样与异质也导致不同领域有着不同的运行逻辑，也有着不同的价值主导。作为综合的社会体系，福利的实现就是这些价值不断衍合的过程。

如果将福利比作一辆"车"——"福利车"，各种价值要素及其载体如资源、益品，可视为车上的负载物；而再分配和承认可视为它的两个轮子；二者的印痕或即将选择的不同路向和轨迹即各式各样不同的社会政策与团结、互助、交往等资源共享机制。价值是多样而组合的，轨迹和印痕也是如此。这辆"福利车"就由再分配和承认双轮驱驶通向远方——这个远方即社会进步的前景，民众更高质量的生存和发展——也就是文明社会的基础。

（二）福利不平衡的缘由及其解决

福利不平衡，也可说是"福利车"的运行时有晃动而欠稳定。这既有载重不均的因素——如需要、应得、平等价值在特定时空场域的彰显不充分或不均衡，或有偏倚效应；也或有车辆本身的因素，如双轮——再分配和承认的效能不足，或欠缺动能，或其他缺陷导致机制运转不灵便。当然也有运转方式、轨迹选择欠妥当、欠周密或未深入细致地开发、实施——尚未拓实有效的社会政策以及诸项社会交往、团结机制。

"双轮"的运转——再分配和承认的功能，既有赖于社会政策、经济政策、财政政策的协同，也有赖于情感、伦理、规范等心理和价值规约的谐调、调适的社会效应。三个层面的福利不平衡中，城乡福利更为注重资源配置的均衡，以及完善、拓实亲缘、社区等承认机制；区域福利的平衡发展有赖于"资源流"在诸种社会机制中实现合理的促发、流动与补偿效应，既有分配、再分配的配置力，也有社会团结与交往的承认规范。如果说二者较倾重宏观、中观的资源平衡，而职业、身份、群体等福利异质性之间平衡的实现，更需倚重"劳动"价值与社会所得之间实现一种恰当的"应得"。于此需建立综合的社会评价体系，既需考虑个体之间、个体生命周期之间的再分配因素，还需顾全个体与国家、与社会的"身份"承认，或是作为社会群体免除歧视、不公待遇的群体性承认。资源承载的价值，不仅是"平等"的价值彰显，它的流动、补偿与平衡还需个体需要诉求的实现、社会的应得评判。在这些过程中，价值的实现也有着"正义"与"公平"之间的相互衍生，有待更为有力的政策、制度革新。

在不同层面、不同领域呈现着需要、应得、平等的正义价值的同时，由于发展阶段、自然条件、社会基础的缘由，尚且存在一定程度的福利不平衡。于此需依据具体成因，在社会政策、经济政策以及相应社会机制和规范上完善和拓实再分配和承认的路径功能，使得福利正义获得更高程度的实现。

资源、益品的异质性同时表征着不同的社会关系，因而承载着多样的价值，其实现也因而有着路径选择性。在宏观的资源配置、福利在个体之间实现的制度性平衡中，再分配机制是显而易见的；而非正式的规范性社会联结的资源共享，承认是更为基础的途径。再分配和承认，无论是将其视为"福利车"的两个轮子，还是鸟之双翼，二者都是缺一不可的——它们的运行及其各项政策和举措，不仅带来福利本身的进步，也带来社会发展与更深全的社会团结。

（三）福利与社会发展

现代性困境一般是指由于社会变迁，原有价值、规范和伦理基质与现有社会结构发生不适而导致的社会失序。福利之意义不仅在于个体境况的改善，同时也将促进文明社会的形成；而社会前进与整体素质的提升，又将促成个体更充分、更完善的自我实现。福利与社会的整体发展是协同并进、互为基础的。其间的联结既有制度因素，如各项政治、经济、法律体系为福利实现所创设的条件；也有文化、观念层面的因素——福利本身受益于价值、伦理体系构成的规范基础；蕴于承认的资源共享，又形成更紧密的社会团结。当然，更不可忽视的是福利乃至社会运转的经济基础：社会生产以及资源流转、配置不仅是福利价值的必然承载，也是福利改善的必备物质条件。这些条件和基础不是"设然"的存在，而是实实在在、无时无刻不在发展、变化的社会情境。

它们的动态平衡及其相互牵引的质性，受制于两个相互关联的因素：现代性变迁以及由此导致的伦理、价值规范的迁衍。前者显见于一些有着世界共性的社会变迁，如工业生产取代农业生产成为主导性的社会价值源泉；以市场为特征的商业社会的来临；日渐细致的职业分工和社会分化；与之相应的制度、法律等社会治理方式的专业化；等等。而后者——伦理规范的变迁有着文化背景的异质性。但其共同点是，这种改变均将带来社会关系的重构或解构，以及人际联结方式的改变。这两个因素交相为用。如果说前者受因于生产方式、生产关系等物质性变革；后者更含有交往方式及其伦理、规范的价值转变，因而更涉有深层的道德因素。

社会发展有着三种基础：经济发展、价值规范和社会规范。而福利正义的实现既得益于其间的衍合，又使得它们更为和谐、平衡，从而促进新的、更深刻的社会整合乃至良序社会的形成。正义与道德是社会运行和发展的价值基础，而福利的实现对于夯实这一基础意义重大。就宏观社会而言，正义不仅指涉着分配；美德、契约因素在不同层面的体现，更赋予现代性更加多维的意涵。

福利因其所受多方位的结构通透性，既受制于社会的物质基础，受制于文化、观念等构成的意识基础；福利本身的完善又将促进、夯实这些社会构成，从而带来更深刻的社会团结。福利的首义价值是正义，与道德之间有着显然的秩序张力。因为前者重秩序的结果，而后者重秩序的规范。社会进步也可以说源于二者交替映显中秩序的塑成——或许在特定情境中，它们的社会效果已然不同，因而有着一定的时空异质性；但是共同的秩序塑成无疑本身就是社会进步之所在。

概言之，正义诸理念、诸要素有着特定的历史意涵，有着与不同社会情境的相应。这些理念、要素经过有机提纯、组合而成的福利正义，涵括理念体系、价值要素和实现机制；其运行于我国现实情势的分析和研判，将为这种理论禀性赋予社会现实的检验和升华。通过这些观照既可以看到正义诸要素在不同层面的彰显，也可以之观省我国福利不平衡的实质及其价值不彰的缘由。在福利正义视角下，我们得以更深入地理解福利不平衡及其解决途径，看到福利完善的可能，也能更深切地察悟社会发展的深层基础——福利正义将如何促进社会进步与团结，从而促成一个充溢着道德和正义感的良善社会之形成。

尝试将正义研究与福利研究结合起来，探究福利的哲学意涵，并以此观省我国福利事业的发展，这是本篇的初衷。就此而言，本书属于探索性研究。我国福利事业的发展关涉经济、社会、政治、文化等诸多层面，如何从经济政策和社会政策的层面形成更为充实的福利基础，也关系到城市化、农村建设、农业产业化、人口与区域发展、户籍制度的改革、福利体系的整合等诸多领域。如何将这些领域的研究成果与福利完善结合起来，发掘其于民众福利以及社会发展的意义，将与此相关的经济政策与社会政策予以细化，将有待于更深入的研究来探明。

参考文献

一　中文文献

《马克思恩格斯选集》，人民出版社，2012。

《胡锦涛文选》，人民出版社，2016。

〔法〕埃米尔·涂尔干：《社会分工论》，渠东译，生活·读书·新知三联书店，2000。

〔法〕埃米尔·涂尔干：《职业伦理与公民道德》，渠东、付德根译，上海人民出版社，2001。

〔德〕马克斯·韦伯：《经济与社会》，林荣远译，商务印书馆，2004。

〔德〕马克斯·韦伯：《新教伦理与资本主义精神》，于晓、陈维纲译，三联书店，1987。

〔德〕马克斯·韦伯：《儒教与道教》，王容芬译，商务印书馆，1995。

〔古希腊〕柏拉图：《理想国》郭斌和、张竹明译，商务印书馆，1986。

〔古希腊〕亚里士多德：《尼各马可伦理学》，廖申白译注，商务印书馆，2003。

〔古希腊〕亚里士多德：《政治学》，吴寿彭译，商务印书馆，1965。

〔英〕霍布斯：《利维坦》，黎思复、黎廷弼译，商务印书馆，1985。

〔英〕洛克：《政府论》（上），瞿菊农、叶启芳译，商务印书馆，1982。

〔英〕洛克：《政府论》（下），瞿菊农、叶启芳译，商务印书馆，1964。

〔法〕卢梭：《社会契约论》，何兆武译，商务印书馆，2003。

〔英〕休谟：《人性论》，关文运译，商务印书馆，1980。

〔英〕亚当·斯密：《道德情操论》，蒋自强等译，商务印书馆，1997。

〔德〕康德：《道德形而上学原理》，苗力田译，上海人民出版社，2012。

〔德〕黑格尔：《精神现象学》，贺麟、王玖兴译，商务印书馆，1977。

〔德〕黑格尔：《哲学全书》（第三部分·精神哲学），杨祖陶译，人民出版社，2017。

〔德〕黑格尔：《法哲学原理》，范扬、张企泰译，商务印书馆，1961。

〔英〕边沁：《政府片论》，沈叔平 等译，商务印书馆，1995。

〔英〕约翰·斯图亚特·穆勒：《功利主义》，叶建新译，九州出版社，2007。

〔英〕约翰·斯图亚特·穆勒：《政治经济学原理》（上卷），赵荣潜、桑炳彦、朱泱、胡企林译，商务印书馆，1991。

〔英〕约翰·斯图亚特·穆勒：《政治经济学原理》（下卷），胡企林、朱泱译，商务印书馆，1991。

〔英〕赫伯特·斯宾塞：《社会静力学》，张雄武译，商务印书馆，1996。

〔英〕赫伯特·斯宾塞：《论正义》，周国兴译，商务印书馆，2017。

〔英〕威廉·葛德文：《政治正义论》第1卷，何慕李译，商务印书馆，1980。

〔英〕威廉·葛德文：《政治正义论》第2～3卷，何慕李译，商务印书馆，1980。

〔英〕托马斯·莫尔：《乌托邦》，戴镏龄译，商务印书馆，1982。

《欧文选集》第1卷，柯象峰、何光来、秦果显译，商务印书馆，1979。

《欧文选集》第2卷，柯象峰、何光来、秦果显译，商务印书馆，1981。

《欧文选集》第3卷，马清槐、吴忆萱、黄惟新译，商务印书馆，1984。

《傅立叶选集》第1卷，赵俊欣、吴模信、徐知勉、汪文漪译，商务印书馆，1979。

《傅立叶选集》第2卷，赵俊欣、吴模信、徐知勉、汪文漪译，商务印书馆，1981。

《圣西门选集》第2卷，董果良译，商务印书馆，1982。

〔英〕霍布豪斯：《社会正义要素》，孔兆政译，吉林人民出版社，2006。

〔英〕霍布豪斯：《自由主义》，朱曾汶译，商务印书馆，1996。

〔英〕迈克尔·欧克肖特：《政治中的理性主义》，张汝伦译，上海译文出版社，2004。

〔美〕哈耶克：《自由宪章》，杨玉生、冯兴元译，中国社会科学出版社，1999。

〔美〕约翰·罗尔斯：《正义论》（修订版），何怀宏、何包钢、廖申白译，中国社会科学出版社，2009。

〔英〕迈克尔·H. 莱斯诺夫：《二十世纪的政治哲学家》，冯克利译，商务印书馆，2001。

列奥·施特劳斯、约瑟夫·克罗波西主编《政治哲学史》，李洪润译，法律出版社，2009。

〔美〕罗纳德·德沃金：《原则问题》，张国清译，江苏人民出版社，2012。

〔美〕罗纳德·德沃金：《至上的美德》，冯克利译，江苏人民出版社，2012。

〔印〕阿马蒂亚·森：《以自由看待发展》，任赜、于真译，中国人民大学出版社，2013。

〔印〕阿马蒂亚·森：《再论不平等》，王利文、于占杰译，中国人民大学出版社，2016。

〔美〕迈克尔·沃尔泽：《正义诸领域：为多元主义与平等一辩》，褚松燕译，译林出版社，2009。

〔英〕戴维·米勒：《社会正义原则》，应奇译，江苏人民出版社，2005。

〔美〕南希·弗雷泽、〔德〕阿克塞尔·霍耐特：《再分配，还是承认？——一个政治哲学对话》，周穗明译，上海人民出版社，2009。

〔德〕阿克塞尔·霍耐特：《为承认而斗争》，胡继华译，上海人民出版社，2005。

〔美〕迈克尔·桑德尔：《公正》，朱慧玲译，中信出版社，2012。

〔美〕麦金太尔：《追寻美德：道德理论研究》，宋继杰译，译林出版社，2008。

郭忠华、刘训练编《公民身份与社会阶级》，江苏人民出版社，2007。

〔英〕蒂特马斯：《社会政策十讲》，江绍康译，吉林出版集团有限责任公司，2011。

〔英〕贝弗里奇：《贝弗里奇报告》，劳动与社会保障部社会保险研究所组织翻译，中国劳动社会保障出版社，2008。

〔英〕莫里斯·罗奇：《重新思考公民身份》，郭忠华等译，吉林出版集团有限责任公司，2010。

〔英〕布莱恩·特纳：《公民身份与社会理论》，郭忠华、蒋红军译，吉林出版集团有限责任公司，2007。

〔丹麦〕哥斯塔·埃斯平－安德森：《福利资本主义的三个世界》，商务印书馆，2010。

景天魁等：《普遍整合的福利体系》，中国社会科学出版社，2014。

王思斌《我国适度普惠型社会福利制度的建构》，《北京大学学报》（哲学社会科学）2009年第3期。

王小章：《走向承认——浙江省城市农民工公民权发展的社会学研究》，浙江大学出版社，2010。

林卡、张佳华：《社会政策与社会建设——北欧经验》，中国人民大学出版社，2015。

林闻钢：《现代西方社会福利思想》，中国劳动社会保障出版社，2012。

张映芹：《制度理性与福利公正——基于国民幸福视角的分析》，中国社会科学出版社，2011。

郑功成主编《社会保障研究》，中国劳动社会保障出版社，2012～2015。

〔德〕弗兰茨－克萨韦尔·考夫曼：《社会福利国家面临的挑战》，王学东译，商务印书馆，2004。

〔德〕克劳斯·奥菲：《福利国家的矛盾》，郭忠华等译，吉林人民出版社，2006。

〔澳〕柯文·M.布朗等：《福利的措辞》，王小章、范晓光译，浙江大学出版社，2010。

〔英〕安东尼·吉登斯：《超越左与右：激进政治的未来》，李惠斌、杨雪冬译，社会科学文献出版社，2000。

〔英〕安东尼·吉登斯：《现代性与自我认同》，赵旭东、方文译，三联书店，1998。

安东尼·哈尔、詹姆斯·梅志里：《发展型社会政策》，罗敏、范西庆等译，社会科学文献出版社，2006。

〔英〕莱恩·多亚尔、〔英〕伊恩·高夫：《人的需要理论》，汪淳波、张宝莹译，商务印书馆，2008。

《四书五经》，陈戍国点校，岳麓书社，1991。

梁漱溟：《东西文化及其哲学》，商务印书馆，1999。

梁漱溟：《中国文化要义》，上海人民出版社，2005。

费孝通：《江村经济——中国农民的生活》，商务印书馆，2007。

费孝通：《乡土中国生育制度》，北京大学出版社，1998。

李申：《简明儒学史》，中国人民大学出版社，2006。

张岱年：《文化与价值》，新华出版社，2004。

罗荣渠：《现代化新论——世界与中国的现代化进程》，商务印书馆，2009。

孙立平：《现代化与社会转型》，北京大学出版社，2005。

王先明：《走近乡村——20世纪以来中国乡村发展论争的历史追索》，山西人民出版社，2012。

黄宗智主编《中国乡村研究》（第九辑），福建教育出版社，2012。

秦红增：《乡土变迁与重塑》，商务印书馆，2012。

李强：《农民工与中国社会分层》，社会科学文献出版社，2012。

何怀宏：《底线伦理的概念、含义与方法》，《道德与文明》2010年第1期。

《正义在中国：历史与现实——一个初步的思路》，《公共行政评论》2011年第1期。

《契约伦理与社会正义》，中国人民大学出版社，1993。

万俊人：《从政治正义到社会和谐——以罗尔斯为中心的当代政治哲学反思》，《哲学动态》2005年第6期。

《儒家伦理：一种普世伦理资源的意义》，《社会科学论坛》1999 年第 1 期。

《普世伦理的正义及其对功利价值的优先性》，《湘潭师范学院学报》（社会科学版）1999 年第 4 期。

高力克：《正义伦理学的兴起与古今伦理转型——以休谟、斯密的正义论为视角》，《学术月刊》2012 年第 7 期。

廖申白：《德性伦理学：内在的观点与外在的观点——一份临时提纲》，《道德与文明》2010 年第 6 期。

《德性的"主体性"与"普遍性"——基于孔子和亚里士多德的观念的一种探讨》，《中国人民大学学报》2011 年第 6 期。

姚大志：《社会正义论纲》，《学术月刊》2013 年第 11 期。

《论分配正义——从政治哲学的观点看》，《社会科学》2015 年第 5 期。

段忠桥：《关于分配正义的三个问题——与姚大志教授商榷》，《中国人民大学学报》2012 年第 1 期。

《也谈分配正义、平等、应得——答姚大志教授》，《吉林大学社会科学学报》2013 年第 4 期。

张国清：《初始权益与分配正义》，《浙江社会科学》2015 年第 6 期。

《分配正义与社会应得》，《中国社会科学》2015 年第 5 期。

《分配正义在中国：问题与解决》，《国际社会科学杂志》（中文版）2015 年第 1 期。

包利民：《"内化正义"是何种正义？——试论柏拉图的正义方案》，《河北学刊》2009 年第 5 期。

《近代契约论的权利/权力观的三种维度》，《浙江学刊》2003 年第 1 期。

《礼义差等与契约平等——有关分配正义的政治伦理思想比较》，《社会科学战线》2001 年第 3 期。

文长春：《分配正义及其局限》，《马克思主义与现实》2007 年第 3 期。

向玉乔：《社会制度实现分配正义的基本原则》，《中国社会科学》2013 年第 3 期。

易小明：《分配正义的两个基本原则》，《中国社会科学》2015 年第 3 期。

黄有璋：《论当代中国分配正义》，博士学位论文，中共中央党校，2010。

谢宝贵：《平等主义视野下的分配正义》，博士学位论文，华东师范大学，2012。

郑功成：《中国社会公平状况分析——价值判断、权益失衡与制度保障》，《中国人民大学学报》2009 年第 2 期。

关信平：《当前我国社会保障制度公平性分析》，《苏州大学学报》（哲学社会科学）2013 年第 3 期。

杨思斌：《我国社会保障制度的公平原则及其实现途径》，《当代世界与社会主义》2007 年第 5 期。

刘同芗、郭继美：《我国社会保障价值理念的演进及其因素分析》，《改革与开放》2009 年第 8 期。

余益伟：《社会保障制度的收入分配调节功能》，硕士学位论文，南方大学，2014。

刘渝琳、陈玲：《教育投入与社会保障对城乡收入差距的影响》，《人口学刊》2012 年第 2 期。

二 外文文献

Plato, *Republic*, translated by John Llewelyn Davies and David James Vaughan, Hertfordshire：Wordsworth Editions Ltd, 1997.

Niccolo Machiavelli, *The Prince*, tr. Harvey C. Mansfield, JR, Chicago：The University of Chicago Press, 1985.

Hobbes, *On the Citizen*, Edited by Richard Tuck and Michael Silverthorne, Cambridge：the University Press, 1998.

Adam Smith, *An Inquiry into The Nature and Causes of The Wealth of Nations*, Oxford：Clarendon Press, 1880.

David Hume, *Essays*, London：Word, Lock and Tyler, Warwick House, 1741；1742；1752.

Immanuel Kant, *Critique of Practical Reason*, Tr. By Lewis White Beck, London：Macmillan Publishing Company, 1993.

Jeremy Bentham, *A Fragment on Government*, *Oxford*：The Clarendon Press, 1891.

John Stuart Mill, *Utilitarianism*, London: Longmans, Green, and Co. 1907.

Max Weber, *The Protestant Ethic and the Spirit of Capitalism*, tr. T. Parsons, London: George Allen and Unwin, 1930.

Max Weber, *Weber Political Writings*, Edited by Peter Lassman and Ronald Speirs, Cambridge: the University Press, 1994.

Herbert Spencer, *Social Statics*, London: Williams and Norgat, 1902. `

Anthony Giddens, *Capitalism and Modern Social Theory: An analysis of the writings of Marx, Durkheim and Max Weber*, Cambridge: the University Press, 1971.

William Godwin, *Enquiry Concerning Political Justice and Its Influence on Morals and Happiness*, Toronto: The University of Toronto Press, 1946.

M. I. Finley, *Politics in The Ancient World*, Cambridge: the University Press, 1983.

Colin Farrelly, *Contemporary Political Theory*, London: SAGE Publications, 2004.

David Gauthier, *Morals by Agreement*, Oxford: Clarendon Press, 1986.

G. A. Cohen, *Self – Ownership, Freedom and Equality*, Cambridge : the University Press, 1995.

Robert Goodin, *Reasons for Welfare*, N. J. : Princeton University press, 1988.

John Rawls, *A Theory of Justice*, Cambridge: Harvard University Press, 1999.

John Rawls, *Political Liberalism*, New York: Columbia University Press, 1996.

R. Nozick, *Anarchy, State and Utopia*, Oxford: Basil Blackwell, 1974.

R. Dworkin, *Sovereign Virtue*, Cambridge: Harvard University Press, 2000.

Amartya Sen, *On Ethics and Economics*, Blackwell Publishers, 1987.

Brain Barry, *Why Social Justice Matters*, Cambridge: Polity Press Ltd. , 2005.

J. S. McClelland, *A History of Western Political Thought*, London; New York: Routledge, 1996.

Peter M. Blau, *Exchange and Power in Social Life*, Piscataway: Transaction Publishers, 2004.

R. H. Tawney, *Equality*, London: George Allen and Unwin, 1931.

Karl Polanyi, *The Great Transformation: The political and Economic Origins of Our Time*, New York: Rinehart, 1944.

Paul Pierson, *The New Politics of the Welfare State*, Oxford: the University Press, 2001.

V. George and P. Wilding, *Ideology and Social Welfare*, Harvester Wheatsheaf, 1994.

Stuart White, *Equality*, Cambridge: Polity Press, 2007.

Amitai Ezioni, *Next: The Road to the Good Society*, New York: Basic Books, 2001.

T. H. Marshall, *Citizenship and Social Class and Other Essays*, Cambridge: The University Press, 1950.

Richard M. Titmuss, *The Gift Relationship: From Human Blood to Social Policy*, Vintage Books, 1972.

Richard M. Titmuss: *The Philosophy of Welfare: Selected Writings of Richard M. Titmuss*, Edit by S. M. Miller, London: Allen and Unwin, 1987.

Gosta Esping – Andersen, *Social Foundation of Postindustrial Economies*, New York: Oxford University Press, 1999.

Lianjiang Li, "Political Trust in Rural China", *Modern China*, 30, 2004 .

Paul Pierson, "The New Politics of the Welfare State", *World Politics*, July, 2013.

Dorothy J. Solinger and Yiyang Hu, "Welfare, Wealth and Poverty in Urban China: The Dibao and Differential Disbursement", *The China Quarterly*, Oct, 2012.

Dorothy J. Solinger, "Three welfare Models and Current Chinese Social Assistance: Confucian Justifications, Variable Applications", *The Journal of Asian Studies*, Dec, 2015.

致 谢

    我的博士学业一直受到导师王小章教授的悉心关怀和指导，王老师敏锐深刻的洞察力让我受益匪浅。我要深深感谢高力克教授、张国清教授、林卡教授等渊博学识的滋养；感谢在浙江大学读博期间紧张而繁忙的课程学习中，诸位老师的谆谆教诲。这些年的系统学习，使我的知识结构得以强化和深化，使本书的完成成为可能。

    我还要感谢在北京大学读硕期间，王思斌教授等的"学术启蒙"。没有他们的培养和启迪，我可能至今还在懵懵懂懂中摸索。当然也要感谢江西财经大学四年的本科学习为我夯实了经济学知识基础，这些知识结构至今仍在助益着我的学业。

    我对我的家人深怀感激。她们在生活上的长期付出，她们的关爱和慰藉，支撑我完成着今天的成果。

    还有很多很多，无法一一言及，一直在默默关注我、支持我、鼓励我的亲友、师长、同学以及许许多多善良可亲的人。他们给予我的关爱和力量，让我时时感到自己并非踽踽独行，而是一直有温暖和爱相伴随。

图书在版编目（CIP）数据

福利正义论／杨朝著 . -- 北京：社会科学文献出
版社，2020.8
ISBN 978 - 7 - 5201 - 6659 - 1

I. ①福… II. ①杨… III. ①社会福利－正义－研究
IV. ①C913.7

中国版本图书馆 CIP 数据核字（2020）第 084448 号

福利正义论

著　　者／杨　朝

出 版 人／谢寿光
组稿编辑／曹义恒
责任编辑／吕霞云　王京美

出　　版／社会科学文献出版社·政法传媒分社（010）59367156
　　　　　　地址：北京市北三环中路甲29号院华龙大厦　邮编：100029
　　　　　　网址：www.ssap.com.cn
发　　行／市场营销中心（010）59367081　59367083
印　　装／三河市龙林印务有限公司

规　　格／开　本：787mm×1092mm　1/16
　　　　　　印　张：15.25　字　数：240千字
版　　次／2020年8月第1版　2020年8月第1次印刷
书　　号／ISBN 978 - 7 - 5201 - 6659 - 1
定　　价／89.00元